全国职业院校"十三五"汽车专业新形态系列教材

汽车构造（下）

主　编　王世超　兰国龙
副主编　何光荣　刘作江　杨瑞昌
参　编　赵　明　曹　见　唐孝洪
　　　　孔祥明　周　林　王亚男
　　　　梁康松　毛　建　张馨心
　　　　宗丽娜　周运超　王燕玲
　　　　刘明瑞

机械工业出版社

本书是依据职业技术教育汽车类专业汽车构造课程大纲的要求编写的。本书分为上、下两册，上册的主要内容包括绪论、曲柄连杆机构、配气机构、汽油机燃油供给系统、发动机冷却系统、发动机润滑系统、汽油机点火系统和发动机起动系统，下册的主要内容是汽车传动系统、汽车行驶系统、汽车转向系统和汽车制动系统。

本书既可作为中等职业学校汽车类专业教材，也可作为汽车修理工的培训教材和自学用书。

图书在版编目（CIP）数据

汽车构造. 下 / 王世超，兰国龙主编. —北京：机械工业出版社，2018.12（2023.7 重印）
全国职业院校"十三五"汽车专业新形态系列教材
ISBN 978-7-111-61642-9

Ⅰ. ①汽… Ⅱ. ①王…②兰… Ⅲ. ①汽车 - 构造 - 高等职业教育 - 教材 Ⅳ. ①U463

中国版本图书馆 CIP 数据核字（2019）第 000072 号

机械工业出版社（北京市百万庄大街22号　邮政编码100037）
策划编辑：王振国　　责任编辑：王振国
责任校对：郑　婕　　封面设计：马精明
责任印制：常天培
北京机工印刷厂有限公司印刷
2023 年 7 月第 1 版第 2 次印刷
187mm×260mm·12.75 印张·314 千字
标准书号：ISBN 978-7-111-61642-9
定价：39.80 元

电话服务　　　　　　　　　网络服务
客服电话：010-88361066　　机　工　官　网：www.cmpbook.com
　　　　　010-88379833　　机　工　官　博：weibo.com/cmp1952
　　　　　010-68326294　　金　书　网：www.golden-book.com
封底无防伪标均为盗版　　　机工教育服务网：www.cmpedu.com

前 言

近年来，我国汽车工业发展迅速，汽车保有量大幅提高，进而对汽车制造、维修、保养等专业技术技能型人才的需求与日俱增。为适应市场对汽车专业技术技能型人才的素质要求，我们根据职业技术教育汽车类专业汽车构造课程大纲的要求编写了本教材。

"汽车构造"作为汽车运用与维修、汽车美容与装潢、汽车服务与营销等专业的核心课程，一直以来都以学习基础结构、工作原理作为教学重点，但大多数教材内容陈旧，缺乏实践性的知识，不适应当前岗位需求。本书在编写过程中注重基本构造、原理在生产实践中的应用，具有较强的针对性和实用性。通过对本课程的学习，学生不但可以掌握汽车专业必备的基础知识，而且能提高动手能力。本书每个单元都以任务驱动形式展开，引导学生学习。

本书的主要特点是：

1. 本书在紧紧把握交通运输类专业人才培养目标的同时，以"实用"为目标，克服教材内容偏深、偏多和偏难的现象，以讲清结构、强化应用为重点，删除与生产实践脱节的知识点。

2. 本书在体例上打破了传统的编写方法，以单元、任务的形式进行编写，将理论知识与技能训练有机地融合为一体，通过技能训练强化理论知识的学习与掌握。

3. 本书图文并茂，通俗易懂，具有初中以上文化水平即可阅读，既可作为中等职业学校汽车类专业教材，也可作为汽车修理工的培训教材和自学用书。

本书由王世超、兰国龙担任主编，何光荣、刘作江、杨瑞昌担任副主编，参加编写的人员还有赵明、曹见、唐孝洪、孔祥明、周林、王亚男、梁康松、毛建、张馨心、宗丽娜、周运超、王燕玲和刘明瑞。

由于编者水平有限，书中难免存在不足之处，诚恳希望各位专家、读者批评指正，并提出宝贵意见和建议，以便修订时加以完善。

编　者

目 录

前 言

单元 9　汽车传动系统 ··· 1
 任务 9.1　汽车传动系统概述 ·· 1
 任务 9.2　离合器 ·· 6
 任务 9.3　手动变速器 ·· 13
 任务 9.4　自动变速器 ·· 36
 任务 9.5　万向传动装置 ··· 70
 任务 9.6　驱动桥 ·· 82

单元 10　汽车行驶系统 ·· 96
 任务 10.1　汽车行驶系统概述 ·· 96
 任务 10.2　车架与车桥 ··· 98
 任务 10.3　车轮与轮胎 ··· 111
 任务 10.4　悬架 ·· 120

单元 11　汽车转向系统 ·· 142
 任务 11.1　汽车转向系统概述 ·· 142
 任务 11.2　机械转向系统 ·· 144
 任务 11.3　液压转向系统 ·· 156
 任务 11.4　电动助力转向系统 ·· 163

单元 12　汽车制动系统 ·· 166
 任务 12.1　汽车制动系统概述 ·· 166
 任务 12.2　车轮制动器 ··· 170
 任务 12.3　ABS、ASR 与 ESP ··· 179

单元 9　汽车传动系统

任务9.1　汽车传动系统概述

【知识目标】
1. 掌握汽车传动系统的功用。
2. 熟悉汽车传动系统的类型和组成。
3. 掌握机械式传动系统的布置形式。

【任务描述】
汽车发动机是整车的心脏,是汽车动力的来源,但动力是如何最终传送到车轮上的呢?这里将主要介绍发动机动力的传递路线。

一、传动系统的功用和组成

汽车传动系统的基本功用是将发动机的动力传递给驱动车轮,同时根据行驶条件的需要,改变转矩的大小。

汽车传动系统的组成及其在汽车上的布置形式,取决于发动机的形式和性能、汽车的总体结构、汽车行驶系统及传动系统本身的结构等诸多因素。目前广泛应用于普通双轴货车上,并与往复活塞式发动机配用的机械式传动系统的组成及布置形式如图9-1所示。发动机纵向安置在汽车前部,并以后轮为驱动轮。其主要组成部件有离合器1、变速器2、万向传动装置(由万向节3和传动轴8组成)、驱动桥壳4、主减速器7、差速器5和半轴6。现代轿车越来越多地采用自动变速器,其传动系统用自动变速器取代了手动变速器。

汽车传动系统各总成的功用如下:
1) 离合器:按照需要适时地切断或接合发动机与传动系统之间的动力传递。
2) 变速器:改变发动机输出转速的高低、转矩的大小及旋转方向,也可以切断发动机与驱动轮之间的动力传递。
3) 万向传动装置:将变速器输出的动力传递给主减速器,并适应两者之间距离和轴线夹角的变化。

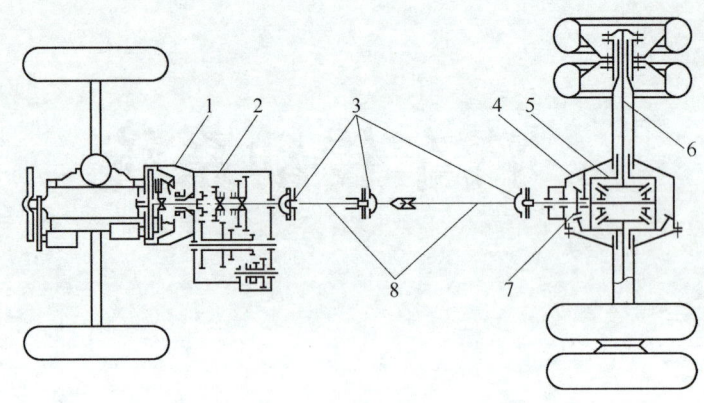

图 9-1 机械式传动系统的组成及布置形式

1—离合器 2—变速器 3—万向节 4—驱动桥壳 5—差速器 6—半轴 7—主减速器 8—传动轴

4）主减速器：降低转速，增大转矩，改变动力的传递方向。

5）差速器：将主减速器传来的动力分配给左右两半轴，并允许左、右两半轴以不同角速度旋转，以满足左、右两驱动轮在行驶过程中差速的需要。

6）半轴：将差速器传来的动力传给驱动轮，使驱动轮获得旋转的动力。

对于四轮驱动的汽车，在变速器与万向传动装置之间还装有分动器，其作用是将发动机的动力分配给各个车桥。

二、传动系统的类型

汽车传动系统按结构和传动介质的不同可分为机械式传动系统、液力机械式传动系统等。

1. 机械式传动系统

图 9-1 所示为常见的机械式传动系统的组成及布置形式。发动机纵向布置在汽车前部，并且以后轮为驱动轮。发动机输出的动力依次经过离合器 1、变速器 2、万向传动装置（由万向节 3 和传动轴 8 组成）及安装在驱动桥壳 4 中的主减速器 7、差速器 5 和半轴 6，最后传递到驱动轮。

2. 液力机械式传动系统

液力机械式传动系统是指由液压传动部件和机械部件组成的传动系统。液压传动部件是靠液体介质在主动元件和从动元件之间循环流动过程中动能的变化来传递动力的。它有液力耦合器和液力变矩器两种。液力耦合器能传递转矩，但不能改变转矩的大小；液力变矩器除了具有液力耦合器的全部功能以外，还能实现无级变速。一般液力变矩器不能满足汽车各种行驶工况的要求，需要串联一个有级机械变速器，以扩大转矩变化范围。

三、传动系统的布置方案

汽车传动系统的布置方案与汽车总体布置方案是相适应的，可归纳为以下几种：

1. 发动机前置后轮驱动（FR）

这种方案是 4×2 型汽车的传统布置方案（图 9-1），主要应用于轻、中型载货汽车上，但是在部分轿车和客车上也有采用的。该方案的优点是，结构简单，工作可靠，前后轮的质量分配比较理想；其缺点是需要一根较长的传动轴，这不仅增加了车重，而且也降低了传动效率。

2. 发动机前置前轮驱动（FF）

发动机、离合器与主减速器、差速器等装配成十分紧凑的整体，布置在汽车的前部，前轮为驱动轮，这样在变速器和驱动桥之间就省去了万向节和传动轴。发动机可以纵置或横置，在发动机横置（发动机曲轴轴线垂直于车身轴线）时，由于变速器轴线与驱动桥轴线平行，主减速器可以采用结构和加工都较简单的圆柱齿轮副（图9-2）。发动机纵置时，大多数需采用弧齿锥齿轮副（图9-3）。这种方案的前轮是驱动轮，有助于提高汽车高速行驶时的操纵稳定性，而且因整个传动系统集中在汽车前部，使其操纵机构简化。这种布置方案目前已广泛地应用于微型和中级轿车上，在高级轿车上的应用也日渐增多。

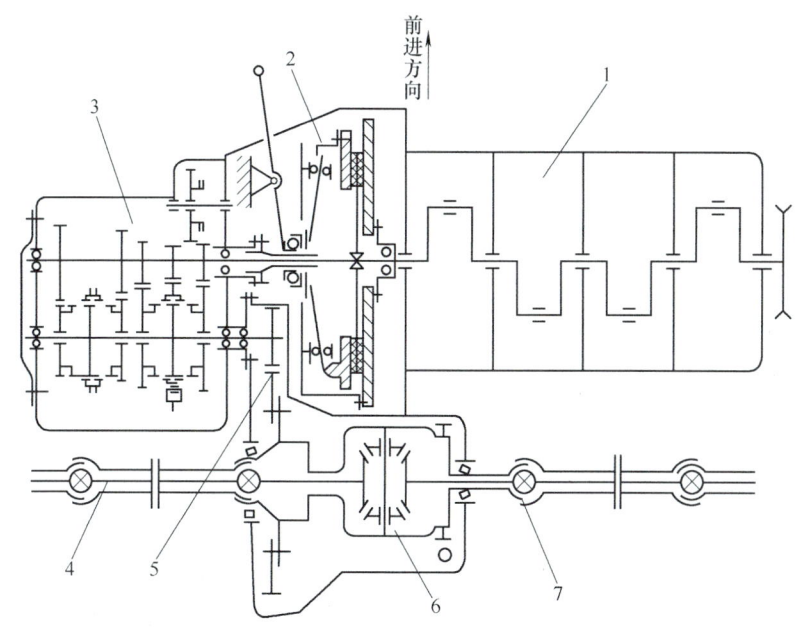

图9-2　发动机前置（横置）前轮驱动的轿车传动系统布置示意图
1—发动机　2—离合器　3—变速器　4—传动轴（半轴）　5—主减速器　6—差速器　7—等速万向节

3. 发动机后置后轮驱动（RR）

发动机后置后轮驱动的传动系统布置示意图如图9-4所示。发动机1、离合器2和变速器3都横置于驱动桥之后，驱动桥采用非独立悬架。主减速器与变速器之间的距离较大，其相对位置经常变化，为此要设置万向传动装置5和角传动装置4。大型客车采用这种布置方案更容易做到汽车总质量在前后车轴之间合理分配，而且具有车厢内噪声低，空间利用率高等优点，因此它是大、中型客车首选的方案。但是，由于发动机在汽车后部，因此发动机冷却条件差，发动机、离合器和变速器的操纵机构都较复杂。少数轿车和微型汽车也有采用这种方案的。

4. 发动机中置后轮驱动（MR）

发动机中置后轮驱动的传动系统布置示意图如图9-5所示。

传动系统的这种布置方案有利于实现前后轮较为理想的质量分配，是赛车普遍采用的方

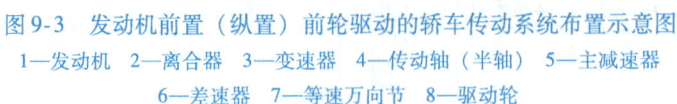

图 9-3　发动机前置（纵置）前轮驱动的轿车传动系统布置示意图
1—发动机　2—离合器　3—变速器　4—传动轴（半轴）　5—主减速器
6—差速器　7—等速万向节　8—驱动轮

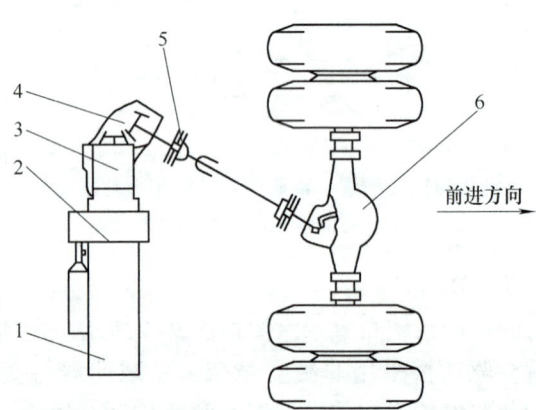

图 9-4　发动机后置后轮驱动的传动系统布置示意图
1—发动机　2—离合器　3—变速器　4—角传动装置　5—万向传动装置　6—驱动桥

案。部分大、中型客车也有采用此种布置方案的。它的优缺点介于 FF 和 RR 方案之间。

5. 全轮驱动（nWD）

nWD 是 n Wheel Drive 的缩写（n 代表驱动轮数），表示传动系统为全轮驱动方案。对于要求能在坏路或无路地区行驶的越野汽车，为了能充分利用所有车轮与地面之间的附着条件，

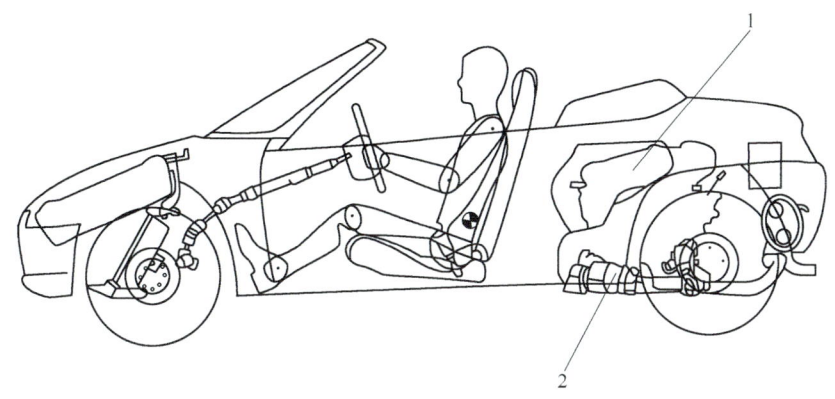

图 9-5 发动机中置后轮驱动的传动系统布置示意图

1—发动机 2—传动系统

以获得尽可能大的驱动力，总是将全部车轮都作为驱动轮，故传动系统采用 nWD 方案。

图 9-6 所示为德国宝马 4WD 轿车的传动系统布置图。不难看出，前后桥都是驱动桥。为了将变速器输出的动力分配给前后两驱动桥，在变速器与两驱动桥之间设置有分动器 5。前驱动桥可根据需要，用换档拨叉接通或断开。

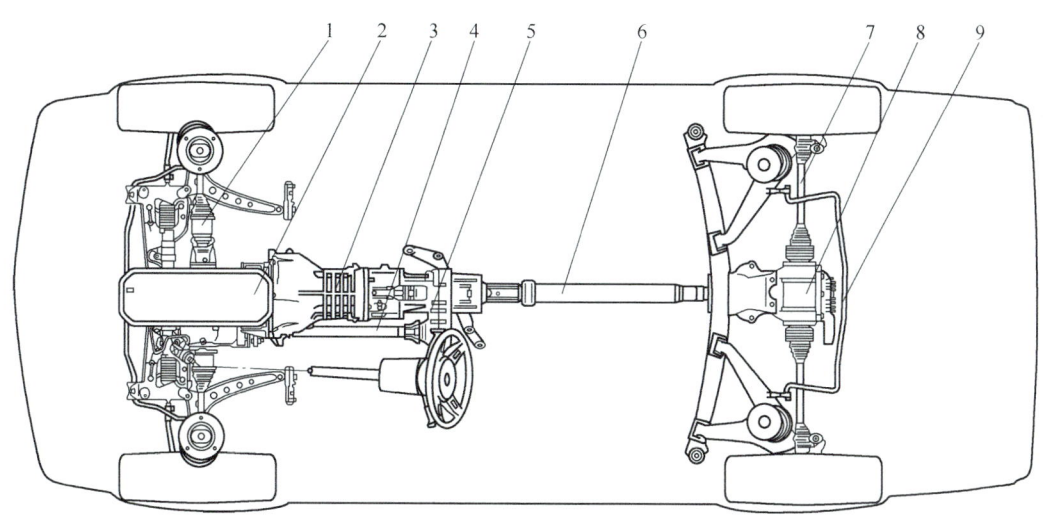

图 9-6 4WD 传动系统的布置图

1—前驱动桥 2—发动机 3—变速器 4—前传动轴 5—分动器 6—后传动轴
7—后驱动桥的半轴 8—后驱动桥 9—横向稳定器

一、填空题

1. 汽车传动系统的基本功用是_____。
2. 汽车传动系统主要由_____、_____、_____、_____、_____、

和_____组成。

3. 汽车传动系统的布置方案可分为_____、_____、_____、_____和_____五种形式。

二、简答题

1. 汽车传动系统的基本功用是什么？传动系统由哪些部件组成？
2. 汽车传动系统按结构和传动介质的不同可分为哪几种类型？比较常用的有哪几种？
3. 汽车传动系统的布置方案有哪些？各有何特点？适合于哪类汽车？

任务9.2 离 合 器

【知识目标】

1. 了解对离合器的要求；几种摩擦离合器的结构及特点；离合器操纵机构的类型、结构和工作过程。
2. 掌握离合器的功用、构造及工作原理。
3. 掌握摩擦离合器的构造及离合器的操纵结构。
4. 掌握扭转减振器的结构和工作原理。

【任务描述】

驾驶手动档汽车日常行驶时，需要先踩下离合器踏板，再去换档；制动时，也要先踩下离合器踏板，这是为什么呢？这一部分，让我们一起去了解离合器。

一、概述

离合器位于发动机与变速器之间，是汽车传动系统中直接与发动机相连的部件。通常离合器与发动机曲轴的飞轮安装在一起，用于在换档过程中传递或切断发动机与传动系统之间的动力。在汽车从起步到正常行驶的过程中，驾驶人踩下离合器踏板，通过离合器操纵机构、分离机构使离合器分离，断开发动机与传动系统的联系；抬起离合器踏板，离合器接合，发动机的动力通过传动系统传递给驱动车轮，给汽车提供驱动力。

汽车机械式传动系统广泛应用靠弹簧压紧的摩擦式离合器，因此，本章内容只涉及此类摩擦式离合器（简称摩擦离合器）。

（一）离合器的主要作用

离合器安装在发动机和变速器之间，其主动部分与飞轮相连，从动部分与变速器相连，由驾驶人通过脚踩踏板来操纵。离合器的作用有以下几个方面：

1. 暂时切断发动机的动力传动，保证汽车平稳起步

汽车起步是从完全静止状态转变到行驶状态的过程，在发动机起动后，汽车起步前，驾驶人用踏板将离合器分离，使发动机与传动系统脱开，再将变速器挂上档位，然后使离合器逐步接合。为使发动机转速不致下降，同时应加大节气门，使发动机的转速始终保持在最低稳定转速以上。随着离合器接合程度的逐渐增大，发动机经传动系统传给驱动轮上的转矩也逐渐增加，直至驱动力足以克服汽车最大静摩擦力时，汽车从静止状态开始转变为行驶状态，并逐渐加速。

2. 暂时切断发动机的动力传动，保证汽车换档平顺

在汽车行驶过程中，为了适应不断变化的行驶状况，变速器需要经常换用不同的档位。换档前，必须将离合器分离，以便中断动力，使原档位的齿轮啮合副脱开，并使待啮合齿轮副啮合部位的圆周速度逐渐相等，以减轻其啮合时的冲击，换档完毕后，再使离合器逐渐接合，以满足汽车各种工况的行驶要求。

3. 限制所传递的转矩，防止传动系统过载

汽车紧急制动时，如果发动机与传动系统刚性连接，发动机转速将急剧下降，其所有零件将产生很大的惯性力矩，这一力矩作用于传动系统，会造成传动系统过载而使机件损坏。有了离合器，当传动系统承受载荷超过离合器所能传递的最大转矩时，离合器会通过主、从动部件之间的打滑来消除这一危险，从而起到过载保护的作用。

（二）离合器的性能要求

为了保证离合器具有上述功能，对离合器的性能有以下要求：

1) 既能可靠地传递发动机的最大转矩，又能防止传动系统过载。
2) 接合时应平顺柔和，保证汽车平稳起步，减少冲击。
3) 分离时，应迅速彻底，保证变速器换档平顺和发动机起动顺利。
4) 旋转部分的平衡性好，且从动部分的转动惯量小。
5) 具有良好的通风散热能力，防止离合器温度过高。
6) 操纵轻便，结构简单，维修方便。

（三）离合器的基本分类

离合器的结构有多种，按结构原理不同，离合器可分为摩擦式离合器和液力式离合器。摩擦式离合器主要依靠主、从动部件的摩擦力传递动力，汽车上应用最广。液力式离合器主要依靠主、从动件之间的液体介质进行转矩传递，有液力耦合器和液力变矩器两种，主要用于自动变速器。

1) 摩擦式离合器按从动盘的数目不同，分为单片式、双片式和多片式。
2) 摩擦式离合器按压紧弹簧和布置形式的不同，分为周布螺旋弹簧式、中央弹簧式、膜片弹簧式和斜臂弹簧式。
3) 摩擦式离合器按操纵机构不同，可分为机械式（杆式和绳式）、液压式、气压式和空气助力式等。

（四）离合器的结构和工作原理

图9-7所示为摩擦式离合器的结构，其通常由主动部分、从动部分、压紧机构和操纵机构四部分组成。

发动机飞轮是离合器的主动件，带有摩擦片的从动盘和从动盘毂通过花键与从动轴（即变速器输入轴）相连，组成离合器从动部分。在压紧弹簧的作用下，从动盘与飞轮压紧，两者通过摩擦作用传递发动机转矩。需要中断动力时，只要踩下离合器踏板，套在

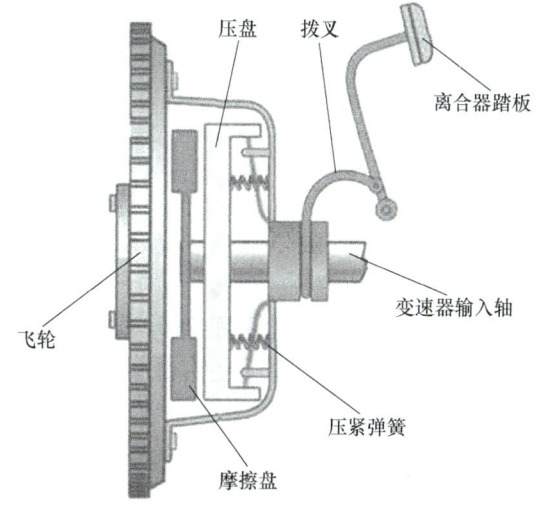

图9-7 摩擦式离合器的结构

从动盘毂中的拨叉便克服压紧弹簧弹力带动摩擦盘向后移动而与飞轮分离，两者之间产生一定间隙，摩擦作用消失，传递动力中断，如图9-8所示。

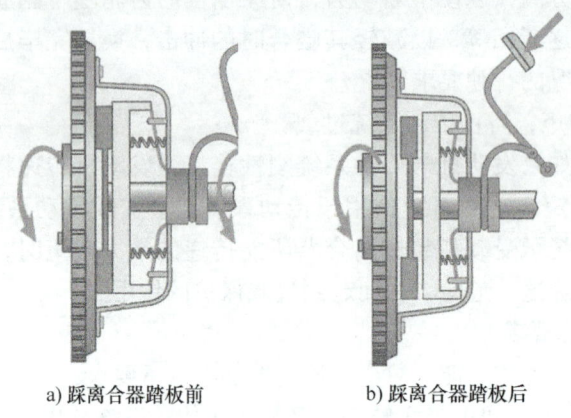

a) 踩离合器踏板前　　　　b) 踩离合器踏板后

图9-8　摩擦式离合器的工作原理

（五）膜片弹簧式离合器

1. 膜片弹簧式离合器基本组成

膜片弹簧式离合器主要由主动部分、从动部分、压紧机构、分离机构和操纵机构组成，如图9-9所示。主动部分由飞轮、离合器盖和压盘组成。离合器盖是由低碳钢冲压制成的，为了保持正确的安装位置，通过定位销与飞轮进行定位，并以螺栓固装在飞轮上。其中，压紧弹簧是一个用薄弹簧钢板制成的碟形膜片弹簧，如图9-10所示，靠中心部分开有18个径向切口，形成弹性分离指端，膜片弹簧两侧有钢丝支撑圈，通过9个间隔铆钉将其固定在离合器盖上，形成膜片弹簧的工作支点。

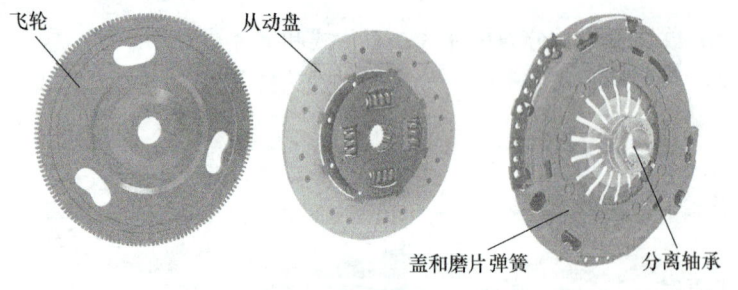

图9-9　膜片弹簧式离合器的结构

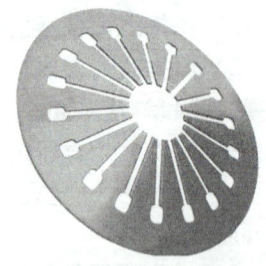

图9-10　膜片弹簧

从动部分包括从动盘和从动轴。从动盘主要由两块摩擦衬片、从动盘本体、从动盘毂等组成。为消除传动系统的扭转，从动盘一般都带有扭转减振器，如图9-11所示。发动机传递给传动系统的转速和转矩是周期性变化的，使传动系统产生扭转振动，这将使传动系统的零部件受到冲击性交变载荷，使寿命下降、零件损坏。采用扭转减振器可以有效防止传动系统的扭转振动。

压紧机构与分离机构由膜片弹簧、枢轴环、压盘、金属带及收缩弹簧组成。膜片弹簧的形状像一个碟子，它在一个具有锥形面的钢圆盘上，径向开有若干切槽，形成一排有弹性的杠杆。切槽末端有圆孔，固定铆钉穿过圆孔，并固定在离合器盖上。膜片弹簧两侧装有钢丝

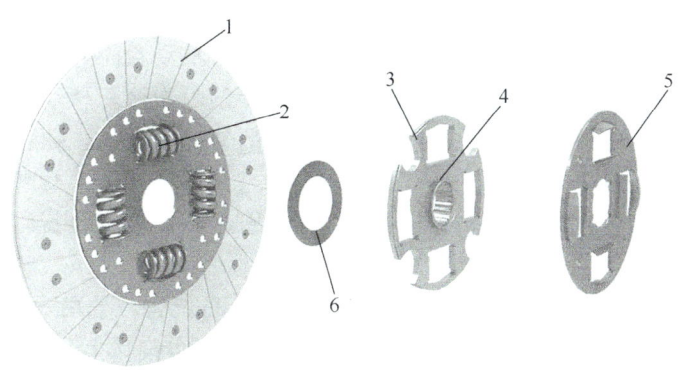

图9-11　带扭转减振器的从动盘组成

1—波浪形弹簧钢片　2—减振弹簧　3—从动盘毂　4—调整垫片　5—摩擦垫圈　6—减振器盘

支承环，这两个钢丝支承环是膜片弹簧工作时的支点。膜片弹簧的外缘通过分离钩与压盘联系起来。

膜片弹簧式离合器的主要特点是用一个膜片弹簧代替传统的螺旋弹簧和分离杠杆。开有径向槽的碟形膜片弹簧，既起到压紧机构的作用，又起到分离杠杆的作用。

2. 膜片弹簧式离合器的工作原理

当离合器盖未安装到飞轮上时，膜片弹簧不受力而处于自由状态，此时离合器盖与飞轮之间有一定的距离，如图9-12a所示。

当离合器盖2通过螺栓固定在飞轮1上时，膜片弹簧4在支承环处受压产生弹性变形，其外圆周对压盘3产生压紧力使离合器处于接合状态。此时发动机的转矩经飞轮及压盘，通过摩擦面的摩擦作用传到从动盘，再经从动轴输入变速器，如图9-12b所示。

当踩下离合器踏板时，分离轴承推动膜片弹簧内端前移，使膜片弹簧以左侧支承环为支点，外圆周向后翘起，其外缘通过分离钩拉动压盘后移使离合器分离，此时动力传递中断，如图9-12c所示。

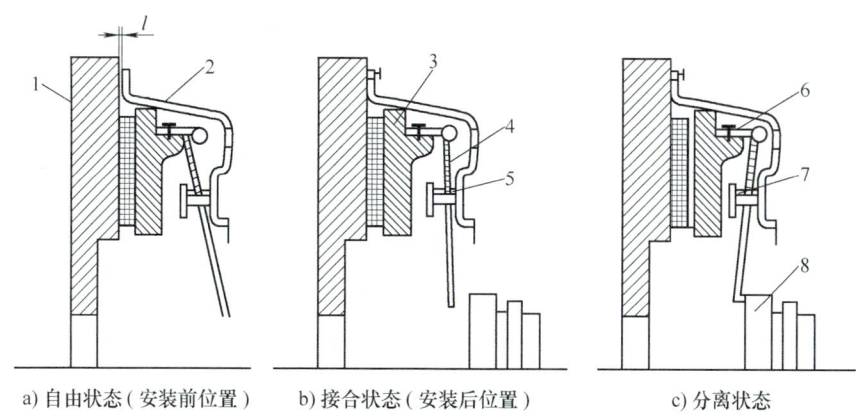

a) 自由状态（安装前位置）　　b) 接合状态（安装后位置）　　c) 分离状态

图9-12　膜片弹簧式离合器的工作原理

1—飞轮　2—离合器盖　3—压盘　4—膜片弹簧　5—铆钉　6—分离钩　7—钢丝支承环　8—分离轴承

当需要恢复动力传递时，缓慢地抬起离合器踏板，分离轴承减小对分离杠杆内端的压力，压盘便在压紧弹簧作用下逐渐压紧从动盘，并使所传递的转矩逐渐增大。

当所能传递的转矩小于汽车起步阻力时，汽车不动，从动盘不转，主、从动摩擦面间完全打滑；当所能传递的转矩达到足以克服汽车开始起步的阻力时，从动盘开始旋转，汽车开始移动，但仍低于飞轮的转速，即摩擦面间仍存在着部分打滑现象。随着压力的不断增加和汽车的不断加速，主、从动部分的转速差逐渐减小，直到转速相等，滑磨现象消失，离合器完全接合为止，接合过程才结束。由此可知，汽车平稳起步是靠离合器逐渐接合过程中，滑磨程度的变化来实现的。

离合器接合后，在压紧弹簧的作用下，踏板回到最高位置，分离叉内端回至最右位置。分离轴承则在压紧弹簧的作用下离开分离杠杆，向右紧靠在分离叉上。

由此可以看出，膜片弹簧既是压紧弹簧，又是分离杠杆，使结构简化。另外，膜片弹簧的弹簧特性优于圆柱螺旋弹簧，所以膜片弹簧式离合器的应用越来越广泛，在各种车型上都有应用。

（六）离合器踏板的自由行程

由离合器的工作原理可知，当从动盘摩擦片磨损变薄后，为了保证离合器能处于接合状态，传递发动机转矩，则压盘必须向前移动。此时膜片弹簧外端和压盘一起向前移动，其内端向后移，如果膜片弹簧与分离轴承之间没有间隙，则由于机械式操纵机构的干涉作用，压盘最终无法前移，即导致离合器不能接合，出现打滑现象。为此，在离合器膜片弹簧内端与分离轴承之间预留一定的间隙，这个间隙称为离合器的自由间隙。如图9-13所示，从踩下离合器踏板到消除自由间隙所对应的踏板行程是离合器踏板自由行程。

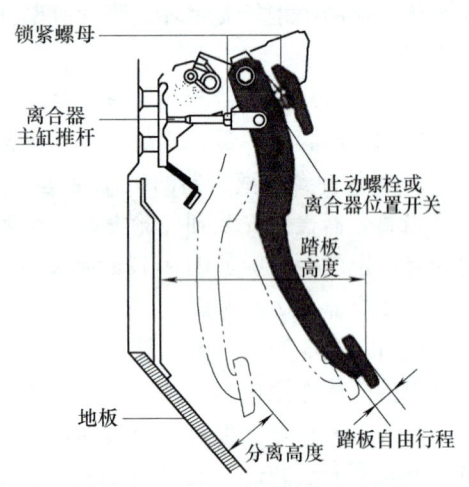

图9-13　离合器踏板自由行程

二、离合器的操纵机构

离合器的操纵机构是驾驶人借以使离合器分离、又使之柔和接合的一套机构。它起始于离合器踏板，终止于分离杠杆。

按照分离离合器时所需操纵能源的不同，离合器操纵机构分为人力式和助力式。人力式又可以分为机械式和液压式；助力式又可以分为气压助力式和弹簧助力式。人力式操纵机构以驾驶人作用在踏板上的力作为唯一的操纵能源。助力式操纵机构除了驾驶人的力以外，一般主要以其他形式的能源作为操纵能源。

这里主要介绍在轿车中应用较多的机械式操纵机构、液压式操纵机构和弹簧助力式操纵机构，其中液压式操纵机构应用最多。

（一）机械式操纵机构

机械式操纵机构有杆系式传动和绳索式传动两种形式。

1. 杆系式传动操纵机构

杆系式传动操纵机构如图9-14所示，其结构特点是从离合器踏板到分离叉都由杆件组成，杆与杆之间用球销或铰链连接。

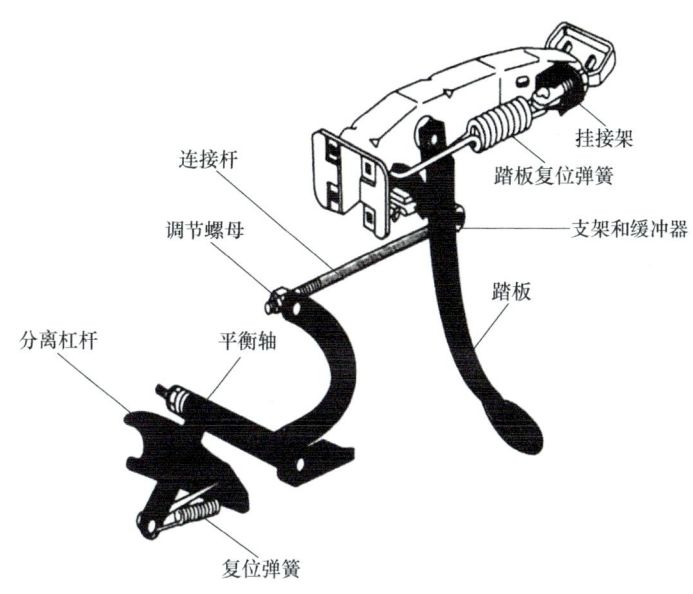

图9-14 离合器的杆系式传动操纵机构

杆系式传动操纵机构的结构简单,工作可靠,但杆系式传动的节点多,摩擦损失大,车身和车架的变形会影响其正常工作,离合器远距离操纵时,布置比较困难,不能采用便于驾驶人操纵的吊挂式踏板。杆系式传动操纵机构应用较广泛,如解放、东风等中型货车的离合器都使用杆系式传动操纵机构。

2. 绳索式传动操纵机构

绳索式传动操纵机构,如图9-15所示,可消除杆系式传动操纵机构的一些缺点,并能采用便于驾驶人操纵的吊挂式踏板。但绳索使用寿命较短,拉伸刚度较小,故只适用于轻型、微型汽车和轿车。例如,桑塔纳、捷达轿车离合器的操纵机构中,采用了绳索式传动机构。

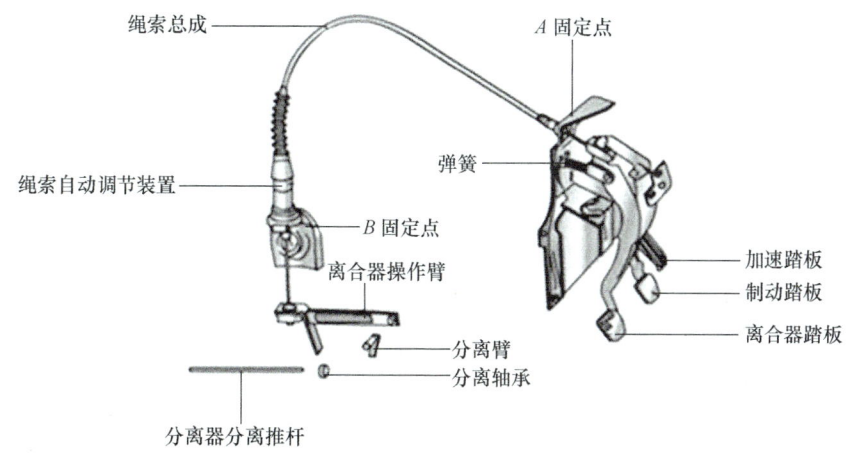

图9-15 离合器的绳索式传动操纵机构

(二)液压式操纵机构

液压式操纵机构主要由主缸、工作缸和管路系统等组成,如图9-16所示。目前,液压式操纵机构在各类型车上应用均比较广泛。

离合器液压式操纵机构由离合器踏板、储油罐、进油软管、离合器主缸、离合器工作缸、油管总成、分离叉和分离轴承等组成。

1. 主缸

液压式操纵机构的构造和工作原理如图9-17所示。主缸上部是储油罐,并有孔与主缸相通,阀杆后端(图9-17中右端)穿在活塞的中心孔中,并可以在孔中左右自由移动。后端弹簧座紧套在活塞的前端并被轴向定位,它可以向右单向拉动阀杆。阀杆前端(图9-17中左端)装有橡胶密封圈阀门,阀门后端与前弹簧座之间装有锥形复位弹簧。前弹簧座后端面上开有轴向中心孔,前端开有径向槽,主缸活塞复位弹簧安装在前后座之间。

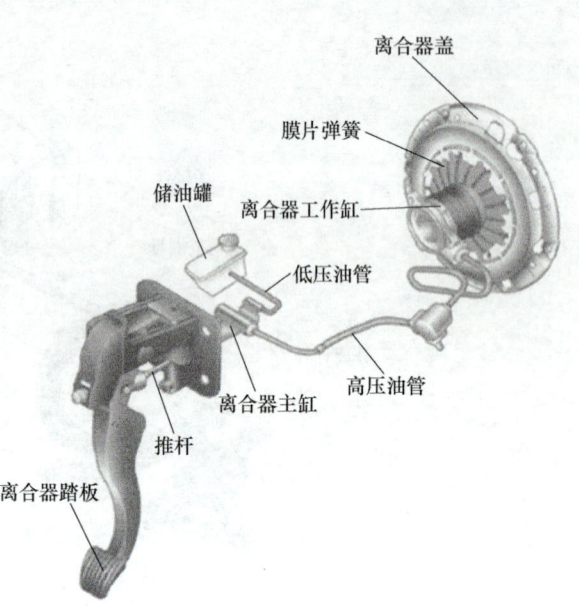

图9-16 离合器的液压式操纵机构

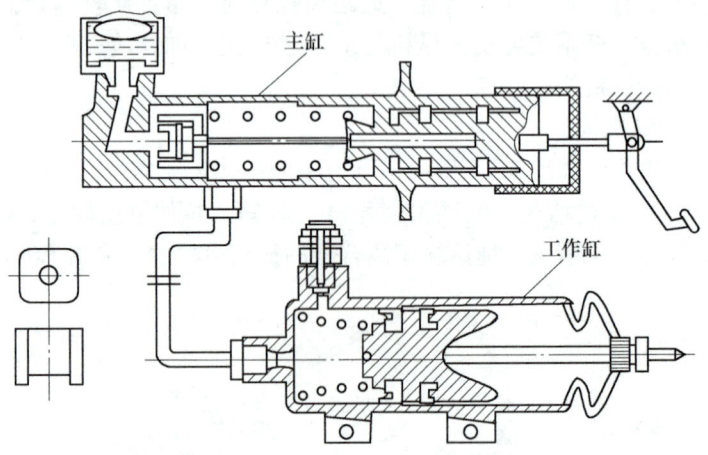

图9-17 液压式操纵机构的构造和工作原理

当放松离合器踏板时,在主缸活塞复位弹簧弹的作用下,一方面使主缸活塞后移,另一方面使前弹簧座压靠在主缸体前端面上。活塞后移到位时抵靠在挡圈上,并通过后弹簧座拉动阀杆及杆端密封圈阀门,压缩锥形复位弹簧后移,打开储油罐与主缸通孔,并通过前弹簧座上的径向和轴向槽使管路与工作缸相通,整个系统无压力。

踩下离合器踏板时,活塞在压缩复位弹簧的同时,放松了阀杆,锥形复位弹簧使杆端阀门压紧在主缸的前端,密封了主缸与储油罐之间的通孔,继续踩下离合器踏板,活塞继续左移,则缸内油液的压力升高,并通过管路输向工作缸。

2. 工作缸

离合器工作缸的结构如图9-17所示:工作缸内装有活塞、两个皮圈、推杆和放气阀等。

两个皮圈的刃口方向相反，作用不同。左侧皮圈用来密封工作缸内油液，防止向外泄漏；右侧皮圈的作用是在迅速抬起离合器踏板时，防止大气中的空气被吸入工作缸内。放气阀的作用是放尽系统内的空气。

工作缸推杆和主缸推杆长度一般做成可调的，或主缸推杆与离合器踏板采用偏心螺钉联接，以便调整离合器踏板的自由行程。工作缸活塞直径略大于主缸活塞直径，故液压系统稍有增力作用，以补偿液流通道的压力损失。

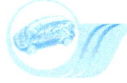

考证要点

一、填空题
1. 摩擦式离合器所能传递的最大转矩取决于摩擦面间的_____。
2. 在设计离合器时，除需保证传递发动机最大转矩外，还应满足_____、_____、_____及_____等性能。
3. 摩擦式离合器基本上是由_____、_____、_____和_____四部分构成的。
4. 弹簧压紧的摩擦离合器按压紧弹簧的形式不同可分为_____和_____；其中前者又根据弹簧布置形式的不同分为_____和_____；根据从动盘数目的不同，离合器又分为_____、_____和_____。
5. 为避免传动系统产生共振，缓和冲击，在离合器上装有_____。

二、简答题
1. 汽车传动系统中为什么要装离合器？
2. 什么叫离合器踏板的自由行程？其过大或过小对离合器的性能有什么影响？
3. 膜片弹簧式离合器的优点如何？
4. 离合器从动盘上的扭转减振器的作用是什么？
5. 离合器的操纵机构有哪几种？各有何特点？

任务9.3　手动变速器

【知识目标】
1. 了解手动变速器传动比的定义与特点。
2. 熟悉手动变速器的类型。
3. 掌握手动变速器的结构及工作原理。
4. 学会分析手动变速器动力传递路线。

【任务描述】
目前汽车上广泛采用活塞式发动机，若供油量不变，当发动机曲轴转速变化时，曲轴输出的转矩变化范围较小，而汽车实际行驶的道路条件非常复杂，要求汽车的牵引力和行驶速度必须能够在相当大的范围内变化。此外，所有活塞式发动机的旋转方向是一定的，而汽车实际行驶过程中常常需要倒车，那么这些功能是怎么实现的呢？这里我们将一起探究变速器。

一、概述

(一) 变速器的功用

1. 变速与变矩

汽车上应用的发动机具有转矩变化范围小、转速高的特点，这与汽车实际的行驶状况是不相适应的。如果没有变速器而直接将发动机与驱动桥连接在一起，首先由于发动机的转矩小，不能克服汽车的行驶阻力，使汽车根本无法起步；其次即使汽车行驶起来，也会由于车速太高而不实用，甚至无法控制。所以必须改造发动机的转矩、转速特性，使发动机的转矩增大、转速下降，以适应汽车实际行驶的要求。变速器中是通过不同的档位来实现这一功用的。

2. 倒车

汽车发动机曲轴一般只能向一个方向旋转，而且是不能改变的，而汽车有时需要倒退行驶。为了实现汽车的倒退行驶，变速器中设置了倒档。

3. 中断动力传动

在发动机起动和怠速运转、变速器换档、汽车滑行和暂时停车等情况下，都需要中断发动机的动力传动，因此变速器中应设有空档。

(二) 变速器的类型

汽车变速器都采用齿轮作为传力元件，根据所设计的传动比数量、前进档位个数、换档操作方式、内部结构特点等情况有多种分类方式。

1. 按变速器输入与输出转速的变化方式不同分类

按变速器输入与输出转速的变化方式不同，变速器可分为有级式、无级式和综合式三类。

(1) **有级式变速器** 这种变速器具有几个可供选择的固定传动比。根据所采用的齿轮机构，变速器不同又可分为普通齿轮变速器（也称为固定轴线式齿轮变速器或定轴轮系变速器）和行星齿轮变速器（也称为旋转轴线式齿轮变速器或周转轮系变速器）两类。

(2) **无级式变速器** 这种变速器的传动比可在一定范围内连续变化，常见的有液力式、机械式和电力式三类。液力式的传动部件是液力变矩器；电力式常采用串励直流电动机作为传动部件；机械式有摩擦传动和钢带传动两种。

(3) **综合式变速器** 这种变速器由有级式变速器和液力变矩器两部分构成。其传动比可以在最大值与最小值之间几个分段的范围内做无级变化，是目前车用自动变速器的主要结构类型。现代汽车上已经开发出能适应汽车各种运行工况的真正的无级变速器（CVT）。

2. 按操纵方式不同分类

按操纵方式不同可分为手动变速器、自动变速器和半自动变速器三类。

(1) **手动变速器** 变速杆每一个位置对应一个档位，并由驾驶人通过操纵变速杆来变换汽车行驶时所需档位。

(2) **自动变速器** 汽车前进时各档位的变换是自动进行的，驾驶人只需操纵加速踏板和制动踏板，变速器就会根据发动机的载荷信号和车速信号来控制执行元件，实现各前进档位的自动变换。根据自动控制方式的不同又可分为全液压控制自动变速器和电子控制自动变速器两类。

(3) **半自动变速器** 这种变速器可分为两类：一类是部分档位自动换档，部分档位手动

（强制）换档；另一类是预先用按钮选定档位，在踩下离合器踏板或松开加速踏板时，由执行机构（电磁装置或液压装置）自行换档。

3. 按变速器前进时齿轮机构所用轴的数目不同分类

按变速器前进时齿轮机构所用轴的数目不同可分为两轴式和三轴式两类。两轴式变速器通常与前置发动机前轮驱动的布置类型相配；三轴式变速器一般与前置发动机后轮驱动的布置类型相配。

4. 按前进时变速器的档位数不同分类

按前进时变速器的档位数不同可分为三档手动变速器、四档手动变速器、五档手动变速器和六档手动变速器等。

（三）工作原理

汽车用手动变速器都采用齿轮传动，以实现变速、变矩、变向及切断动力传递等作用。

1. 变速、变矩原理

图 9-18 为一对外啮合齿轮传动原理示意图。设齿轮 1 为主动齿轮，其转速为 n_1，齿数为 z_1，其输入的转矩为 M_1；齿轮 2 为从动齿轮，其转速为 n_2，齿数为 z_2，其输出的转矩为 M_2。由图 9-18 可知，齿轮传动在相同的时间里，不论是主动齿轮还是从动齿轮，它们转过的齿数总是相等的。因此，$n_1 z_1 = n_2 z_2$，即 $n_1/n_2 = z_2/z_1$。根据能量守恒定律，忽略齿轮传动过程中的摩擦损耗，则由齿轮 1 输入的功率与齿轮 2 输出的功率是相等的。

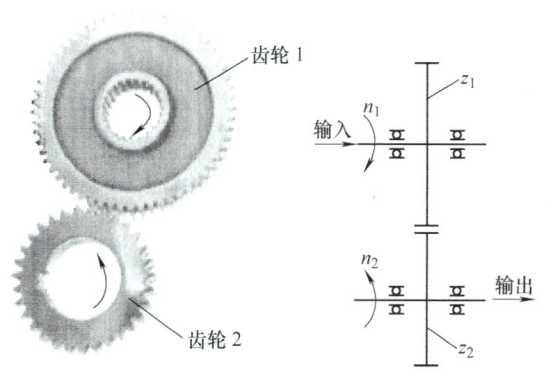

图 9-18　一对外啮合齿轮传动原理示意图

因此，$P_1 = P_2$ 或 $M_1 n_1 = M_2 n_2$，即

$$n_1/n_2 = M_2/M_1$$

通常把某一个传动装置的输入轴（主动齿轮）转速与输出轴（从动齿轮）转速之比称为传动比，用字母 i 表示。对于上述的一对齿轮来说，其传动比（$i_{1,2}$）为

$$i_{1,2} = n_1/n_2 = z_2/z_1$$

从上述分析可得：

$$i_{1,2} = n_1/n_2 = z_2/z_1 = M_2/M_1$$

由 $i_{1,2} = n_1/n_2 = z_2/z_1 = M_2/M_1$ 可知：只要改变齿轮的齿数，就可改变输入、输出的转速和转矩。

当传动比变化范围较大时，用一对齿轮传动，主、从动齿轮的尺寸就会相差很大，这就使得变速器尺寸过大，而且小齿轮的轮齿比大齿轮的轮齿工作频繁，寿命缩短。因此，实际使用时常采用多对齿轮传动。

图 9-19 所示为由 4 对齿轮组成的齿轮传动机构示意图。

其总传动比为

$$i_{1,8} = n_1/n_8$$

根据一对齿轮传动原理可得

$$i_{1,8} = n_1/n_8$$
$$= i_{1,2}i_{3,4}i_{5,6}i_{7,8}$$
$$= (z_2z_4z_6z_8)/(z_1z_3z_5z_7)$$
$$= 各从动齿轮齿数之积/各主动齿轮齿数之积$$
$$= M_8/M_1$$

由此可知，只要改变齿轮的齿数和对数，就可改变输入、输出的转速和转矩，这就是齿轮传动的变速、变矩原理。

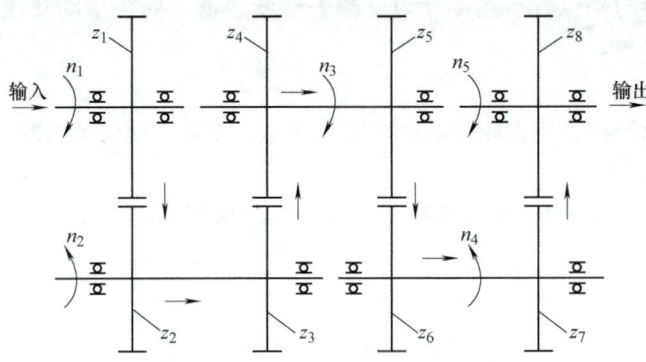

图 9-19　多对齿轮传动（4 对）

因此，只要把传递转矩齿轮的齿数以及对数制成不同，就可改变输入、输出的转速和转矩。

2. 变向原理

齿轮传动的旋转方向与齿轮的啮合方式和啮合对数有关。内啮合的齿轮转向相同，如图 9-20 所示。当外啮合的齿轮对数为奇数时，转向相反，图 9-21 所示为一对齿轮传动，其转向相反；当外啮合的齿轮对数为偶数时，转向相同，图 9-19 所示为 4 对齿轮传动，故转向相同。

图 9-20　内啮合齿轮

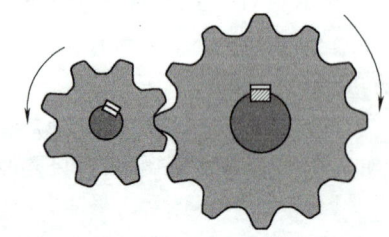

图 9-21　外啮合齿轮

在手动变速器中通常采用外啮合齿轮传动。因此，只要改变外啮合齿轮的对数，就可在不改变发动机转向的条件下实现汽车的前进或后退。

3. 切断动力原理

在汽车行驶的过程中，变速器传递动力都是在齿轮啮合的状态下进行的，因此要切断动力就只需将原先啮合的齿轮退出啮合状态，即可实现切断动力传递的目的。

（四）基本组成

手动变速器的基本组成可分成三部分：操纵机构、传动机构、壳体和盖。

1）操纵机构的结构变化较大，主要与车身及底盘的结构和布置有关。操纵机构根据所采用的元件形式不同有两种结构类型：机械杠杆式和钢缆索式。实际使用的手动变速器大多采用机械杠杆式。钢缆索式结构用于远距离操纵，如后置发动机后驱动的汽车、平头驾驶室结构的汽车。机械杠杆式操纵机构的换档准确性好，但受空间影响，对远距离操纵来说，布置较困难；而钢缆索式操纵机构的换档准确性则相反，但对钢索的质量要求较高。

2）传动机构主要由一系列相互啮合的齿轮副、支承轴、轴承以及同步器组成。不同厂家生产的手动变速器的这部分结构虽有差异，但总体上还是一致的。其作用是改变输出的转速、转矩和旋转方向。

3）壳体和盖用来安装传动机构和内操纵机构，同时储存润滑油。为了减轻汽车的自身重量，对于小型车辆来说，壳体和盖常采用铝合金或镁合金制造。中、重型车辆手动变速器的壳体和盖一般用铸铁制造，以保证其强度要求。

二、手动变速器传动机构

（一）三轴式变速器传动机构

三轴式变速器适用于发动机前置后驱动的布置形式。该种变速器设置有第一轴（输入轴）、第二轴（输出轴）和中间轴。第一轴前端通过离合器与发动机曲轴相连，第二轴后端通过凸缘连接万向传动装置，而中间轴则主要用来固定安装各档的变速传动齿轮。

解放 CA1092 型汽车六档变速器是典型的三轴变速器，其传动示意图如图 9-22 所示。图 9-23 为该变速器的结构示意图，它有六个前进档和一个倒档。

第一轴（输入轴）1 的前端用深沟球轴承支承在飞轮的中心孔中，其后端用圆柱滚子轴承支承在变速器的壳体上，并进行轴向定位。第一轴常啮合齿轮 2 与第一轴制成一体，并与中间轴常啮合齿轮 38 构成常啮合齿轮传动副，将动力传递给中间轴，作为变速器各档（除直接档）的第一级齿轮传动副。第一轴的前端有花键，与离合器从动盘花键毂相配合，以接受发动机的动力。

第二轴（输出轴）26 的前端用滚针轴承支承在第一轴常啮合齿轮 2 的内圆孔中，其后端利用圆柱滚子轴承支承在壳体上，通过凸缘与万向传动装置相连。轴上空套着第二轴五档齿轮 8、四档齿轮 9、三档齿轮 16、二档齿轮 17 以及一档齿轮 22 和倒档齿轮 25。

花键毂 40、13、28 和 27 通过内花键与第二轴上的外花键齿轮相联接，并用卡环锁止以限制花键毂的轴向移动。各个花键毂的外圆表面为外花键，其齿形与相邻齿轮的接合套齿形完全相同。它们分别与相应的具有内花键的各个接合套相配合。接合套 5、12、20、23 可在拨叉的作用下沿花键毂轴向移动。

中间轴 30 的两端均采用圆柱滚子轴承支承于壳体上，其上固装着中间轴常啮合齿轮 38、中间轴五档齿轮 37、四档齿轮 36、三档齿轮 35、二档齿轮 34、一档齿轮 33 及中间轴倒档齿轮 29。

为实现汽车倒驶，在中间轴的一侧设置了一根较短的倒档轴 31，其上空套着倒档中间齿轮 32，它与中间轴倒档齿轮 29 也为常啮合斜齿轮。为防止倒档轴相对于壳体转动和轴向移动，倒档轴的后端用锁片将其固定在壳体上。

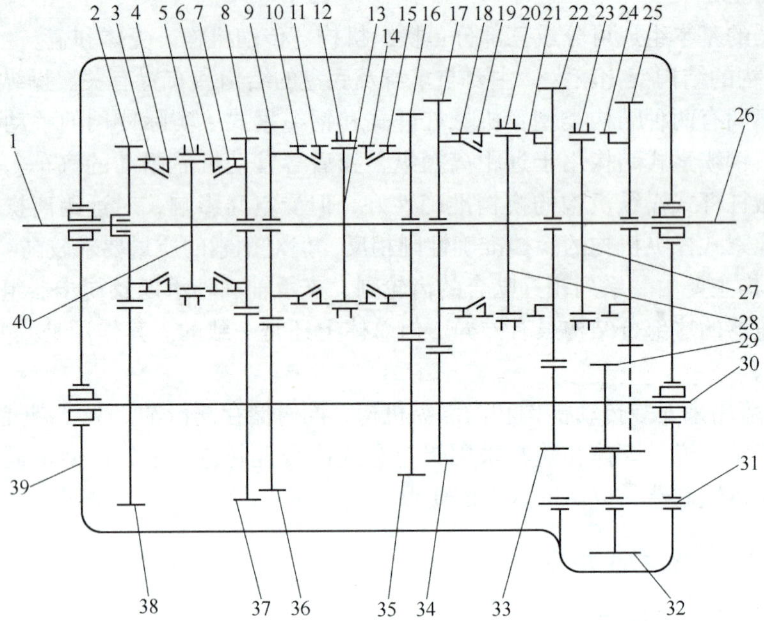

图 9-22 解放 CA1092 型汽车六档变速器传动示意图

1—第一轴 2—第一轴常啮合齿轮 3—第一轴齿轮接合齿圈 4—六档同步器锁环 5、12、20、23—接合套 6—五档同步器锁环 7—五档齿轮接合齿圈 8—第二轴五档齿轮 9—第二轴四档齿轮 10—四档齿轮接合齿圈 11—四档同步器锁环 13、27、28、40—花键毂 14—三档同步器锁环 15—三档齿轮接合齿圈 16—第二轴三档齿轮 17—第二轴二档齿轮 18—二档齿轮接合齿圈 19—二档同步器锁环 21—一档齿轮接合齿圈 22—第二轴一档齿轮 24—倒档齿轮接合齿圈 25—第二轴倒档齿轮 26—第二轴 29—中间轴倒档齿轮 30—中间轴 31—倒档轴 32—倒档中间齿轮 33—中间轴一档齿轮 34—中间轴二档齿轮 35—中间轴三档齿轮 36—中间轴四档齿轮 37—中间轴五档齿轮 38—中间轴常啮合齿轮 39—变速器壳

在该变速器中，除一档和倒档外，均利用同步器换档。同步器是一种加装了一套同步装置的接合套换档机构。同步装置的作用是使变速器在汽车行进中换档时不发生接合齿的冲击。把中间轴上与第一、二轴上相啮合的传动齿轮制成常啮合的斜齿轮，从而减小变速器工作时的噪声，提高齿轮的使用寿命。

如图 9-24 所示为变速器空档位置。发动机旋转时，其动力由第一轴经第一轴常啮合齿轮 2 和中间轴常啮合齿轮传动齿轮 38 传至中间轴。但在空档位置时，第二轴上的接合套 5、12、20 和 23 都处于中间位置，第二轴上的齿轮都在中间轴齿轮的带动下空转，动力不能传递给第二轴。

欲挂上一档，可操纵变速杆，通过拨叉使接合套 20 右移，与一档齿轮接合齿圈 21 接合后，动力便可从第一轴起依次经齿轮 2、38、中间轴 30、齿轮 33、22、齿圈 21、接合套 20、花键毂 28，再通过花键传给第二轴 26，完成一档传递，一档的传动比为

$$i_1 = \frac{z_{38}}{z_2}\frac{z_{22}}{z_{33}} = \frac{43}{22} \times \frac{44}{11} \approx 7.818$$

式中，z 表示齿轮的齿数，下角标数字表示齿轮在图中的标号。

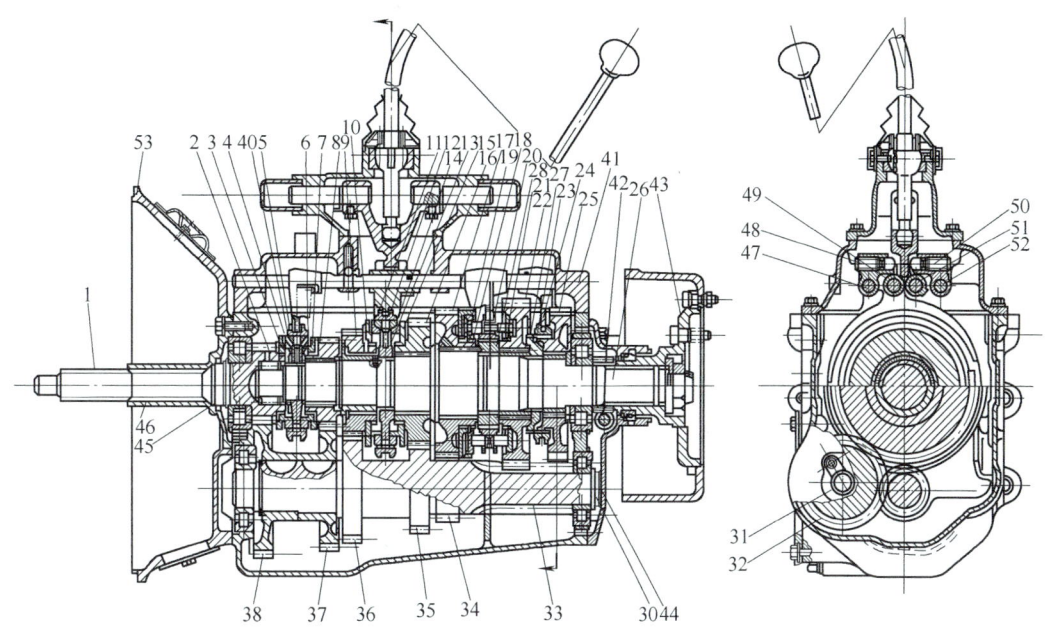

图 9-23　解放 CA1092 型汽车六档变速器结构示意图

41—变速器盖　42—车速表驱动蜗杆　43—第二轴凸缘　44—变速器后盖　45—第一轴油封
46—第一轴轴承盖　47—倒档拨叉轴　48—倒档锁销　49—一、二档拨叉轴
50—五、六档锁销　51—三、四档拨叉轴　52—五、六档拨叉轴　53—离合器壳

注：1~40 同图 9-22。

摘下一档时，可通过拨叉使接合套 20 左移，脱开与齿圈 21 的啮合，则变速器退回空档。若将接合套继续左移，使之与二档同步器锁环 19 的齿圈和二档齿轮接合齿圈 18 接合后，变速器便从一档换入二档。此时动力从第一轴依次经齿轮 2、38、中间轴 30、齿轮 34、17、齿圈 18、接合套 20、花键毂 28，最后传给第二轴 26，其传动比为

$$i_2 = \frac{z_{38}}{z_2}\frac{z_{17}}{z_{34}} = \frac{43}{22} \times \frac{47}{19} \approx 4.835$$

同理，使接合套 12 右移，与三档同步器锁环 14、三档齿轮接合齿圈 15 接合，可挂上三档，三档传动比为

$$i_3 = \frac{z_{38}}{z_2}\frac{z_{16}}{z_{35}} = \frac{43}{22} \times \frac{38}{26} \approx 2.857$$

使接合套 12 左移，与四档同步器锁环 11、四档齿轮接合齿圈 10 接合，挂上四档，其传动比为

$$i_4 = \frac{z_{38}}{z_2}\frac{z_9}{z_{36}} = \frac{43}{22} \times \frac{32}{33} \approx 1.895$$

使接合套 5 右移，与五档同步器锁环 6、五档齿轮接合齿圈 7 接合，则挂上五档，其传动比为

$$i_5 = \frac{z_{38}}{z_2}\frac{z_8}{z_{37}} = \frac{43}{22} \times \frac{26}{38} \approx 1.337$$

使接合套 5 左移直接与六档同步器锁环 4、第一轴齿轮接合齿圈 3 接合，挂上六档。此时动力从第一轴 1 经第一轴常啮合齿轮 2、第一轴齿轮接合齿圈 3、接合套 5 和花键毂 40 直接传给第二轴 26，而不再经过中间轴和传动齿轮，因此，这种档位称为直接档，其传动比为

$$i_6 = 1$$

为使汽车倒向行驶，可将接合套 23 右移，使之与倒档齿轮接合齿圈 24 接合，即挂入倒档。挂入倒档时，动力由第一轴 1 经齿轮 2、38、中间轴 30、倒档齿轮 29、倒档中间齿轮 32、第二轴倒档齿轮 25、倒档齿轮接合齿圈 24、接合套 23、花键毂 27 传给第二轴 26。由于增加了一个中间齿轮，故第二轴的旋转方向与第一轴相反，汽车便倒向行驶。倒档传动比为

$$i_R = \frac{z_{38}}{z_2} \frac{z_{25}}{z_{29}} \frac{z_{25}}{z_{32}} = \frac{43}{22} \times \frac{23}{11} \times \frac{40}{23} \approx 7.107$$

从以上各档传动比数值可以看出，$i_1 > i_2 > i_3 > i_4 > i_5 > i_6 = 1$，即档位越低、传动比越大、车速越低；反之，档位越高，传动比越小，车速越高。有些轿车为提高车速和汽车的燃料经济性，还设有超速档（$i = 0.7 \sim 0.8$），主要用于在良好的路面上行驶。

组装好的变速器总成以螺栓固定在离合器壳 53 上，第一轴轴承盖 46 的外圆面是定位面，用来与飞轮壳上相应的内孔配合，以保证第一轴轴线与曲轴轴线重合。

为了润滑变速器中各齿轮啮合副及轴承，可从壳体一侧的加油口向变速器壳体内加注一定的齿轮油。变速器是靠齿轮转动搅油以飞溅方式润滑各摩擦表面的。为了使滚针轴承润滑可靠，在相应的齿轮上开有对称的径向油道。变速器壳体底部有放油螺塞，可以放出齿轮油。为防止变速器工作时油温升高、气压增大而造成渗漏现象，在变速器盖上装有通气塞。

东风 EQ1141G 型汽车采用的五档变速器也为三轴式变速器（图 9-24）。其中除一档、倒档为直齿轮传动外，其余各档均为斜齿轮传动。一档和倒档采用接合套换档，二档和三档采用锁销式同步器换档，四档和五档用锁环式同步器换档。图示位置为空档。用拨叉拨动四、五档锁环式同步器中的接合套，使之向左或向右移动，便可挂上五档（直接档）或四档；当向左或向右移动二、三档锁销式同步器中的接合套，即可挂入三档或二档；当向右拨动一、倒档接合套，便可挂入一档；使接合套左移便挂入倒档。各档的传动比分别为：$i_1 = 6.540$，$i_2 = 3.781$，$i_3 = 2.169$，$i_4 = 1.443$，$i_5 = 1$，$i_R = 6.530$。

齿轮 17、18 和 22 与中间轴制成一体，可提高中间轴的强度和刚度。

汽车在行驶中，变速器在结构上应保证其不出现自动跳档的现象。防止自动跳档的结构多种多样，常见的防止自动跳档的结构有齿端倒斜面式和减薄齿式两种。

解放 CA1091 型汽车六档变速器采用的是齿端倒斜面结构（图 9-25）。在该变速器的所有接合齿圈及同步器接合套齿的端部两侧都制有倒斜面。如图 9-26 所示，当同步器的接合套 2 左移与接合齿圈 1 接合时，接合齿圈将转矩传到接合套齿的一侧，再经接合套齿的另一侧传给花键毂 3。由于接合齿圈 1 与接合套 2 齿端部为斜面接触，便产生了垂直斜面的正压力 F_N，其分力分别为 F 和 F_Q，向左的分力 F_Q 即为防止跳档的轴向力。

东风 EQ1090E 型汽车使用的五档变速器采用减薄齿式结构来防止自动跳档（图 9-26）。在变速器二、三档与四、五档同步器花键毂 3 的两端，齿厚各减薄 0.3～0.4mm，使各轮齿中部形成一个凸台。当同步器的接合套 2 左移与接合齿圈 1 接合时，接合齿圈将转矩传到接合套的一侧，再由接合套的另一侧传给花键毂 3。由于接合套 2 后端被凸台挡住，在接触面上作

用一个正压力 F_N，其轴向分力 F_Q 即是防止跳档的阻力。

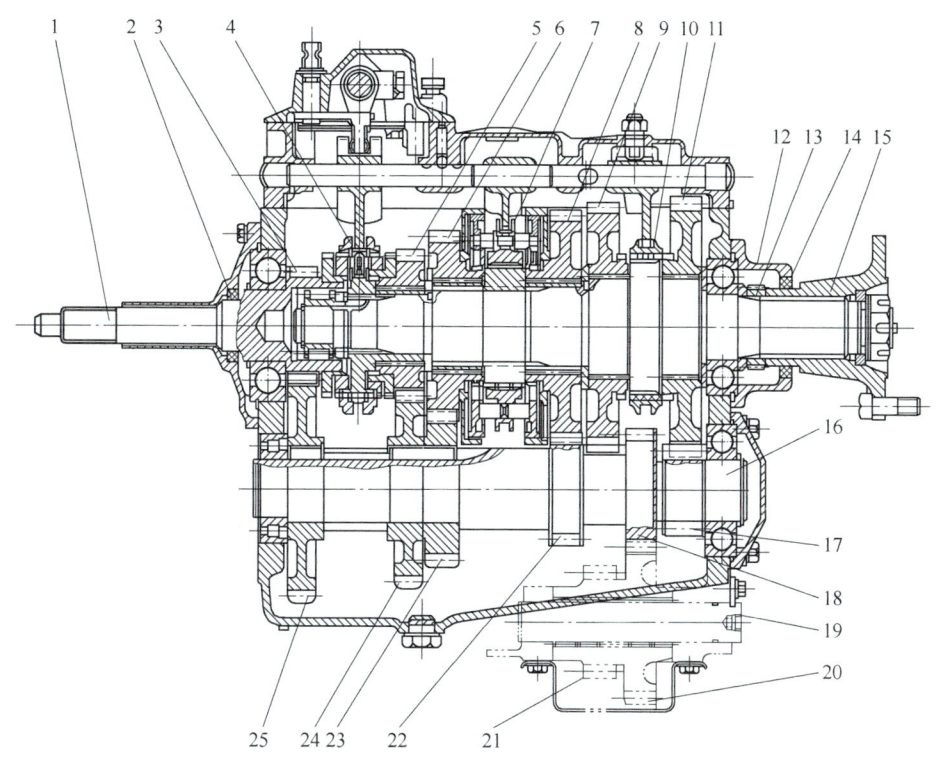

图 9-24　东风 EQ1141G 型汽车五档变速器

1—第一轴　2—第一轴油封　3—第一轴常啮合传动齿轮　4—四、五档锁环式同步器　5—第二轴四档齿轮　6—第二轴三档齿轮　7—二、三档锁销式同步器　8—第二轴二档齿轮　9—第二轴倒档齿轮　10——、倒档接合套　11—第二轴一档齿轮　12—第二轴后轴承盖　13—车速表蜗杆　14—油封　15—第二轴凸缘　16—中间轴　17—中间轴一档齿轮　18—中间轴倒档齿轮　19—倒档轴　20、21—倒档中间双联齿轮　22—中间轴二档齿轮　23—中间轴三档齿轮　24—中间轴四档齿轮　25—中间轴常啮合传动齿轮

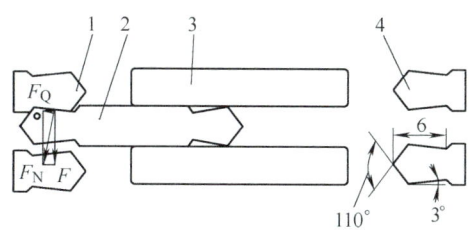

图 9-25　齿端倒斜面式防止自动跳档结构示意图

1、4—接合齿圈　2—接合套　3—花键毂　F—圆周力
F_N—倒斜面正压力　F_Q—防止跳档的轴向力

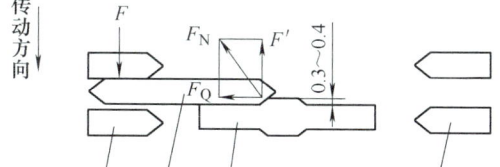

图 9-26　减薄齿式防止自动跳档结构示意图

1、4—接合齿圈　2—接合套　3—花键毂　F—圆周力
F_N—凸台对接合套的总阻力　F_Q—防止跳档的轴向力

（二）两轴式变速器传动机构

两轴式齿轮变速器主要应用于发动机前置前轮驱动（FF 方式）和发动机后置后轮驱动（RR 方式）的中、轻型轿车上。此种变速器结构有利于汽车的总体布置。两轴式变速器的特

点是输入轴与输出轴平行,且无中间轴,各前进档的动力分别经一对齿轮进行传递。

图9-27所示是一汽奥迪100型轿车变速器。该变速器具有五个前进档和一个倒档,所有档均装用锁环式惯性同步器换档。输入轴2通过一个球轴承和两个滚子轴承三点支撑在前、后壳体（1和6）上。输出轴20则通过两个圆锥滚子轴承支撑在前后壳体上。离合器从动盘将动力传给变速器输入轴2,驾驶人可通过变速器操纵机构、各档接合套及同步器挂上所需档位。

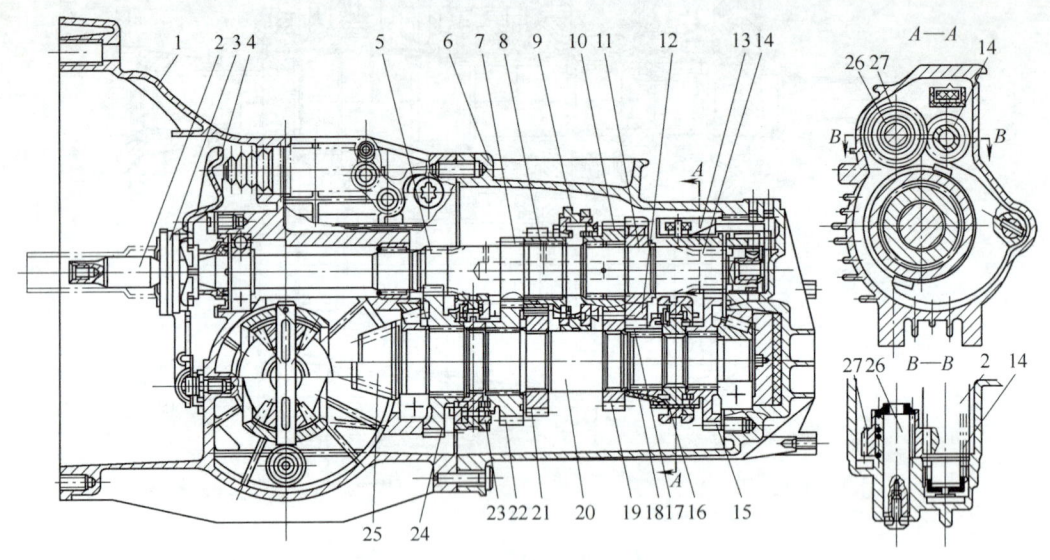

图9-27 一汽奥迪100型轿车变速器

1—变速器前壳体 2—输入轴 3—分离轴承 4—分离杠杆 5—输入轴一档齿轮 6—变速器后壳体 7—输入轴二档齿轮 8—输入轴三档齿轮 9、16、23—接合套 10—输入轴四档齿轮 11、18—隔离套 12—输入轴五档齿轮 13—集油器 14—输入轴倒档齿轮 15—输出轴倒档齿轮 17—输出轴五档齿轮 19—输出轴四档齿轮 20—输出轴 21—输出轴三档齿轮 22—输出轴二档齿轮 24—输出轴一档齿轮 25—主减速器主动锥齿轮 26—倒档中间轴 27—倒档中间齿轮

变速器输入轴与其一档齿轮5、二档齿轮7和倒档齿轮14制成一体。另外,输入轴上还装有三档齿轮8、四档齿轮10。这两个齿轮通过滚针轴承套在输入轴上,三、四档同步器接合套9与该轴用花键配合。五档齿轮12与该轴为过盈配合。以上这些构成了输入轴的主动部分。

输出轴20与主减速器主动锥齿轮25制成一体,前端借圆锥滚子轴承支撑在变速器前壳体上,后端用小圆锥滚子轴承支撑在变速器后壳体上。中间装有五个前进档和一个倒档的从动齿轮（24、22、21、19、17和15）。一、二档同步器和五、倒档同步器的花键毂与该轴过盈配合,除了三、四档齿轮（21、19）以花键与输出轴过盈配合外,其他各档齿轮均通过滚针轴承自由地空套在输出轴上。

该变速器各个档位的主、从动齿轮,均为斜齿圆柱齿轮,平时均处于常啮合状态。在各个档位接合或脱开时,全用同步器操纵。各档的动力传递路线如图9-28所示。

(1) 空档 图9-28所示为变速器的空档位置。当输入轴1旋转时,一、二、五档及倒档

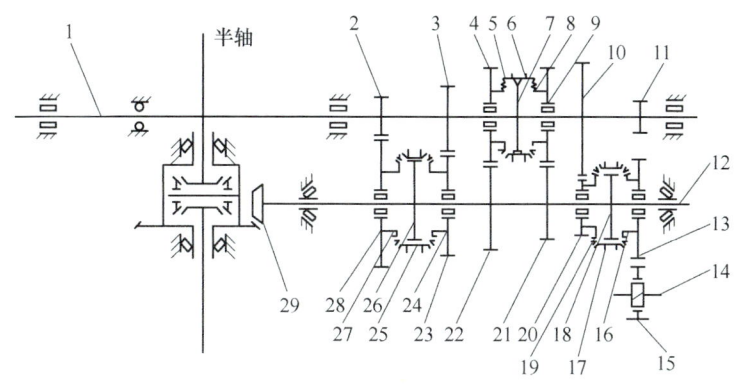

图9-28 一汽奥迪100型轿车变速器动力传递示意图

1—输入轴 2、3、4、9、10—一、二、三、四、五档主动齿轮 5、8、16、19、24、27—同步器锁环
6、17、25—同步器接合套 7、18、26—同步器花键毂 11、13—倒档主、从动齿轮 12—输出轴
14—倒档齿轮轴 15—倒档中间齿轮 20、21、22、23、28——一、二、三、四、五档从动齿轮
29—主减速器主动锥齿轮

的主动齿轮（2、3、10、11）与之同步旋转。三、四档主动齿轮（4、9）处于自由状态，可空转（汽车行驶时随输出轴的旋转而转动），也可不动（汽车静止时）。一、二、五档和倒档的从动齿轮（28、23、20、13）随输入轴1的旋转而在输出轴12上空转，输出轴12不被驱动，汽车处于静止或空档滑行状态。

（2）一档 在空档位置的基础上，操纵变速杆通过一、二档换档拨叉使一、二档同步器接合套25左移，经一档同步器锁环27作用，使一档从动齿轮28与一、二档同步器花键毂26在同步器接合套25的作用下同步旋转。这样，从离合器传来的发动机转矩，经输入轴1上的一档主动齿轮2及与其常啮合的从动齿轮28、一、二档同步器接合套25和同步器花键毂26、再经花键传到输出轴12，直至主减速器。

一档传动比为

$$i_1 = \frac{z_{28}}{z_3} = \frac{39}{11} \approx 3.545$$

（3）二档 通过一、二档换档拨叉使一、二档同步器接合套25右移，退出一档进入空档。继续向右推动该档换档拨叉，使一、二档同步器接合套25借同步器锁环24作用，使二档从动齿轮23与该档同步器花键毂26同步旋转。发动机传来的转矩经输入轴1上的二档主动齿轮3及与其常啮合的从动齿轮23、同步器接合套25和花键毂26，经花键传到输出轴12，直至主减速器。

二档传动比为

$$i_2 = \frac{z_{23}}{z_3} = \frac{40}{19} \approx 2.105$$

（4）三档 操纵三、四档换档拨叉推动三、四档同步器接合套6左移，经Ⅲ档同步器锁环5作用，使三档主动齿轮4与三、四档同步器花键毂7同步旋转。来自发动机的转矩从输入轴1上的花键传到三、四档同步器花键毂7，经该同步器接合套6传到三档主动齿轮4，传到与它常啮合的三档从动齿轮22，再经花键传给输出轴12，直至主减速器。

三档传动比为

$$i_3 = \frac{z_{22}}{z_4} = \frac{40}{28} \approx 1.429$$

(5) 四档　通过换档拨叉使三、四档同步器接合套 6 右移，退出三档进入空档。继续向右移动该拨叉，使三、四档同步器接合套 6 经四档同步器锁环 8 的作用，使四档主动齿轮 9 与该档同步器花键毂 7 同步旋转。来自发动机的转矩，从输入轴 1 上的花键经三、四档同步器花键毂 7、再经该同步器接合套 6 传到四档主动齿轮 9，直至与之常啮合的Ⅳ档从动齿轮 21，经花键传给输出轴 12，直至主减速器。

四档传动比为

$$i_4 = \frac{z_{21}}{z_9} = \frac{35}{34} \approx 1.029$$

(6) 五档　用五档、倒档拨叉将五档、倒档同步器接合套 17 左移，经五档同步器锁环 19 作用，使五档从动齿轮 20 与该档同步器花键毂 18 同步旋转。来自发动机的转矩从输入轴 1 上的五档主动齿轮 10 及与之常啮合的五档从动齿轮 20、同步器接合套 17 和花键毂 18，经花键传到输出轴 12，直至主减速器。

五档传动比为

$$i_5 = \frac{z_{20}}{z_{10}} = \frac{31}{37} \approx 0.838$$

(7) 倒档　要使汽车能倒退行驶，就变速器而言，只要使输出轴 12 反向旋转即可。为此，在前进传动路线中，加入一套中间齿轮副。本变速器在输入轴 1 与输出轴 12 之间，增设一个倒档齿轮轴 14 和一个倒档中间齿轮（惰轮）15，倒档中间齿轮（惰轮）15 介于倒档主动齿轮 11 和倒档从动齿轮 13 之间，并与其处于常啮合状态。倒档齿轮轴 14 的两端支撑在变速器后壳体上，倒档中间齿轮 15 通过滚针轴承空套在该轴上。

需要挂入倒档时，只能在汽车处于静止时才能挂入倒档。这是因为变速器设有倒档锁止机构，防止汽车在前进中误挂倒档造成事故。

挂倒档时，用五档、倒档拨叉将该档同步器接合套 17 向右移动，在倒档同步器锁环 16 的作用下，使该同步器花键毂 18 与倒档从动齿轮 13 同步旋转。来自发动机的转矩从输入轴 1 上的倒档主动齿轮 11，经倒档中间齿轮 15 传到倒档从动齿轮 13，再经该同步器花键毂 18 和它与输出轴 12 配合的花键，传至输出轴 12，这时传出的转矩与其他各档的转矩方向相反，直传至主减速器，实现挂入倒档。

倒档传动比为

$$i_R = \frac{z_{15}}{z_{11}} \frac{z_{13}}{z_{15}} = \frac{z_{13}}{z_{11}} = \frac{35}{10} = 3.5$$

倒档传动比较大，一般与一档传动比相近。这是考虑倒车安全，希望倒车时速度尽可能低些。

该变速器除倒档外，所有前进档均为一对常啮合齿轮传动，故传动效率高。由于全部采用了同步器，使换档迅速、操纵轻便，同时也减少了接合的冲击和噪声。因为只有输入、输出两根轴传动，故没有直接档。

该变速器壳体空间得到了充分利用，一些零件具有一件多功能的特点，故零件数量较少，且结构紧凑，但对制造工艺要求较高。例如，输入轴 1 前部的花键与离合器从动盘花键毂配合，成为离合器的输出轴，并且一、二档、倒档主动齿轮与输入轴为一体；输出轴12与主减速器主动锥齿轮制成一体，既是变速器的输出轴，又是主减速器的主动锥齿轮轴。这样，减少了零件数量，结构更为紧凑，但给加工制造带来一定困难，有些零件必须经过特殊工艺加工才能达到要求。

该变速器中的齿轮及轴承采用飞溅式润滑，使用CLD（相当于API的GL4）齿轮油，无须更换。齿轮油通过变速器后端的油槽及变速器壳体的油孔，进入输入轴后端的带导油套的滚针轴承以及输出轴后端的圆锥滚子轴承里。三、四档主动齿轮滚针轴承的润滑，是通过输入轴后部的空心和在该轴承处开有的径向油孔来完成的，在轴的前部一、二档主动齿轮之间还开有泄油孔，以保证齿轮油的顺畅流通。

三、同步器

（一）无同步器式变速器的换档过程

图9-29为未装同步器时五档变速器的四档、五档齿轮示意图。

采用移动齿轮或接合套换档时，应是待啮合的一对齿轮的轮齿或接合套与接合齿圈上的相应的内、外花键齿的圆周速度相等时，即达到同步的时候再使两者进入啮合，才能保证换档时齿轮之间无冲击、无噪声，做到平顺换档。为实现换档平顺，驾驶人必须采取合理的换档操作步骤。现以图9-29所示无同步器的五档变速器中四、五档（四档为直接档，五档为超速档）的互换过程为例加以说明。

1. 低档换高档（四档换五档）

变速器在四档工作时，接合套与第一轴常啮合齿轮2上的接合套齿圈接合，两者的花键齿圆周速度v_3和v_2显然相等。欲从四档换入五档，驾驶人应先踩下离合器踏板，使离合器分离，随即通过变速杆经拨档叉右移接合套3，进入空档位置。

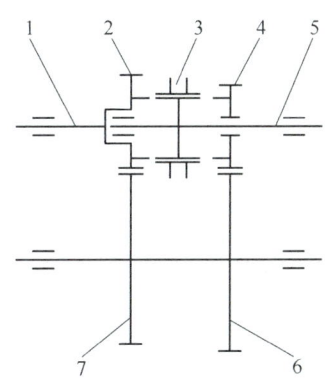

图9-29 五档变速器的四、五档齿轮示意图
1—第一轴 2—第一轴常啮合齿轮 3—接合套
4—第二轴五档齿轮 5—第二轴 6—中间轴五档齿轮 7—中间轴常啮合齿轮

当接合套3与第一轴常啮合齿轮2脱离接合的瞬间，仍然是$v_3=v_2$。由于第二轴五档齿轮4的转速比第一轴常啮合齿轮的转速高，故$v_4>v_2$，即$v_4>v_3$，此时不同步而难以挂入五档。为避免产生冲击，必须在空档位置停留片刻。此时，因发动机到传动系的动力被切断，接合套3和齿轮4的转速都将下降，因汽车传动系统惯性大，使接合套3的速度（与二轴转速相同）v_3下降较慢，而第二轴五档齿轮4只与中间轴及其齿轮、第一轴和离合器从动盘联系，惯性很小，故v_4下降很快。待到$v_4=v_3$时，便可平顺换入五档。图9-30a中A点称为同步时机，此时将接合套3右移与第二轴五档齿轮4的齿圈啮合挂上五档，不会产生齿轮冲击。

2. 高档换低档（五档换四档）

变速器在五档工作时或由五档换入空档的瞬间，接合套的转速与第二轴五档齿轮4的转速相等，即$v_4=v_3$，因为$v_4>v_2$，所以$v_3>v_2$（图9-30b）。推入空档后，由于v_2下降的比v_3快，故根本无法实现$v_3=v_2$；相反，停留在空档的时间越长，两者差值越大。所以驾驶人应在

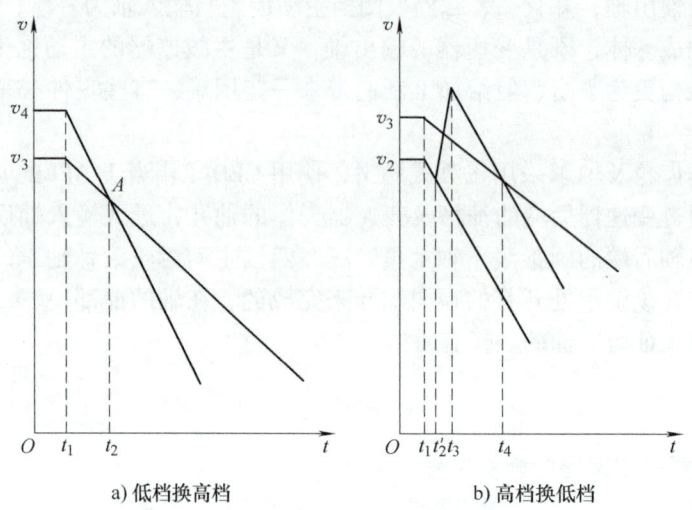

图 9-30　无同步器换档示意图

v_2—第一轴齿轮圆周速度　v_3—接合套圆周速度　v_4—五档齿轮圆周速度

t_1—圆周速度开始下降时间　t_2—同步时间　A—同步时机

t_2'—加空油时间　t_3—第一轴速度达最大时间　t_4—同步时间

接合套推入空档并抬起离合器踏板的同时，踩一下加速踏板，使第一轴常啮合齿轮2的转速高于接合套3的转速，即 $v_2>v_3$，然后分离离合器，待 $v_3=v_2$ 时，即可平顺地挂入四档。

由此可知，欲使无同步器变速器换档时不产生齿轮间的冲击，需要进行比较复杂的操作，并应在短时间内完成。这即使对于技术很熟练的驾驶人，也易造成疲劳。因此，要求在变速器结构上采取措施，既保证挂档平顺，又使操作简化，这便产生了同步器。

（二）同步器

同步器的作用是使接合套与待啮合的齿圈迅速同步，以缩短换档时间，并防止待啮合的齿轮达到同步之前产生轮齿冲击。

同步器按其压力产生的方式不同又可分为常压式、惯性式、自动增力式三类，其中惯性式同步器使用最普遍。同步器根据其结构不同又分为锁环式和锁销式两种。

1. 锁环式惯性同步器

（1）构造　图9-31所示为解放CA1092型汽车六档变速器中的五、六档装用的锁环式惯性同步器。它主要由接合套7、花键毂15、锁环4和8、滑块5、定位销6及弹簧16组成。

如图9-31所示，花键毂15与第二轴14前端用花键配合并以卡环18加以轴向固定，在花键毂两端与六档接合齿圈3和五档接合齿圈9之间，各有一个青铜制成的锁环（也称为同步环）4和8。锁环上有断续的短花键齿（图9-32），其轮廓尺寸与接合齿圈3、9及花键毂15的外花键齿相同。两个锁环上的花键齿在对着接合套的一端制有倒角（又称为锁止角），且与接合套齿端的倒角相同。锁环具有与接合齿圈3和9上的锥形摩擦面锥度相同的内锥面，锥面上制有细牙的螺旋槽，以便两锥面接触后，破坏油膜，增加锥面的摩擦。三个滑块5分别嵌合在花键毂的三个轴向槽 b（图9-32）内，并可沿槽轴向滑动。三个定位销6分别插入三个滑块的通孔中。在弹簧16的作用下，定位销压向接合套，使定位销端部的球面正好嵌在接

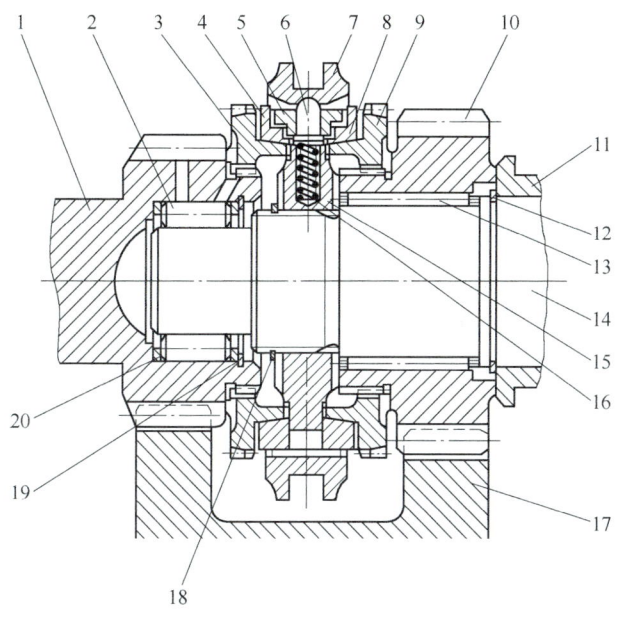

图 9-31 锁环式惯性同步器

1—第一轴　2、13—滚针轴承　3—六档接合齿圈　4、8—锁环（同步环）　5—滑块　6—定位销
7—接合套　9—五档接合齿圈　10—第二轴五档齿轮　11—衬套　12、18、19—卡环
14—第二轴　15—花键毂　16—弹簧　17—中间轴五档齿轮　20—挡圈

合套中部的凹槽 a 中，起到空档定位作用。滑块 5 的两端伸入锁环 4 和 8 的三个缺口 c 中。锁环的三个凸起部 d 分别伸入到花键毂的三个通槽 e 中，只有当凸起部 d 位于缺口 e 的中央时，接合套与锁环的齿方能接合。

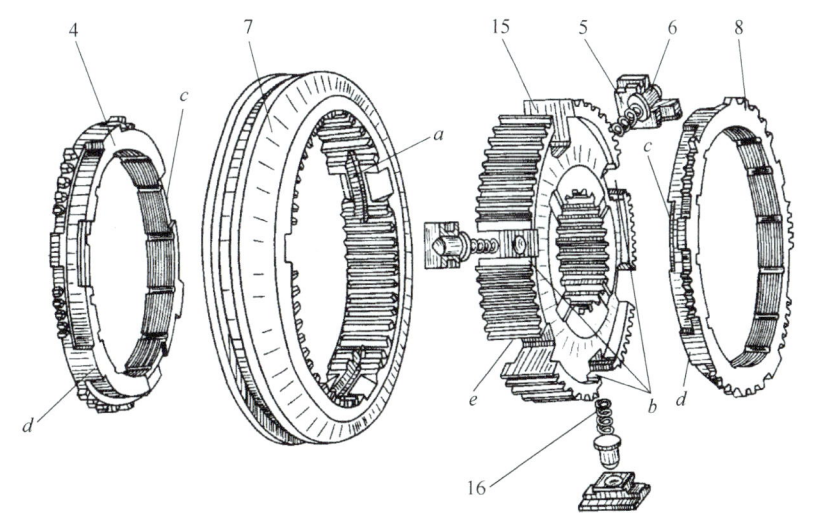

图 9-32 锁环式惯性同步器组成

a—凹槽　b—轴向槽　c—缺口　d—凸起部　e—通槽　4、8—锁环　5—滑块
6—定位销　7—接合套　15—花键毂　16—弹簧

（2）工作原理　如图 9-33 所示，现以五档换六档为例，介绍同步器的工作原理。

1）退入空档位置：接合套 3 刚从五档退入空档时（图 9-33a），六档接合齿圈 1、接合套 3、锁环 2 及与其有关联的运动件，因惯性作用而沿原方向继续旋转。设它们的转速分别为 n_3、n_7 和 n_4，此时 $n_4 = n_7$，因 $n_3 > n_7$，故 $n_3 > n_4$。此时锁环是轴向自由的，其内锥面与六档接合齿圈 1 的外锥面没有摩擦。

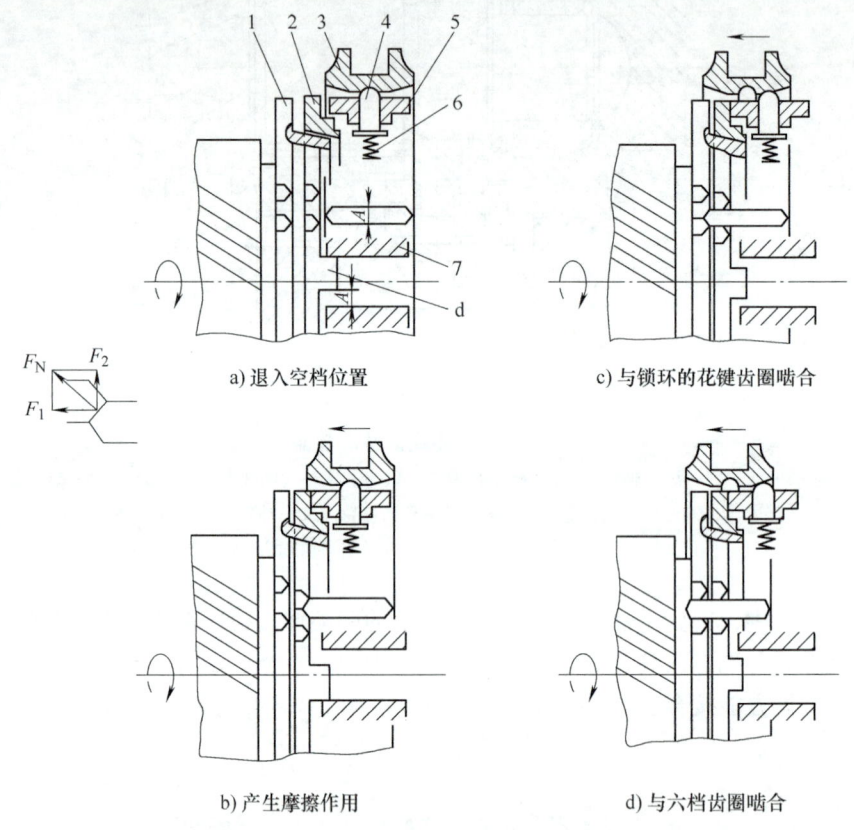

图 9-33　锁环式惯性同步器的工作过程示意图
1—六档接合齿圈　2—锁环　3—接合套　4—定位销　5—滑块　6—弹簧　7—花键毂

2）产生摩擦作用：若要挂六档（直接档），可用拨叉拨动接合套 3，并通过定位销 4 带动滑块 5 一起向左移动。当滑块左端面与锁环 2 的缺口端面接触时（图 9-33b），便推动锁环移向六档接合齿圈 1，使具有转速差（$n_3 > n_4$）的两锥面一经接触便产生摩擦作用。

3）六档接合齿圈 1 通过摩擦作用带动锁环相对于接合套超前转过一个角度，直到锁环的凸起部 d 与花键毂 7 通槽另一个侧面接触时，锁环便与接合套同步转动。此时，接合套的齿与锁环的齿较锁环的凸起部 d 位于花键毂的通槽中央时错开了约半个齿厚（花键毂通槽宽度为锁环凸起部 d 的宽度加上接合套的一个齿厚 A），从而使接合套的齿端倒角与锁环相应的齿端倒角正好互相抵触而不能进入啮合。

显然，此时若要接合套的齿圈与锁环的齿圈接合上，必须使锁环相对于接合套后退一个角度。图 9-33b 左边的局部放大图显示，由于驾驶人始终对于接合套施加一个轴向力，使接合套和锁环的齿端倒角压紧，于是在锁环的锁止角斜面上作用有法向力 F_N。F_N 可分解为轴向

力 F_1 和切向力 F_2。切向力 F_2 所形成的力矩力图使锁环相对于接合套向后退转，称为拨环力矩。轴向力 F_1 则使锁环 2 与六档接合齿圈 1 的锥面产生摩擦力矩，使两者转速 n_3 与 n_4 迅速接近。实际上可认为 n_4 保持不变，只是 n_3 趋近于 n_4，这是因为锁环 2 连同接合套 3 通过花键毂 7 与整个汽车相联系，其转动惯量大，转速下降很慢。而六档接合齿圈 1 仅与离合器从动部分相连，其转动惯量很小，速度下降较前者快得多。因为六档接合齿圈 1 是减速旋转，根据惯性原理，即产生惯性力矩，其方向与旋转方向相同。此惯性力矩通过摩擦锥面作用到锁环上，阻止锁环相对接合套向后退转，亦即在锁环上作用着两个相反方向的力矩，其一为切向力 F_2 形成的力图使锁环相对于接合套向后退转的拨环力矩 M_2；另一个为摩擦锥面上阻止锁环向后退转的惯性力矩 M_1。在 n_3 尚未等于 n_4 之前，两个锥面间摩擦力矩的数值与六档接合齿圈 1 的惯性力矩相等。如果 $M_2 > M_1$，则锁环 2 即可相对于接合套向后退转一个角度，以便两者进入啮合；若 $M_2 < M_1$，则两者不可能进入啮合。摩擦力矩 M_1 与轴向力 F_1 的垂直于摩擦锥面的分力成正比。而 M_2 则与切向力 F_2 成正比。F_1 和 F_2 都是法向力的分力，两者的比值取决于花键齿锁止角的大小。故在设计同步器时，适当地选择锁止角和摩擦锥面的圆锥角，便能保证在达到同步（$n_3 = n_4$）之前，六档接合齿圈 1 施加在锁环 2 上的惯性力矩 M_1 总是大于切向力 F_2 形成的拨环力矩 M_2，因此，不论驾驶人通过操纵机构施加在接合套上的轴向推力有多大，接合套齿端与锁环齿端总是互相抵触而不能接合。这说明锁环 2 对接合套的锁止作用是六档接合齿圈 1 的惯性力矩造成的。此即"惯性式"名称的由来。

4) 同步啮合：随着驾驶人继续加大接合套的推力，摩擦作用就迅速使六档接合齿圈 1 的转速降到与锁环 2 的转速相同，并进一步保持同步旋转，即六档接合齿圈 1 相对于锁环 2 的转速和角减速度均为零，于是其惯性力矩消失。但由于轴向力 F_1 的作用，两个摩擦锥面还紧密接合着，此时切向力 F_2 形成的拨环力矩 M_2 使锁环连同六档接合齿圈 1 及与之相连的所有零件一起相对于接合套向后退转一个角度，使锁环凸起部 d 又移回到花键毂 7 的通槽 e 的中央，两个花键齿圈不再抵触，此时接合套压下定位销 4 继续左移，与锁环的花键齿圈啮合（图 9-33c），锁环的锁止作用即行消失。

如果此时接合套花键齿与六档接合齿圈 1 的花键齿发生抵触，则作用在六档接合齿圈 1 花键齿端斜面上的切向分力使六档接合齿圈 1 及其相连零件相对于锁环及接合套转过一个角度，使接合套与六档接合齿圈 1 进入啮合（图 9-33d），从而最后完成挂上六档的全过程。

如果是六档（直接档）换入五档，上述过程也适用。但应注意的是，此时五档接合齿圈和第二轴五档齿轮被加速到与锁环（亦即与接合套）同步，从而使接合套先后与锁环及五档接合齿圈进入啮合而完成换档。

上述换档过程可归纳为：摩擦工作面产生摩擦力矩→锁环转动一个角度→锁止元件起锁止作用，阻止接合套前移→摩擦力矩增长至同步→惯性力矩消失→锁止作用消失→接合套进入啮合完成换档。

锁环式惯性同步器由于结构紧凑、便于合理布置，多用于轿车（一汽奥迪 100、红旗 CA7220、捷达/高尔夫及上海桑塔纳等）和轻型载货汽车上。

在中、重型载货汽车上，目前多采用锁销式惯性同步器换档。

2. 锁销式惯性同步器

图 9-34 所示为东风 EQ1090E 型汽车五档变速器装用的四、五档锁销式惯性同步器。

(1) 构造 两个带有内锥面的摩擦锥盘 2,以其内花键分别固定在带有外花键齿圈的第一轴齿轮 1 和第二轴四档齿轮 6 上,随齿轮一同旋动。与之相配合的两个有外锥面的摩擦锥环 3(摩擦锥环 3 作为摩擦元件,在其锥面上制有细螺纹槽,以破坏油膜来增加摩擦力矩),其上有圆周均布的三个锁销 8 和三个定位销 4 与接合套 5 相连。锁销 8 的两顶端固定在摩擦锥环 3 的孔中(铆接成一体),其两端的工作表面直径与接合套凸缘上相应的销孔的内径相等,它的中部制有一段环槽。只有在锁销与接合套销孔对中时,接合套方能沿锁销轴向移动。锁销 8 中部环槽两侧和接合套 5 上相应的销孔两端有角度相同的倒角——锁止角,三个锁销即通过此锁止角对接合套起到锁止作用。

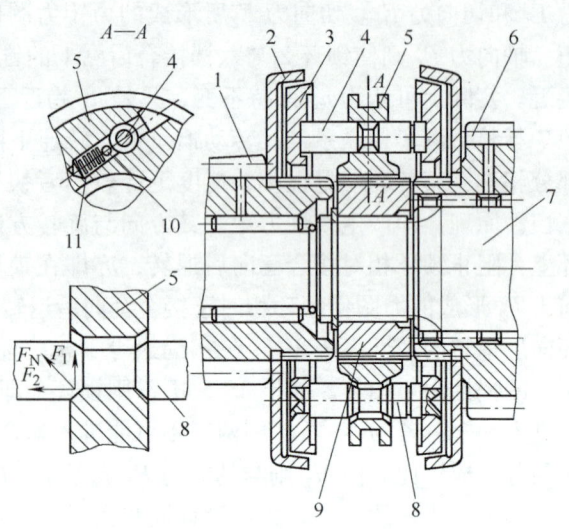

图 9-34 锁销式惯性同步器
1—第一轴齿轮 2—摩擦锥盘 3—摩擦锥环 4—定位销
5—接合套 6—第二轴四档齿轮 7—第二轴
8—锁销 9—花键毂 10—钢球 11—弹簧

三个定位销 4 的作用是对接合套进行空档定位,并可将作用于接合套的轴向推力传给摩擦锥环(也称为传力销)。定位销 4 的中部制有定位环槽,在接合套上定位销孔中部钻有斜孔,孔内装有定位钢球 10 及弹簧 11。当变速器处于空档位置时(如图 9-34 所示的位置),接合套 5 正好处于定位销的中间位置,此时弹簧 11 把定位钢球 10 顶入定位销中部的环槽内(图 9-34 左侧 A—A 断面图所示),以保证接合套处于正确的空档位置。定位销两端的销杆部位与接合套相应的销孔之间为间隙配合,接合套可以沿定位销轴向移动。定位销的两端伸入两摩擦锥环 3 内侧面相应的弧形浅坑中,但定位销与锁销不相连,而与浅坑有一定的间隙,因此,两个摩擦锥环 3 及三个锁销 8 可以在一定范围内相对于接合套做周向转动。这样,两个摩擦锥环 3(摩擦元件)、三个锁销 8(锁止元件)、三个定位销 4 和接合套 5(接合元件)构成一个部件,然后通过接合套的内花键齿,套在花键毂的外花键齿圈上。

(2) 工作原理 锁销式同步器的工作原理与销环式同步器基本相同,在由四档换入五档时,接合套 5 受到拨叉的轴向推力作用,通过钢球 10 与定位销 4 带动摩擦锥环 3 向左移动,使之与对应的摩擦锥盘 2 接触。具有转速差的摩擦锥环 3 与摩擦锥盘 2 一经接触,在其摩擦锥面之间的摩擦力矩作用下,使摩擦锥环 3 连同锁销 8 一起相对于接合套 5 转过一个角度,因而锁销 8 的轴线相对于接合套上销孔的轴线偏移,于是锁销中部倒角与销孔端的倒角互相抵触,以阻止接合套继续前移。在同步前,作用在摩擦锥面的摩擦力矩(轴向力 F_2 形成的力矩)总是大于切向力 F_1 形成的拨销力矩,接合套被锁止不能前移,防止同步前接合套与齿圈进入啮合。同步后,摩擦力矩消失,拨销力矩使锁销、摩擦锥盘及相应的齿轮相对于接合套转过一个角度。锁销与接合套相应销孔对中,接合套克服弹簧 11 的弹力压下钢球 10 并沿锁销轴向移动,直至与第一轴齿轮 1 的花键齿圈啮合,顺利地换入五档。

四、变速器的操纵机构

（一）功用与要求

变速器操纵机构的功用是根据汽车使用条件，驾驶人可随时将变速器换上或摘下某个档位。

为了保证在任何情况下变速器都能准确、安全、可靠地工作，对变速器操纵机构提出以下要求：

1）装设自锁装置，防止变速器自动换档和自动脱档，并保证各档传动齿轮以全齿长啮合。

2）装设互锁装置，防止变速器同时换入两个档位，否则会产生运动干涉，甚至损坏零部件。

3）装设倒档锁，防止误换倒档，否则会损坏零件或发生安全事故。

（二）构造

按操纵杆与变速器的相互位置，变速器操纵机构可分为远距离操纵式和直接操纵式两类。

（1）远距离操纵式　当驾驶人座位离变速器较远或变速杆布置在转向盘下方的转向管柱上时，通常在变速杆与换档拨叉之间增加若干个传动件，组成远距离操纵机构，如图9-35和图9-36所示。

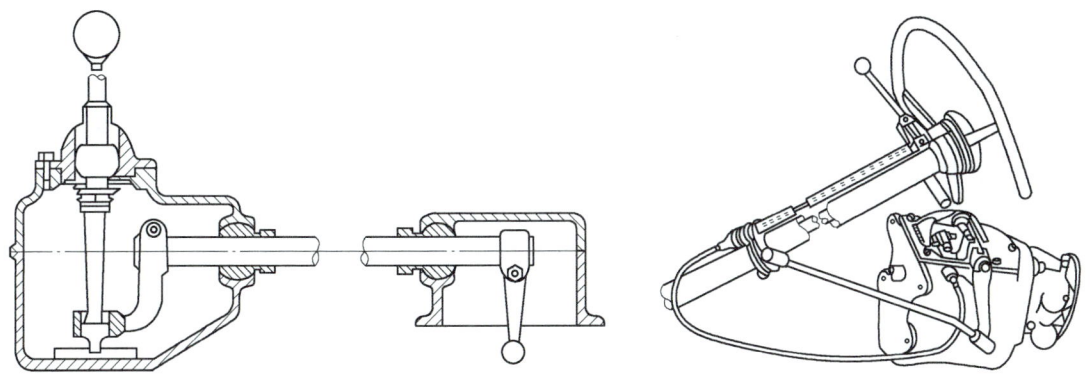

图9-35　变速器远距离操纵机构　　　　图9-36　轿车变速器远距离操纵机构

（2）直接操纵式　大多数汽车的变速器布置在驾驶人座位附近，变速杆由驾驶室底板伸出，驾驶人可直接操纵。这种操纵机构一般由变速杆、拨块、换档拨叉、拨叉轴以及安全（锁止）装置等组成，多集装于变速器上盖或侧盖内。图9-37所示为解放CA1092型汽车六档变速器操纵机构。拨叉轴7、8、9和10两端均支承于变速器盖上相应的孔中，可以轴向滑动。所有拨叉和拨块都以弹性销固定于相应的拨叉轴上。三、四档拨叉2的上端有拨块。拨叉2和拨块3、4、14的顶部有凹槽。变速器处于空档时，各凹槽在横向平面内对齐。叉形拨杆13下端的球头即伸入这些凹槽中。选档时可使变速杆12绕其中部球形支点横向摆动，则其下端推动叉形拨杆13绕换档轴11的轴线转动，从而使叉形拨杆13下端球头对准所选档位相应的拨块凹槽，然后使变速杆12纵向摆动，带动拨叉轴及拨叉向前或向后移动，即可实现挂档。例如，横向扳动变速杆12使叉形拨杆13下端伸入拨块3顶部凹槽中，再纵向扳动变速杆12，拨块3连同拨叉轴8和拨叉5即沿纵向向左移动一定距离，便可挂入二档；若向右移动一定距离，则挂入一档。若使叉形拨杆13下端球头伸入倒档拨块4的凹槽中，并使其向右移动一定距离，便挂入倒档。

（三）锁止装置

(1) 自锁装置　如图9-38所示，多数变速器的自锁装置由自锁钢球1和自锁弹簧2组成。每根拨叉轴的上表面沿轴向分布有三个凹槽，当任何一根拨叉轴连同拨叉轴向移动到空档或某一工作档位的位置时，必有一个凹槽正好对准自锁钢球1。于是自锁钢球在自锁弹簧2的压力作用下嵌入该凹槽内，拨叉轴的轴向位置即被固定，从而拨叉连同滑动齿轮（或接合套）也被固定在空档或某一工作档位上，不能自行脱出。换档时，驾驶人对拨叉轴施加一定的轴向力，克服自锁弹簧2的压力将自锁钢球由拨叉轴的凹槽中挤出并推回孔中，拨叉轴便可滑过自锁钢球并带动拨叉及相应的换档元件轴向移动。当拨叉轴移至另一个凹槽与自锁钢球对正时，自锁钢球又被压入凹槽，变速器刚好换入某一工作档位或退入空档。相邻凹槽之间的距离保证齿轮处于全齿长啮合或是完全退出啮合。

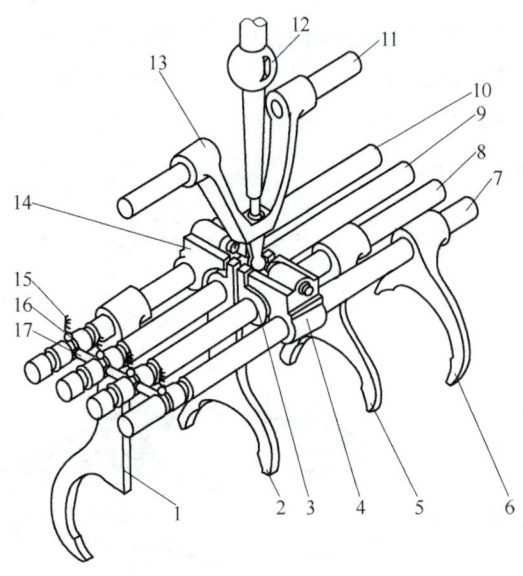 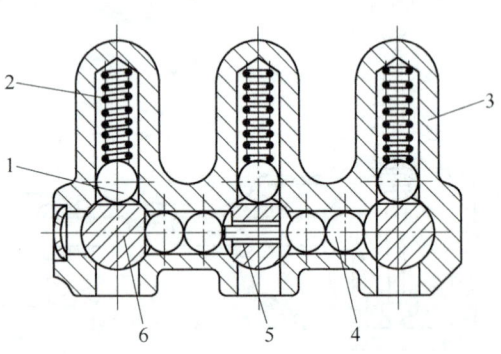

图9-37　六档变速器操纵机构
1—五、六档拨叉　2—三、四档拨叉　3—一、二档拨块
4—倒档拨块　5—一、二档拨叉　6—倒档拨叉　7—倒档拨叉轴　8—一、二档拨叉轴　9—三、四档拨叉轴
10—五、六档拨叉轴　11—换档轴　12—变速杆
13—叉形拨杆　14—五、六档拨块　15—自锁弹簧　16—自锁钢球　17—互锁销

图9-38　变速器的自锁和互锁装置
1—自锁钢球　2—自锁弹簧　3—变速器盖（前端）
4—互锁钢球　5—互锁销　6—拨叉轴

(2) 互锁装置　图9-38所示为锁球式互锁装置。它主要由互锁钢球4及互锁销5组成。互锁销5安装在中间拨叉轴的孔中，其长度相当于拨叉轴直径减去互锁钢球的半径，互锁钢球4安装于变速器盖3的横向孔中。在空档位置时，左右拨叉轴在对着互锁钢球4处开有深度相当于钢球半径的凹槽，中间拨叉轴则左右均开有凹槽，凹槽中开有装互锁销5的孔。这种互锁装置可以保证变速器只有在空档位置时，驾驶人才可以移动任一个拨叉轴挂档。若某一拨叉轴被移动而挂档时，另两个拨叉轴便被互锁装置固定在空档位置而不可能再轴向移动了。

互锁装置的工作原理是：变速器处于空档时，所有拨叉轴的侧面凹槽同互锁钢球、互锁销都在同一条直线上。当移动中间拨叉轴6时（图9-39a），拨叉轴6两侧的内钢球从其侧面凹槽中被挤出，而两互锁钢球2和4则分别嵌入拨叉轴1和5的侧面凹槽中，因而将拨叉轴1和5刚性地锁止在其空档位置。若欲移动拨叉轴5，则应先将拨叉轴6退回到空档位置（图9-39b）。于是在移动拨叉轴5时，互锁钢球4便从拨叉轴5的凹槽中被挤出，同时通过互锁销3和其他互锁钢球将拨叉轴6和1均锁止在空档位置。同理，当移动拨叉轴1时，则拨叉轴6和5被锁止在空档位置（图9-39c）。由此可知，互锁装置的作用是当驾驶人用变速杆推动某一拨叉轴时，自动锁止其他所有拨叉轴。

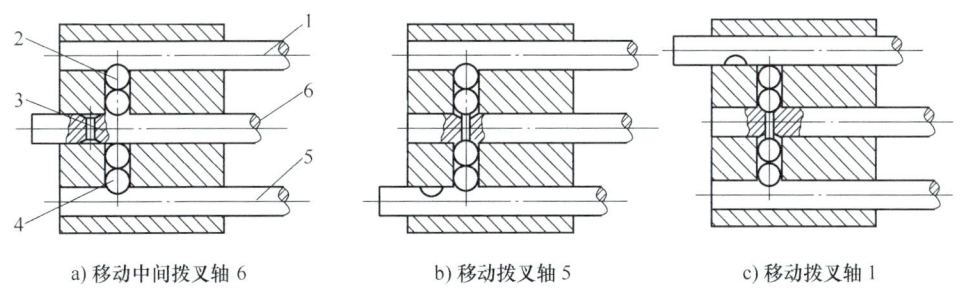

a) 移动中间拨叉轴6　　b) 移动拨叉轴5　　c) 移动拨叉轴1

图9-39　互锁装置的工作原理
1、5、6—拨叉轴　2、4—互锁钢球　3—互锁销

互锁装置也有采用转动钳口式的（图9-40），如上海SH1040轻型载货汽车的变速器操纵机构。变速杆1下端球头放在钳口中，钳形板2可绕轴A摆动。需要换档时，变速杆先拨动钳形板处于某一拨叉轴的凹槽中，然后换入需要的档位，其他两个档位的拨叉凹槽被钳形爪挡住，起到互锁作用。

有的变速器操纵机构，将自锁装置与互锁装置合二为一（图9-41）。空心锁销1内装有自锁弹簧2。图中所示位置为空档，此时两锁销内端面距离a等于槽深b，不可能同时拨动两根拨叉轴，起互锁作用。另外，自锁弹簧的预紧力和锁销1对拨叉又起到自锁作用。北京BJ2020N型越野汽车就采用这种结构。

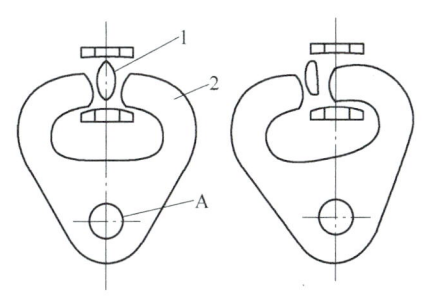 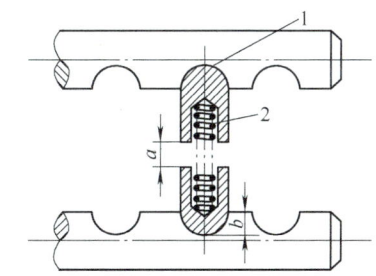

图9-40　转动钳口式互锁装置　　　图9-41　同时起自锁与互锁双重作用的锁止装置
A—轴　1—变速杆　2—钳形板　　　a—端面距离　b—槽深　1—空心锁销　2—自锁弹簧

（3）倒档锁　倒档锁的作用是驾驶人挂倒档时，必须对变速杆施加较大的力，才可换上倒档，起到提醒作用，以防误挂倒档。变速器上多采用弹簧锁销式倒档锁，如图9-42所示。

该倒档锁主要由倒档锁销1和倒档锁弹簧2组成。倒档锁销1的杆部装有倒档锁弹簧2，

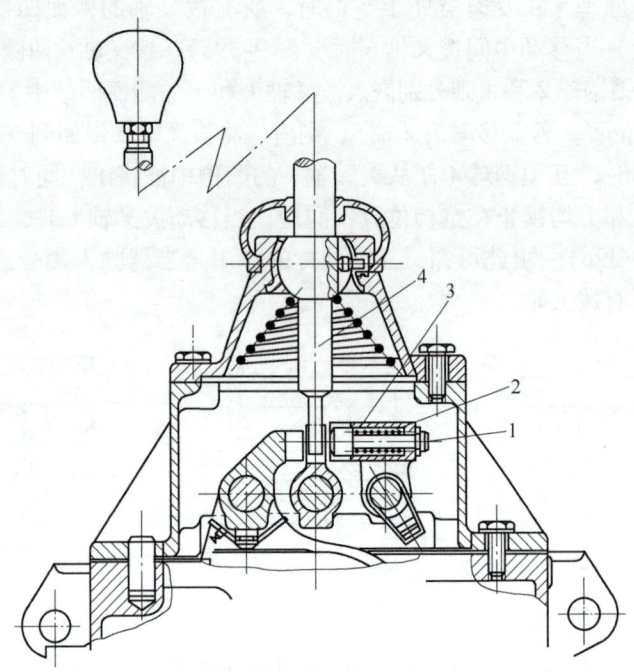

图 9-42 弹簧锁销式倒档锁
1—倒档锁销 2—倒档锁弹簧 3—倒档拨块 4—变速杆

其右端的螺母可调整弹簧的预紧力和倒档锁销的长度。驾驶人要挂倒档时，必须用较大的力使变速杆 4 的下端压缩倒档锁弹簧 2，将倒档锁销 1 推向右方后，才能使变速杆下端进入倒档拨块 3 的凹槽内，以拨动一、倒档拨叉轴而挂入倒档。

解放 CA1092 型汽车六档变速器的倒档锁如图 9-43 所示，与弹簧锁销式倒档锁相比，它

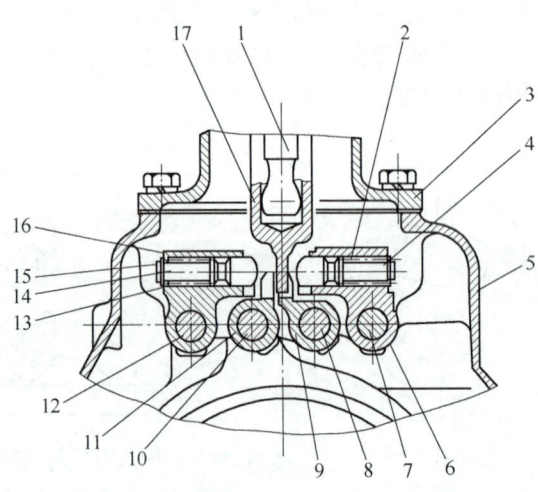

图 9-43 解放 CA1092 型汽车六档变速器的倒档锁
1—变速杆 2—倒档锁弹簧 3—变速器顶盖 4—倒档锁销 5—变速器上盖 6—倒档拨块 7—倒档拨叉轴
8—一、二档拨叉轴 9—一、二档拨块 10—三、四档拨叉轴 11—三、四档拨块 12—五、六档拨叉轴
13—选档锁销弹簧 14—选档锁销 15—锁片 16—五、六档拨块 17—叉形拨杆

多了一个选档装置（选档锁销 14 和选档锁销弹簧 13），其作用是便于选择三、四档和五、六档。其工作原理与弹簧锁销式倒档锁相同。

考证要点

一、填空题

1. 变速器按传动比的级数可分为_____、_____和_____三种。
2. 变速器按变速器操纵方式可分为_____、_____和_____三种。
3. 普通齿轮变速器利用不同齿数的齿轮啮合传动来实现_____和_____的改变。
4. 手动变速器包括_____和_____两大部分。
5. 桑塔纳 2000 轿车两轴式变速器传动机构有输入轴和输出轴，输入轴也是离合器的_____，输出轴也是主减速器的_____。
6. 三轴式变速器用于发动机_____的汽车，有三根主要的传动轴，_____、_____和_____，所以称为三轴式变速器。
7. 同步器的功用是使_____与待啮合的齿圈迅速同步，缩短换档时间，且防止在_____啮合而产生换档冲击。
8. 锁环式同步器尺寸小、结构紧凑、摩擦力矩也_____，多用于_____和_____车辆。
9. 变速器操纵机构按照变速杆位置的不同，可分为_____和_____两种类型。
10. 大多数变速器的自锁装置都是采用_____对_____进行轴向定位锁止。
11. 互锁装置用于防止_____。
12. 互锁装置的工作原理是当驾驶人用变速杆推动某一拨叉轴时，自动锁止_____。
13. 倒档锁装置用于防止_____。

二、简答题

1. 简述变速器的作用。
2. 简述变速器的变速原理。
3. 简述手动变速器的优点。

扩展知识

变速器常见故障

1. 变速器漏油

故障现象：变速器盖、侧盖、轴承盖、一轴与二轴回油螺纹或油封处有明显漏油痕迹。

2. 变速器跳档

故障现象：汽车在行驶过程中，变速杆自动跳回空档，此现象多发生在重载加速或爬坡时。

故障原因：变速器跳档的根本原因是换档啮合副在传递动力时，产生的轴向力大于自锁装置的锁止力与齿面摩擦力之和，导致啮合副脱离啮合位置。

3. 变速器乱档

故障现象：在离合器彻底分离的情况下，要挂档挂不上或要摘档摘不下；有时要挂某档，结果挂在别的档位上；有时同时挂上两个档位。

故障原因：变速器乱档的根本原因是操纵杆与选档装置的档位不对应。

4. 变速器换档困难

故障现象：变速器不能顺利地挂入档位，挂档时往往伴有齿轮撞击声。

故障原因：变速器换档困难的根本原因是汽车换档时待啮合齿的圆周速度不相等，或拨叉轴移动时阻力过大。

5. 变速器异响

故障现象：变速器在工作过程中发出干磨、撞击、振动等不正常的响声。

故障原因：变速器异响的根本原因是轴承磨损松旷和齿轮啮合失常或润滑不良。

任务9.4　自动变速器

【知识目标】

1. 了解自动变速器操纵机构的类型。
2. 掌握液力变矩器的性能。
3. 掌握自动变速器换档执行元件的结构特点。
4. 了解行星齿轮变速器的工作原理。

【任务描述】

在操纵自动档汽车日常行驶时，我们发现车上只有加速踏板和制动踏板，却没有离合器踏板，难道自动档汽车构造里面不需要离合器吗？自动变速器又是如何实现换档的呢？这一部分，让我们一起了解自动变速器。

一、概述

随着现代汽车工业的快速发展，自动变速器在汽车上的应用越来越广泛。自动变速器与传统手动变速器一样属于汽车传动系统的一部分，位于发动机和传动轴之间。自动变速器与手动有级式齿轮变速器的主要差别在于以下几个方面：

1）自动变速器通过变矩器壳的前端由挠性盘用螺栓与发动机曲轴后端凸缘相联，发动机曲轴末端不再设置厚重的飞轮。

2）在发动机与自动变速器之间取消了离合器，因而在这类汽车上就没有离合器踏板。

3）在前进档位下，换档过程基本上是自动进行的，因而大大减少了手动换档的频率。

（一）自动变速器的功用及类型

1. 自动变速器的功用

1）根据汽车行驶条件自动地改变传动比，扩大驱动轮转矩和转速的变化范围，同时使发动机在有利的工况下工作。目前大多数自动变速器可以提供四个以上前进档、一个空档和一个倒档。

2）在发动机旋转方向不变的前提下，使汽车能倒退行驶。

3）利用空档，中断动力传递，以使发动机能够起动和怠速运转。

4）利用液力变矩器，在一定范围内实现无级变速，并在很大程度上减缓传动系统的冲击，延长传动系统和发动机的使用寿命。

2. 自动变速器的类型

（1）按齿轮变速器的类型分类　自动变速器按其齿轮变速器的类型不同，可分为普通齿轮式和行星齿轮式两种。普通齿轮式自动变速器体积较大，最大传动比较小，只有少数几种车型使用（如本田 ACCORD 轿车）。行星齿轮式自动变速器结构紧凑，能获得较大的传动比，为绝大多数轿车所采用。

（2）按汽车驱动方式分类　自动变速器按照汽车驱动方式的不同，可分为前驱动自动变速器和后驱动自动变速器两种。这两种自动变速器在结构和布置上有很大的不同。

后驱动自动变速器的布置如图 9-44 所示。

前驱动自动变速器具有与后驱动自动变速器相同的组成，但主减速器和差速器装在了自动变速器的壳体内，如图 9-45 所示，也称为自动变速驱动桥。

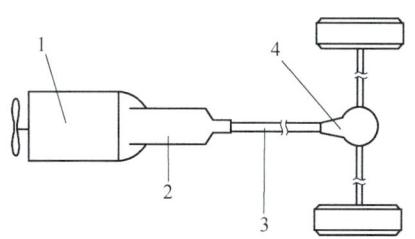

图 9-44　后驱动自动变速器的布置
1—发动机　2—自动变速器　3—传动轴
4—主减速器和差速器

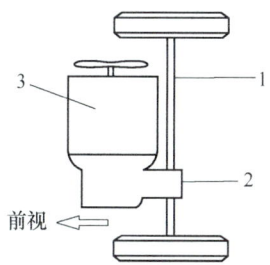

图 9-45　前驱动自动变速器的布置
1—驱动轴　2—驱动桥　3—发动机

（3）按变矩的方式分类　按变矩的方式不同，自动变速器有机械式自动变速器（MT）、液力机械式自动变速器（AT）和金属带式自动变速器（CVT）三大类。

（4）按换档的控制方式分类　按换档的控制方式不同，自动变速器有液力控制自动变速器和电子控制自动变速器两大类。

（二）自动变速器的组成

1. 液力控制自动变速器

液力控制自动变速器的组成如图 9-46 所示。它主要由液力元件、行星齿轮式变速器、液压操纵系统等部分组成。

目前液力元件为变矩器。其功能是在一定范围内自动、连续地改变转矩比，以满足不同行驶阻力的要求。

行星齿轮机构提供数个前进档和一个倒档。行星齿轮机构的基本组成元件包括太阳轮、齿圈、行星齿轮架（行星齿轮架上有若干个行星轮）。

液压操纵系统包括动力源、执行机构和液压控制系统，用来实现控制行星齿轮机构自动换档。动力源包括油泵等，产生系统所需的油压。执行元件的动作用来控制行星齿轮机构的元件（太阳轮、齿圈、行星齿轮架），使某个元件接受动力成为输入元件，使某个元件固定或

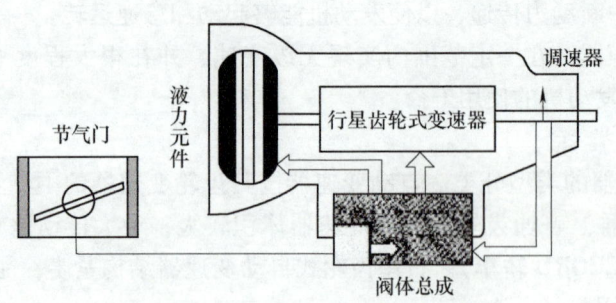

图 9-46　液力控制自动变速器的组成

使某个元件自由转动,自动地形成特定的档位。执行机构包括由液压活塞驱动的离合器、制动器和纯机械的单向离合器,离合器、制动器和单向离合器可以称为执行元件。液压操纵系统的各种控制阀大多集中在阀体总成上,调速器阀一般在自动变速器输出轴上。根据汽车行驶中换档参数的变化,引导液压油流进或流出特定执行元件的活塞缸,使执行元件产生需要的动作,进而实现自动换档。

液力控制自动变速器换档的直接参数是节气门油压和调速阀油压,节气门阀产生的节气门油压反映节气门开度的大小,调速阀产生的油压反映车速的高低。

2. 电子控制自动变速器

电子控制自动变速器的组成如图 9-47 所示。电子控制自动变速器与液力控制自动变速器相比主要是增加了电子控制系统,其操纵系统是电子控制液压式。自动变速器的电子控制系统与其他汽车的电子控制系统一样,由信号输入装置(传感器)、控制单元(ECU)和执行元件(电磁阀)组成;控制单元根据各种传感器的信号,发出控制指令,使电磁阀产生动作,进而通过液压操纵系统实现自动换档。

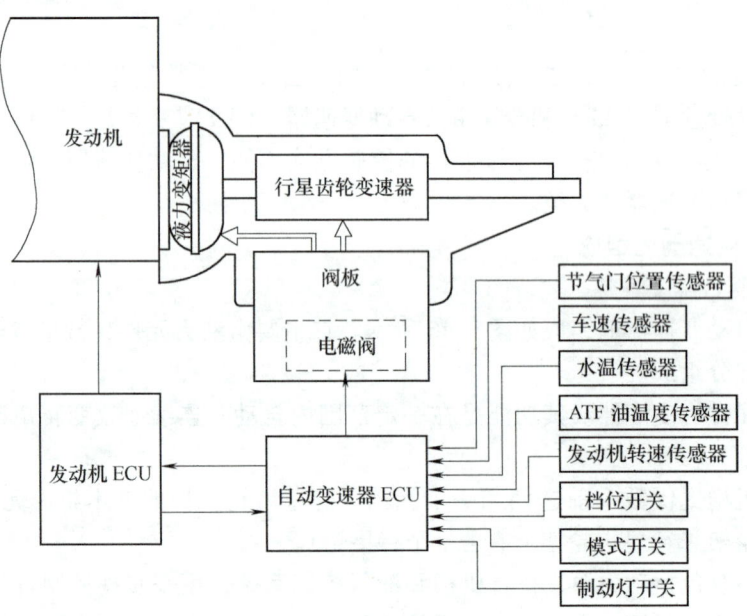

图 9-47　电子控制自动变速器的组成

电子控制自动变速器的换档控制的主要参数是车速信号和节气门开度信号。

（三）自动变速器的特点

汽车上采用的自动变速器，具有如下优点：

1）消除了离合器操作和频繁换档，使驾驶人操作简单、省力，提高了行车的安全性。

2）能自动适应汽车行驶阻力的变化，在一定范围内实现无级变速，提高了汽车的动力性和平均车速。

3）汽车起步、加速更加平稳，能吸收和衰减换档过程中产生的振动与冲击，提高了乘坐舒适性。

4）因采用了液力传动，发动机和传动系统是柔性连接，能缓冲接合冲击，减轻传动系统零件的负荷，有利于延长有关零件的使用寿命。

5）可避免因外界负荷突增而造成发动机熄火的现象，减少发动机起动次数，提高燃油经济性，降低排放污染。

自动变速器的缺点在于结构复杂，价格较高，对维修人员的技术要求高，液力传动的效率低。

自动变速器较广泛地应用于中高级轿车、起重型自卸车、高通过性军用越野车、一级城市用大型客车上。

二、液力元件

自动变速器的液力元件是通过油液的动能来传递发动机动力的。因此，把这种发动机与自动变速器的连接方式称为"柔性连接"或"软连接"。这使得在发动机转速低、自动变速器处于前进档位时，汽车可保持停止状态。

液力元件的作用是：传递或改变发动机的转矩；具有离合器的作用；兼有飞轮的作用。

汽车上常用的液力元件有液力耦合器和液力变矩器。

（一）液力耦合器

1. 液力耦合器的结构和工作原理

液力耦合器的结构如图9-48所示。在发动机曲轴1的凸缘上固定着耦合器外壳2，泵轮3与外壳2刚性连接并随曲轴一起旋转，是耦合器的主动元件；称为泵轮；涡轮4与从动轴5相连，为耦合器的从动元件。泵轮与涡轮统称为工作轮。泵轮和涡轮具有相同内、外径，都安装有径向排列的叶片；泵轮和涡轮相对安装，两者端面间留有3～4mm间隙，没有机械联系。泵轮与涡轮装合后成为一个整体，其轴线断面一般为圆形，称为循环圆，内腔充满工作液。

当发动机带动泵轮旋转时，动力经发动机曲轴1传给泵轮3。由于泵轮叶片的作用，使耦合器内部的工作液也随叶片一起绕轴线旋转，在离心力的作用下，迫使工作液沿叶片间通道从半径较小的内缘处向半径较大的外缘处流动，此时，叶片外缘处工作液的动能和压力都大于叶片内缘处工作液的动能和压力，

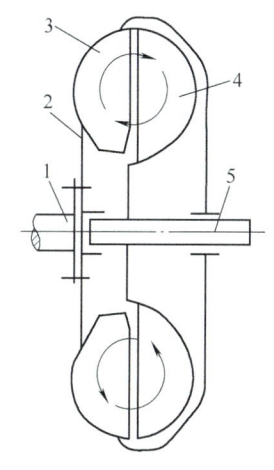

图9-48 液力耦合器的结构
1—发动机曲轴 2—耦合器外壳
3—泵轮 4—涡轮 5—从动轴

其动能的差值取决于泵轮的内外缘半径差和泵轮的转速。工作液在到达叶片外缘时，已成为具有一定压力和速度的高速液流，并将发动机的机械能转换为工作液的动能。在一般情况下，涡轮的转速总是低于泵轮的转速，因此，泵轮外缘处工作液的能量大于涡轮外缘处工作液的能量。在此能量差的作用下，离开泵轮后的高速液流紧接着流入涡轮，并作用于涡轮叶片，当能克服涡轮转动所产生的阻力和负载时，便推动涡轮转动，经从动轴5输出，将液体的动能转换为涡轮输出轴上的机械能。

2. 液力耦合器的特性

由上述液力耦合器的结构和工作原理可知，液体在循环流动的过程中，除了与泵轮和涡轮之间的作用之外，没有受到其他任何附加的外力。根据作用力与反作用力相等的原理，工作液作用在涡轮上的转矩应等于泵轮作用在工作液上的转矩，即液力耦合器仅起传递转矩的作用。液力耦合器的传动效率为

$$\eta_0 = \frac{M_w n_w}{M_b n_b}$$

式中　M_w——涡轮输出转矩（N·m）；
　　　M_b——泵轮输入转矩（N·m）；
　　　n_w——涡轮输出转速（r/min）；
　　　n_b——泵轮输入转速（r/min）。

由于涡轮轴的输出转矩M_w与泵轮轴的输入转矩M_b相等，即$M_w = M_b$，则液力耦合器的传动效率可表示为

$$\eta_0 = \frac{n_w}{n_b} = i$$

式中　i——液力耦合器传动比。

由上式可看出，液力耦合器的传动效率随涡轮与泵轮之间的转速差而变化。两者转速差越大，传动效率越低；反之，两者转速比较接近时，传动效率较高。当传动比$i = 1$时，传动效率$\eta = 100$。但实际上这是不可能的，当涡轮转速等于泵轮转速时，泵轮叶片出口与涡轮叶片入口处液体压差为零，不存在循环流动，因而液力耦合器已失去传递动力的作用，传动效率突然降为零，这说明液力耦合器的传动效率永远达不到100%。液力耦合器传动效率特性如图9-49所示。

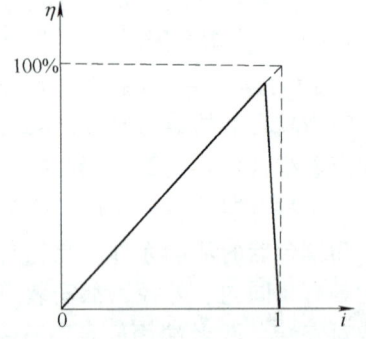

图9-49　液力耦合器传动效率特性

（二）液力变矩器

液力变矩器的功用主要有：增大由发动机产生的转矩；起到自动离合器的作用，传递（或不传递）发动机转矩至变速器；缓冲发动机和传动系统的扭振；起到飞轮作用，使发动机转动平稳；驱动液压控制系统的机油泵。

1. 液力变矩器的结构及工作原理

液力变矩器主要由可旋转的泵轮4和涡轮2以及固定不动的导轮3三个零件组成，如图9-50所示。液力变矩器的结构如图9-51所示。这些零件中的泵轮4与变矩器壳2连成一体，用螺栓固定在发动机曲轴1后端的凸缘上。变矩器壳2做成两半，装配后焊成一体（有的用螺栓

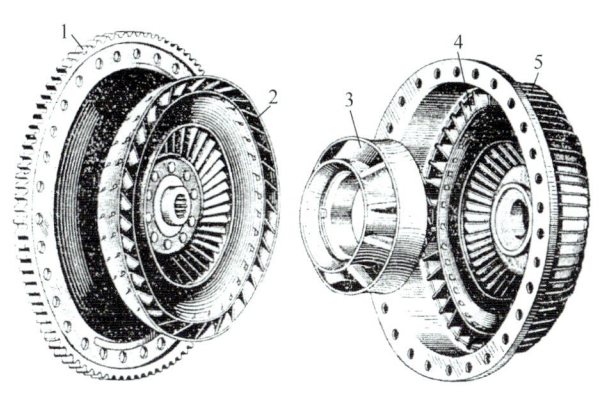

图 9-50 液力变矩器的主要零件
1—起动齿圈 2—涡轮 3—导轮 4—泵轮 5—变矩器壳

联接），变矩器壳体外面装有起动齿圈 8。涡轮 3 通过从动轴 7 与传动系统的其他部件相连。导轮 5 固定在不动的导轮固定套管 6 上。所有工作轮装配后，形成断面为循环圆的环状体。

与液力耦合器一样，液力变矩器正常工作时，储存于环形内腔中的工作液的实际流动是由涡流和环流叠加而成的，如图 9-52 所示。所谓涡流就是泵轮泵出的液流通过涡轮和导轮，然后再回到泵轮的液流。车辆起动时，泵轮和涡轮的转速差越大，涡流就越大。所谓环流就是变矩器内与变矩器转动方向相同的液流。当泵轮与涡轮转速差较小时，环流就大，此时车辆以恒速行驶。

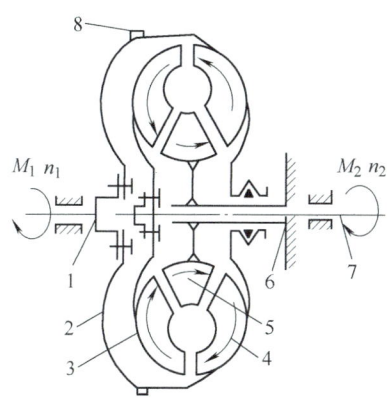

图 9-51 液力变矩器的结构
1—发动机曲轴 2—变矩器壳 3—涡轮
4—泵轮 5—导轮 6—导轮固定套管
7—从动轴 8—起动齿圈

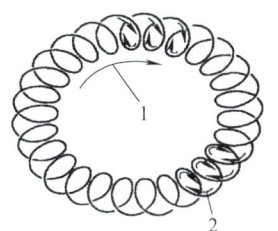

图 9-52 环流和涡流
1—环流 2—涡流

与耦合器不同的是，变矩器不仅能传递转矩，而且能在泵轮转矩不变的情况下，随着涡轮的转速（反映汽车行驶速度）不同而改变涡轮输出的转矩数值。

变矩器之所以能起变矩作用，是由于结构上比耦合器多了导轮机构。在液流循环流动的过程中固定不动的导轮给涡轮一个反作用力矩，使涡轮输出的转矩不同于泵轮输入的转矩。

用变矩器叶轮的展开图（图 9-53）来说明变矩器的工作原理。将循环圆上的中间流线

（此流线将液流通道断面分割成面积相等的内外两部分）展开成一直线，各循环圆中间流线均在同一平面上展开。于是在展开图上，泵轮 B、涡轮 W 和导轮 D 便成为三个环形平面。

为了便于说明，现假设在液力变矩器工作过程中发动机的转速和负荷不变，即液力变矩器的泵轮转速 n_b 和转矩 M_b 为常数。

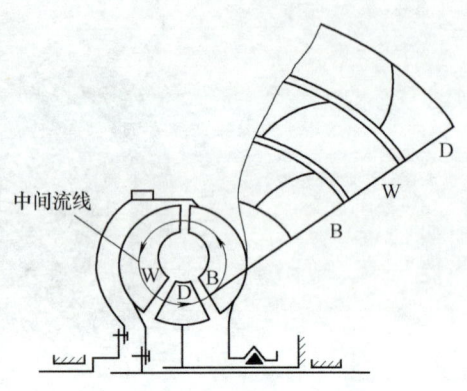

图 9-53　液力变矩器叶轮展开图
B—泵轮　　W—涡轮　　D—导轮

(1) 汽车起步工况　如图 9-54a 所示，汽车刚起步时，涡轮转速 n_w 为零，工作液在泵轮叶片带动下，以一定的绝对速度沿图中箭头 1 的方向冲向涡轮叶片。因涡轮静止不动，液流将沿着涡轮叶片流出，液流方向沿图中箭头 2 所示冲向导轮，然后液流再从固定不动的导轮叶片沿箭头 3 方向流入泵轮中。当工作液流过叶片时，受到叶片的作用力，其方向发生变化。设泵轮、涡轮和导轮对液流的作用转矩分别为 M_b、M_w 和 M_d。根据液流受力平衡条件，则 $M_w + M_b + M_d = 0$。由于液流对涡轮的作用转矩 M_w 与 M_b 和 M_d 的方向相反，因而在数值上涡轮转矩 $M_w = M_b + M_d$，因此

$$M_w > M_b$$

即液力变矩器起到了增大转矩的作用。

(2) 汽车加速行驶工况　当变矩器输出的转矩经传动系统传到驱动轮上所产生的驱动力足以克服汽车起步阻力时，汽车即起步并开始加速，涡轮转速 n_w 也从零逐渐增加。如图 9-54b 所示，冲向导轮叶片的液流的绝对速度 v 应为在涡轮出口处沿叶片方向的相对速度 w 和沿圆周方向的牵连速度 u 的矢量和。因原假设泵轮转速 n_b 不变，起变化的只是涡轮转速 n_w，故涡轮出口处相对速度 w 不变，只是牵连速度 u 起变化。冲向导轮叶片的液流的绝对速度 v 将随着牵连速度 u 的增加（即涡轮转速 n_w 的增加）而逐渐向左倾斜，使导轮上所受转矩值 M_d 逐渐减小。当涡轮转速增大到某一数值，由涡轮流出的液流方向正好沿导轮出口方向冲向导轮时，由于液体流经导轮时方向不改变，液流与导轮叶片之间无相互作用力，所以导轮转矩 $M_d = 0$，于是可得

$$M_w = M_b$$

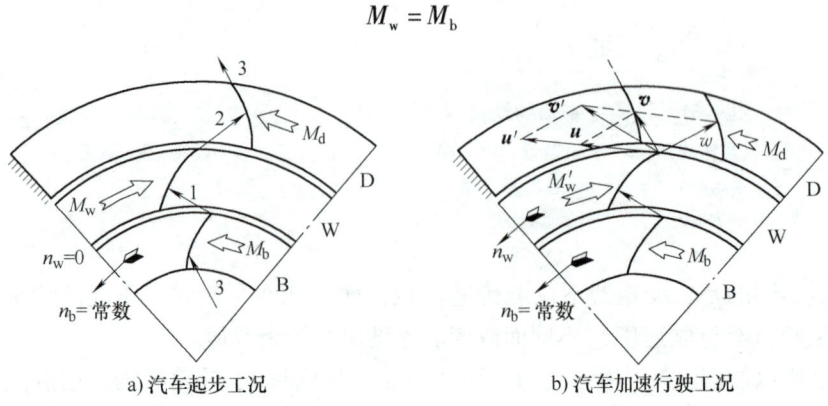

a) 汽车起步工况　　b) 汽车加速行驶工况

图 9-54　液力变矩器的工作原理

当涡轮转速 n_w 继续增大，液流绝对速度 v' 的方向继续向左倾斜（图9-54b 中 v' 所示方向），液流冲击导轮叶片的背面，导轮转矩方向与泵轮转矩方向相反，则涡轮转矩为 $M_w = M_b - M_d$，即 $M_w < M_b$，即变矩器输出转矩反而比输入转矩小。当涡轮转速 n_w 增大到与泵轮转速 n_b 相等时，工作液在循环圆中的流动停止，将不能传递动力。为避免这种现象发生，在导轮和壳体之间设置单向离合器。当液体冲击导轮背面时，导轮绕导轮固定套管空转，液流作用在导轮上的转矩为零，有

$$M_w = M_b$$

2. 液力变矩器特性

液力变矩器在泵轮转速 n_b 和转矩 M_b 不变的条件下，涡轮转矩 M_w 随其转速 n_w 变化的规律称为液力变矩器特性，可用图9-55 表示。

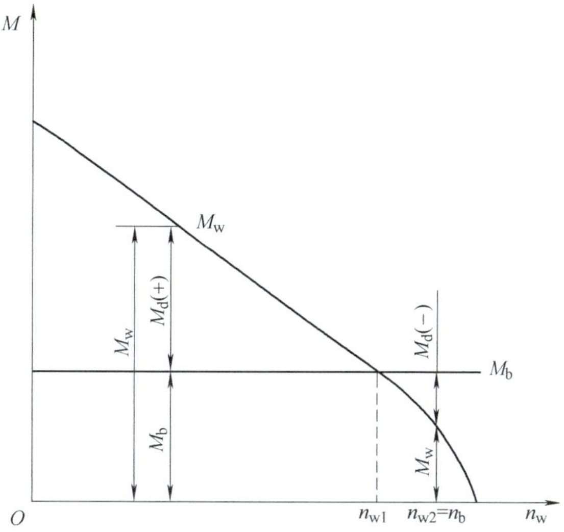

液力变矩器传动比 i 的定义与前述齿轮变速器不同，为输出转速（即涡轮转速 n_w）与输入转速（即泵轮转速 n_b）之比，即

$$i = \frac{n_w}{n_b} \leq 1$$

变矩系数为液力变矩器输出转矩 M_w 与转入转矩（即泵轮转矩 M_b）之比，用 K 表示，即

$$K = \frac{M_w}{M_b}$$

图9-55 液力变矩器特性（n_b = 常数）

变矩器效率 η 是指涡轮输出功率 P_w 与泵轮输入功率 P_b 之比，即

$$\eta = \frac{P_w}{P_b} = Ki$$

图9-55 所示的液力变矩器特性是在泵轮转速 n_b 和泵轮转矩 M_b 不变的条件下得出的，所以图中的 M_w-n_w 曲线也反映了变矩系数 K 与涡轮转速 n_w（或传动比 i）之间的变化关系。$K > 1$ 时，称为变矩工况；$K = 1$ 时，称为偶合工况。当 $n_w = 0$ 时，相当于起步前的工况，也称为零速工况或起动工况，在此工况，变矩系数最大（K 值一般为 1.9~2.5）。

因此，液力变矩器是一种能随汽车行驶阻力的不同而自动改变变矩系数的无级变速器。此外，液力耦合器所具有的保证汽车平稳起步、衰减传动系统中的扭转振动、防止传动系统超载等功能，液力变矩器也同样具备。

3. 典型液力变矩器的结构

（1）带单向离合器的液力变矩器　带单向离合器的液力变矩器的结构如图9-56 所示。变矩器壳体7 由前后两半焊接而成。壳体前端连接着装有起动齿圈6 的托盘，并用螺钉固定在曲轴后端的凸缘4 上。

焊在泵轮8 外壳上的泵轮轮毂12 可自由转动。与涡轮5 壳体用铆钉连接的涡轮轮毂3，通过花键与变矩器输出轴13 相联。泵轮装有径向平直叶片，涡轮有倾斜的曲面叶片。泵轮及

涡轮的叶片和壳体均为钢板冲压件，叶片和内环采用点焊连接，与外壳采用铜焊连接。导轮9用铝合金铸造，并与单向离合器外座圈10固定连接。

图9-57所示为滚柱式单向离合器的结构。它由内座圈1、外座圈2、滚柱5及不锈钢叠片弹簧6组成。导轮3用铆钉4固定在外座圈2上。内座圈1与固定套管用花键联接，所以内座圈固定不动。外座圈2的内表面有若干个偏心的圆弧面。滚柱5经常被叠片弹簧6压向内、外座圈之间滚道比较狭窄的一端，而将内、外座圈楔紧。

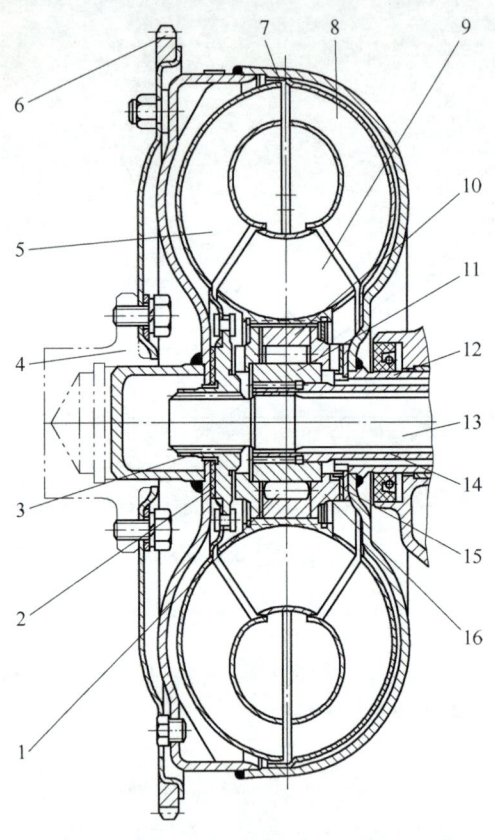

图9-56 带单向离合器的液力变矩器的结构
1—滚柱 2—塑料垫片 3—涡轮轮毂 4—凸缘
5—涡轮 6—起动齿圈 7—变矩器壳体 8—泵轮
9—导轮 10—单向离合器外座圈 11—单向离合器
内座圈 12—泵轮轮毂 13—变矩器输出轴（齿轮
变速器第一轴） 14—导轮固定套管
15—推力垫片 16—单向离合器

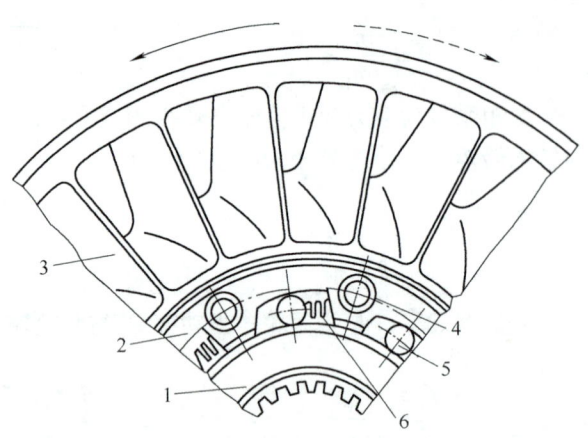

图9-57 液力变矩器的滚柱式单向离合器的结构
1—内座圈 2—外座圈 3—导轮
4—铆钉 5—滚柱 6—叠片弹簧

在涡轮转速较低时，从涡轮出口流出的工作液流向导轮叶片的正面，力图使导轮3顺时针方向（虚线箭头所示）旋转，由于滚柱5楔紧在滚道的窄端，导轮便同单向离合器外座圈2一起被卡紧在内座圈1上而固定不动。这时固定的导轮叶片改变了工作液的流动方向，使之以有利于泵轮转动的方向进入泵轮。泵轮更有力地加速油液，这样油液作用于涡轮上的转矩就可能大于泵轮接受的发动机转矩，因此变矩器实现了转矩增大的作用。但是，当涡轮转速接近泵轮转速时，从涡轮流出的油液冲击到导轮叶片的背面，油液将以与泵轮转向相反的方向流动，于是导轮自由地相对于内座圈按实线箭头方向与涡轮同向转动。这时，变矩器就转入耦合器的工作状况，这种可以转入耦合器工况的变矩器，称为综合式液力变矩器。所以，单向离合器只允许导轮与泵轮以相同的方向转动，而不能以与此相反的方向转动。

变矩系数 K、变矩器效率 η 与耦合器效率 η_0 随速比 i 变化的规律如图 9-58 所示。由图可知，液力变矩器效率特性曲线（η）与液力耦合器效率特性曲线（η_0）相交于 A 点，此时传动比 $i_{WB}=i_K=1$，在此工况下，变矩器效率与耦合器效率相等，即 $\eta_b=\eta_0$，$K=1$。在传动比 $i<i_K=1$ 范围内，变矩器的效率高于耦合器；当 $i>i_K=1$，液力变矩器效率 η 迅速下降，而耦合器的效率 η_0 却继续增大。综合式液力变矩器即在低速时按变矩器特性工作，传动比达到 $i_K=1$ 时，转为按耦合器特性工作，从而扩大了高效率的范围。图 9-58 中，效率曲线在耦合点 A 后的虚线部分，是表示如果没有导轮单向离合器的存在，变矩器的效率将急剧下降。所以，综合液力变矩器综合了"变矩"和"耦合"两种工况的优点，最高效率达 92%，在转为偶合工况时，高传动比区的效率可达 96%，并且结构简单，性能可靠，因此，在高级轿车上广泛应用。

（2）带锁止离合器的综合式液力变矩器 因变矩器的涡轮与泵轮之间存在转速差和液力损失，变矩器的效率不如机械变速器高，故采用变矩器的汽车在正常行驶时的燃油经济性较差。为提高变矩器在高传动比工况下的效率，可采用带锁止离合器的液力变矩器，如图 9-59

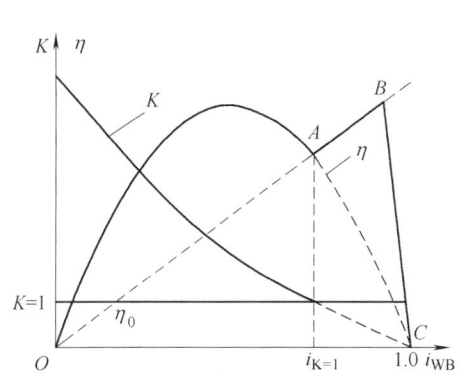

图 9-58 带单向离合器的液力变矩器特性

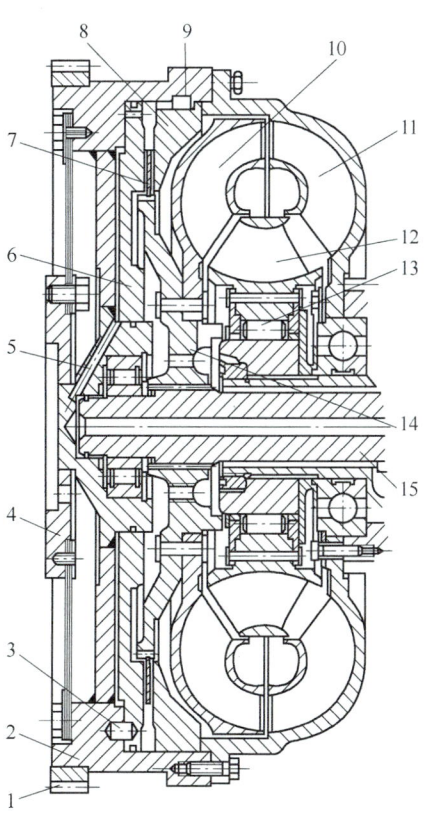

图 9-59 带锁止离合器的液力变矩器的结构
1—起动齿圈 2—锁止离合器操纵液压缸 3—导向销 4—曲轴凸缘 5—油道 6—操纵液压缸活塞（压盘） 7—离合器从动盘 8—传力盘 9—键 10—涡轮 11—泵轮 12—导轮 13—单向离合器 14—涡轮轮毂 15—变矩器输出轴

所示。锁止离合器的主动部分是传力盘8和操纵液压缸活塞（即压盘）6，它们与泵轮11一起旋转。从动部分是装在涡轮轮毂14花键上的离合器从动盘7。液压油经油道5进入活塞（即压盘）左侧后，推动活塞右移，压紧从动盘7，即锁止离合器接合，于是泵轮与涡轮接合成一体旋转，变矩器不起作用。当撤除油压时，两者分离，变矩器恢复正常工作。活塞（即压盘）左侧（压盘与变矩器壳体之间）的液压油通过变矩器输出轴中间的控制油道与阀板上的锁止控制阀相通。活塞（即压盘）右侧的液压油与变矩器泵轮、涡轮中的液压油相通，保持一定的油压。

根据行驶状况来操纵锁止控制阀，以改变锁止离合器活塞（即压盘）两侧的油压，从而控制锁止离合器的工作。当车速较低时，锁止离合器压盘两侧保持相同的油压，锁止离合器分离，动力完全通过液压油传给涡轮。当汽车在良好的道路上行驶，且符合锁止要求时，锁止控制阀卸除锁止离合器压盘左侧的油压。由于压盘右侧的液压油压力仍为变矩器压力，从而使压盘在前后两面压力差的作用下压紧在主动盘（变矩器壳体）上，锁止离合器接合，这时输入变矩器的动力通过锁止离合器的机械连接，由压盘直接传至涡轮输出，此时，变矩系数 $K=1$，其效率为100%，从而提高了汽车的行驶速度和燃油经济性。同时，锁止离合器在接合时还能减少变矩器中的液压油因液体摩擦而产生的热量，有利于降低液压油的温度。

变矩器的密闭腔内充满液力传动油，它既是工作介质，又是液力元件的润滑剂和冷却剂。为避免出现气蚀现象，腔内应保持一定的补偿压力，通常在 0.25~0.7MPa 范围内，其值视变矩器而异。所谓气蚀是指液体流动过程中，某处压力下降到低于该温度下工作液的饱和蒸气压时液体形成气泡的现象。一些液体中的气泡随液流运动到压力较高的区域时，气泡在周围液压油的冲击下迅速破裂，又凝结成液态，使体积骤然缩小而出现真空。于是，周围的液体质点即以极快的速度填补这些空间。在此瞬间，液体质点相互强烈冲击，产生明显的噪声；同时造成很高的局部压力，致使叶片表面的金属颗粒被击破。由此可见，气蚀现象将影响变矩器正常工作，使其效率降低，并伴有噪声。因此，工作腔内必须保持足够的补偿压力。

图9-60所示为锁止离合器的特性曲线，在 $i<i_1$ 区域，$K>1$，为变矩器工况；在 $i_1 \leqslant i \leqslant i_2$ 区域，$K=1$，为耦合器工况；当涡轮转速比升高到 i_2（≈0.8）时，锁止离合器接合，动力由锁止离合器直接传递，此时 $K=1$，效率 η 上升至约为100%。锁止离合器的效率特性曲线为 $OABCDE$，其动力性及经济性均较理想，故在轿车上应用较为广泛。

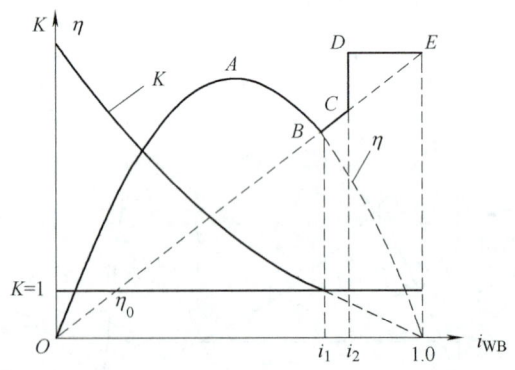

图9-60 带锁止离合器的液力变矩器特性曲线

电子控制自动变速器的变矩器锁止离合器的工作原理如图9-61所示，当满足离合器接合的所有条件时，ECU使离合器继电器闭合，继电器控制接通离合器电磁阀的接地回路。电磁阀的动作使其单向球阀落座，停止泄油。随着主油路油压的升高，离合器开关阀克服弹簧力而移动。这样液压油被引导至泵轮驱动毂和导轮支承轴形成的油道中，经泵轮和涡轮充满涡轮和压盘之间的空间。这一高压迫使离合器接合。

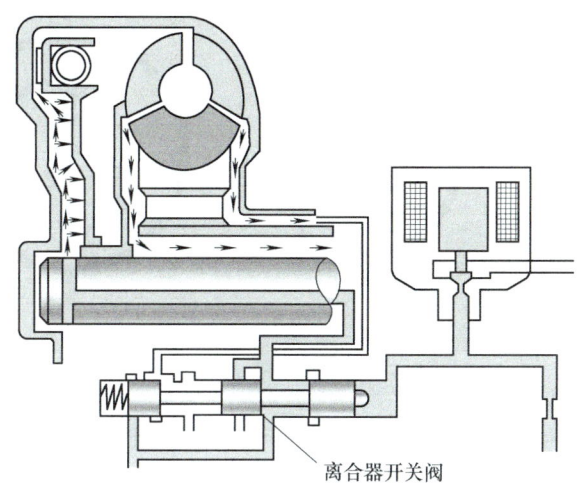

离合器开关阀

图9-61 变矩器锁止离合器的工作原理

要使离合器分离，ECU通过离合器继电器切断离合器电磁阀的工作回路。电磁阀的动作使其单向球阀离开阀座，通过泄油卸除主油路油压。随着油压的降低，弹簧重新推动离合器开关阀移动，引导油液进入压盘与变矩器壳体之间的空间，从而使离合器分离。

三、齿轮变速传动装置

（一）单排行星齿轮机构

1. 单排行星齿轮机构的组成

单排行星轮系的结构如图9-62所示，它是由一个齿圈、一个太阳轮、一个行星齿轮架和数个行星齿轮组成的，其工作原理如图9-63所示。在单排行星齿轮的工作过程中，齿圈、太阳轮和行星齿轮架可作为输入、输出或固定元件，行星齿轮一般不具此功能。

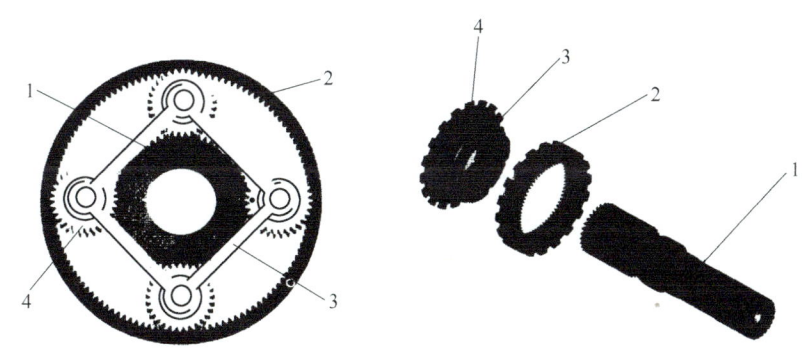

图9-62 单排行星齿轮机构的结构
1—太阳轮 2—齿圈 3—行星齿轮架 4—行星齿轮

齿圈制有内齿，其余齿轮均为外齿轮。太阳轮位于机构的中心，行星齿轮与之外啮合，行星齿轮与齿圈内啮合。通常行星轮有3~6个，通过滚针轴承安装在行星齿轮轴上，行星齿轮轴对称、均匀地安装在行星齿轮架上。行星齿轮机构工作时，行星齿轮除了绕自身轴

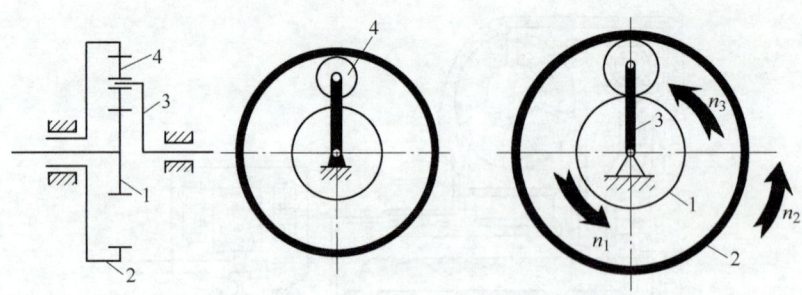

图 9-63　单排行星齿轮机构的工作原理
1—太阳轮　2—齿圈　3—行星齿轮架　4—行星齿轮

线的自转外，同时还绕着太阳轮公转，行星齿轮绕太阳轮公转，行星齿轮架也绕太阳轮旋转。

2. 单排行星齿轮机构的运动规律

根据机械设计基础有关行星轮系的传动比计算方法，可以得出表示单排行星齿轮机构（图 9-64）运动规律的特性方程式为

$$n_1 + \alpha n_2 - (1+\alpha) n_3 = 0$$

式中　n_1——太阳轮转速（r/min）；

n_2——齿圈转速（r/min）；

n_3——行星齿轮架转速（r/min）；

α——齿圈齿数 z_2 与太阳轮齿数 z_1 之比，即 $\alpha = z_2/z_1$。

由于一个方程有三个变量，如果将太阳轮、齿圈和行星齿轮架中某个元件作为主动（输入）部分，让另一个元件作为从动（输出）部分，则由于第三个元件不受任何约束和限制，所以从动部分的运动是不确定的。因此，为了得到确定的运动，必须对太阳轮、齿圈和行星齿轮架三者中的某个元件的运动进行约束和限制。通过对不同的元件进行约束和限制，可以得到不同的动力传动方式。

1）太阳轮为主动件（输入），行星齿轮架为从动件（输出），齿圈锁止，如图 9-64a 所示。此时，$n_2 = 0$，则传动比 i_{13} 为

$$i_{13} = n_1/n_3 > 1$$

由于传动比大于 1，说明为减速传动，可以作为降速档。

2）齿圈为主动件（输入），行星齿轮架为从动件（输出），太阳轮被锁止，如图 9-64b 所示。此时，$n_1 = 0$，则传动比 i_{23} 为

$$i_{23} = n_2/n_3 = 1 + 1/\alpha > 1$$

由于传动比大于 1，说明为减速传动，可以作为减速档。

对比这两种情况的传动比，由于 $i_{13} > i_{23}$，虽然都为减速档，但是 i_{13} 为减速档中的低档，而 i_{23} 为减速档中的高档。

3）行星齿轮架为主动件（输入），齿圈为从动件（输出），太阳轮被锁止，如图 9-64b 所示。此时，$n_1 = 0$，则传动比 i_{32} 为

$$i_{32} = n_3/n_2 = \alpha/(1+\alpha) < 1$$

由于传动比小于 1，说明为增速传动，可以作为超速档。

4）行星齿轮架为主动件（输入），太阳轮为从动件（输出），齿圈被锁止，如图9-64a所示。此时，$n_2 = 0$，则传动比 i_{31} 为

$$i_{31} = n_3/n_1 = 1/(1+\alpha) < 1$$

由于传动比小于1，说明为增速传动，可以作为超速档。

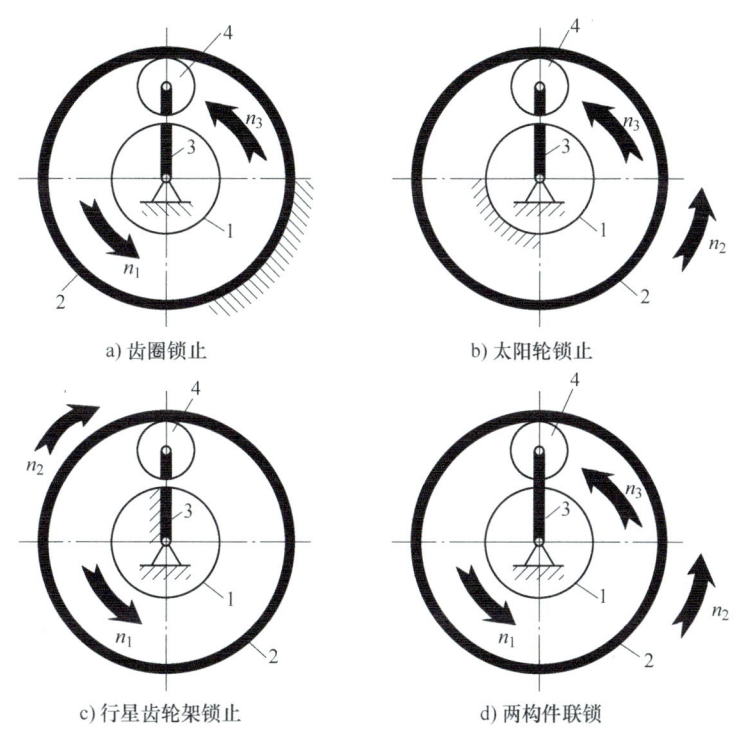

a）齿圈锁止　　　　b）太阳轮锁止

c）行星齿轮架锁止　　d）两构件联锁

图9-64　单排行星齿轮机构的工作原理
1—太阳轮　2—齿圈　3—行星齿轮架　4—行星齿轮

5）太阳轮为主动件（输入），齿圈为从动件（输出），行星齿轮架被锁止，如图9-64c所示。此时，$n_3 = 0$，则传动比 i_{12} 为

$$i_{12} = n_1/n_2 = -\alpha$$

由于传动比为负值，说明主动件与从动件的旋转方向相反；又由于 i_{12} 的绝对值大于1，说明为增速传动，可以作为倒档。

6）如果 $n_1 = n_2$，则可以得到 $n_1 = n_2 = n_3$。同样，$n_1 = n_3$ 或 $n_2 = n_3$ 时，均可以得到 $n_1 = n_2 = n_3$ 的结论。因此，若使太阳轮、齿圈和行星齿轮架三个元件中的任何两个元件连为一体转动，则另一个元件的转速必然与前两者等速同向转动，如图9-64d所示。即行星齿轮机构中所有元件（包含行星齿轮）之间均无相对运动，传动比 $i = 1$。这种传动方式用于变速器的直接档传动。

7）如果太阳轮、齿圈和行星齿轮架三个元件没有任何约束，则各元件的运动是不确定的，此时为空档。

从以上分析结论中，可以归纳出单排行星齿轮机构传动的一些规律：

① 当太阳轮被锁止不动，行星齿轮架输入，齿圈输出时为超速（增速）传动。

② 当行星齿轮架被锁止时，行星轮只有自转而无公转。输出元件与输入元件的转动方向相反。

③ 太阳轮与齿圈其中有一元件为输入件，另一元件被锁止不动时，则行星齿轮架同向减速输出。

④ 任意两个元件同速同向输入，行星齿轮机构锁止成为一个整体，成为直接档传动。

⑤ 如果太阳轮、齿圈和行星齿轮架三个元件没有任何约束，则各元件的运动是不确定的，此时为空档。

（二）辛普森式行星齿轮机构

辛普森式行星齿轮机构是一种双排行星齿轮机构，其结构特点是：前后两个行星排的太阳轮连接为一个整体，称为共用太阳轮组件；前一个行星排的行星齿轮架和后一个行星排的齿圈连接为另一个整体，称为前行星齿轮架和后齿圈组件；输出轴通常与前行星齿轮架和后齿圈组件连接。经过上述组合后，该机构成为一种具有4个独立元件的行星齿轮机构。这4个独立元件是：前齿圈、前后太阳轮组件，后行星齿轮架，前行星齿轮架和后齿圈组件。根据前进档的档数不同，可将辛普森式行星齿轮机构分为辛普森式3档和4档行星齿轮机构两种。辛普森式行星齿轮机构以其结构简单、传动效率高以及运转平稳、噪声低等优点而著称，尤其因为其制造成本低而在现代轿车上得到了广泛的应用。

福特C-6自动变速器是典型的辛普森式行星齿轮变速器，如图9-65所示。其传动原理如图9-66所示。太阳轮与高档/倒档离合器C2之间用花键联接。因此前进档离合器C1的毂与C2的毂就连成了一个整体。前行星齿轮架与后齿圈也连成了一体。单向离合器F_1使后行星齿轮架顺时针转动而逆时针固定。

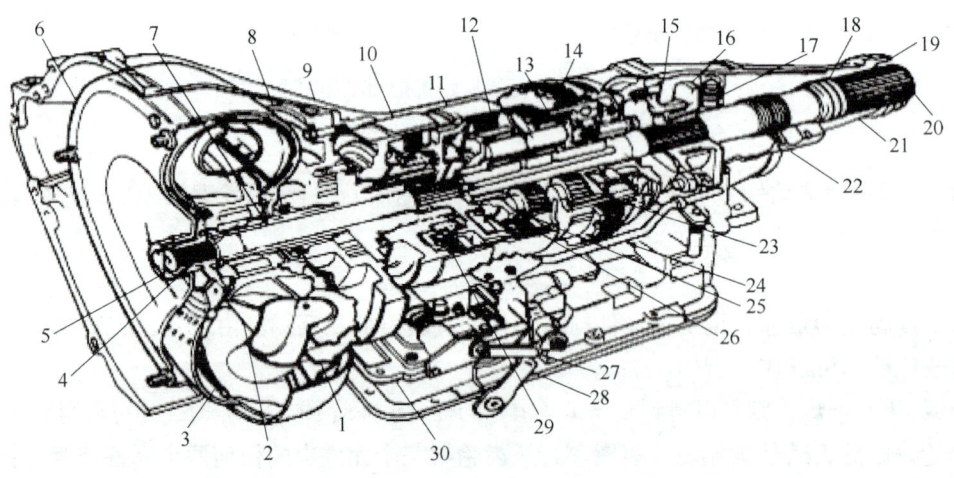

图9-65 福特C-6自动变速器的结构

1—泵轮 2—导轮 3—涡轮 4—单向离合器 5、7—输入轴 6—变矩器 8—油泵 9—壳体 10—中间档制动带 11—驱动套 12—前进档离合器毂和齿圈 13—倒档齿圈 14—低档/倒档离合器 15—速度阀分配器套 16—集油环 17—速度阀 18—花键油封 19—加长壳油封 20—输出轴 21—加长壳 22—里程表驱动齿轮 23—倒档行星齿轮架 24—驻车爪驱动杆 25—前进档行星齿轮架 26—前进档离合器 27—降档杠杆 28—手动杠杆 29—倒档和高档离合器 30—控制阀体

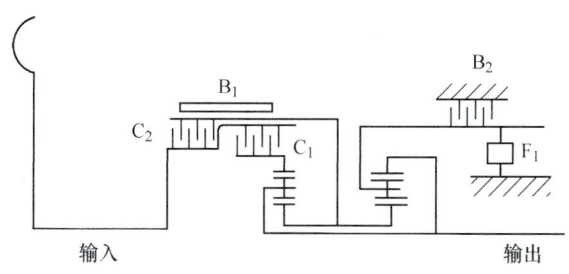

图 9-66 福特 C-6 自动变速器的传动原理

C_1—前进档离合器　C_2—高档/倒档离合器　B_1—中间档制动带　B_2—低档/倒档制动器　F_1—单向离合器

福特 C-6 自动变速器可实现一个空档、三个前进档和一个倒档。图 9-67 所示为福特 C-6 自动变速器各档传动路线示意图。

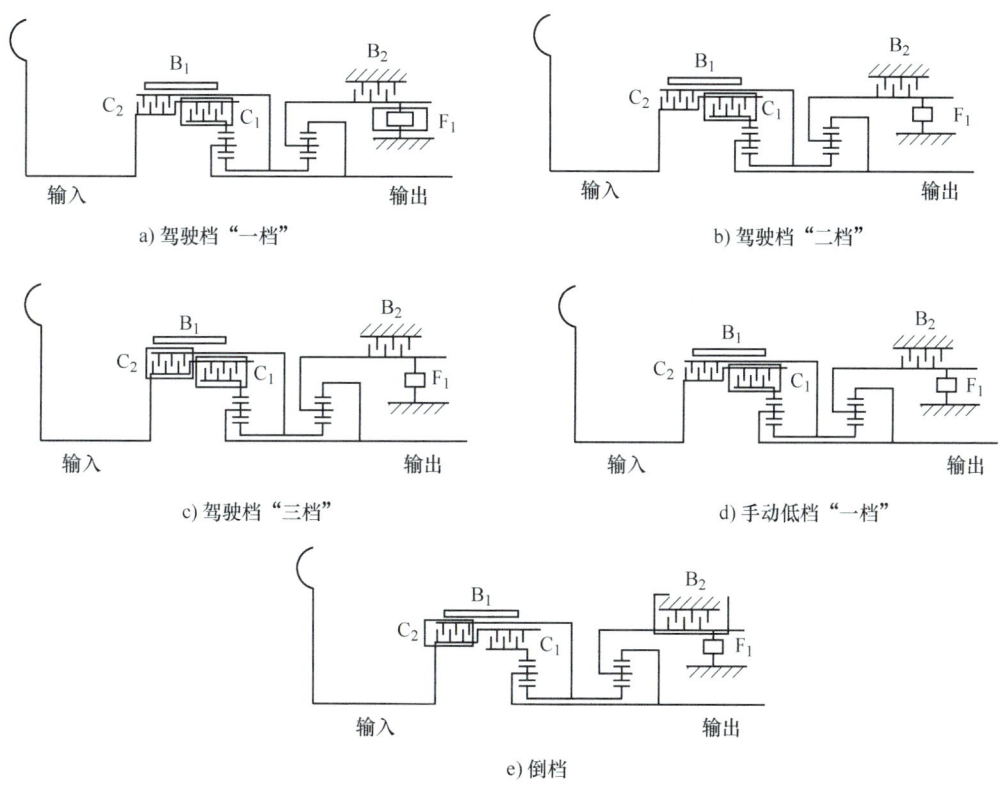

a) 驾驶档"一档"　　b) 驾驶档"二档"　　c) 驾驶档"三档"　　d) 手动低档"一档"　　e) 倒档

图 9-67 福特 C-6 自动变速器各档传动路线示意图

处于驾驶档"一档"时，如图 9-67a 所示，执行元件 C_1 和 F_1 起作用。输入轴顺时针转动将动力传到 C_1，因 C_1 接合将动力传到前齿圈，前齿圈顺时针转动驱动前行星齿轮顺时针转动。该档位是起步档，与输出轴相连的前行星齿轮架和后齿圈可以假想地看成是固定的，这时前行星齿轮驱动太阳轮逆时针转动。前后两个太阳轮是一个整体，故太阳轮驱动后行星齿轮顺时针转动；F_1 将后行星齿轮架固定，后行星齿轮将动力传到后齿圈，当输入的动力足以克服阻力时齿圈带动输出轴转动而汽车起步。太阳轮不是自由空转，前行星齿架也有动力输出。

处于驾驶档"二档"时，如图 9-67b 所示，执行元件 C_1 和中间档制动带 B_1 起作用。输入轴顺时针转动将动力传到 C_1，由于 C_1 接合将动力传到前齿圈，前齿圈顺时针转动驱动前行星齿轮顺时针转动；B_1 将太阳轮固定，在太阳轮固定时前行星齿轮的自转与公转方向相同，前行星齿轮架与前行星齿轮的转动相一致，即前行星齿轮架顺时针转动而输出动力。

处于驾驶档"三档"时，如图 9-67c 所示，执行元件 C_1 和 C_2 起作用。输入轴顺时针转动将动力传到 C_1，C_2 接合将动力传到前齿圈，同时 C_2 接合将动力传到太阳轮。此时行星齿轮机构锁止成为一个整体，成为直接档，传动比 $i=1$。

处于手动低档"一档"时，如图 9-67d 所示，执行元件 C_1 和 B_2 起作用。传动原理和驾驶档"一档"相似，不同之处在于此处低档/倒档制动器 B_2 固定后行星齿轮架，下长坡时可以利用发动机制动功能。

倒档时，如图 9-67e 所示，执行元件 C_2 和 B_2 起作用。输入轴顺时针转动将动力传到 C_2，C_2 接合将动力传到太阳轮，太阳轮顺时针转动驱动后行星齿轮逆时针自转。B_2 接合固定后行星齿轮架，逆时针转动的后行星齿轮驱动后齿圈逆时针转动而输出动力。

（三）拉威娜式行星齿轮机构

拉威娜式行星齿轮机构与辛普森式行星齿轮机构齐名，比辛普森式行星齿轮机构更紧凑。从 20 世纪 70 年代起，被奥迪、福特、马自达等公司使用在轿车自动变速器中，特别是用于前轮驱动车型。拉威娜式行星齿轮机构也采用双行星排组合，如图 9-68 所示。

其结构特点是：两行星排具有公共行星齿轮架和齿圈，前太阳轮 2、短行星齿轮 4、长行星齿轮 5、行星齿轮架 3 及齿圈 6 组成一个双行星轮式行星排，后太阳轮 1、长行星齿轮 5、行星齿轮架 3 及齿圈 6 组成一个单行星轮式行星排，因此，它具有四个独立元件，即：前太阳轮、后太阳轮、行星齿轮架和齿圈。

拉威娜式四档行星齿轮变速器中有 8 个执行元件，即四个离合器、两个制动器和两个单向离合器，构成具有超速档的四个前进档和一个倒档的行星齿轮变速器（图 9-69a）。布置简图如图 9-69b 所示。各档执行元件的工作情况见表 9-1。

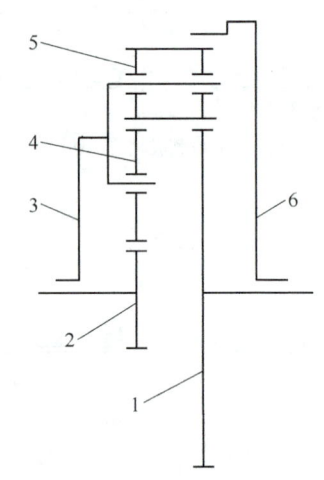

图 9-68　拉威娜式行星齿轮机构
1—后太阳轮　2—前太阳轮　3—行星齿轮架
4—短行星齿轮　5—长行星齿轮　6—齿圈

表 9-1　拉威娜式四档行星齿轮变速器档位与执行元件工作关系

操纵手柄位置	档位	换档执行元件							
		C_1	C_2	C_3	C_4	B_1	B_2	F_1	F_2
D	一档	○						○	○
	二档	○				○			○
	三档	○			○				○
	超速档	●							
R	倒档		○				○		

(续)

操纵手柄位置	档位	换档执行元件							
		C_1	C_2	C_3	C_4	B_1	B_2	F_1	F_2
S、L 或二、一	一档			○			○		
	二档			○		○			
	三档			○	○				

注：○—元件工作；●—元件接合或制动，但不传递动力。

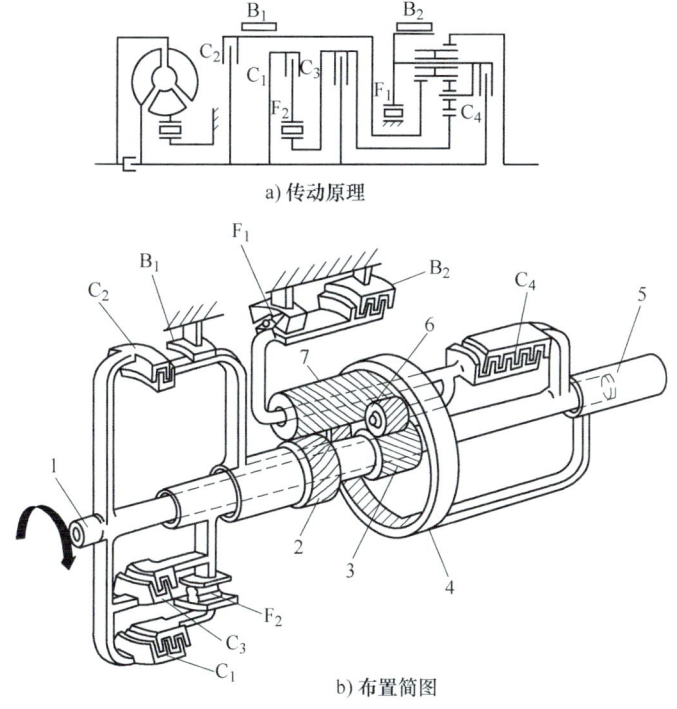

图 9-69　拉威娜式四档行星齿轮变速器

1—输入轴　2—前太阳轮　3—后太阳轮　4—齿圈　5—输出轴　6—短行星齿轮　7—长行星齿轮
C_1—前进离合器　C_2—倒档离合器　C_3—前进强制离合器　C_4—高档离合器　B_1—二档
及四档制动器　B_2—低档及倒档制动器　F_1—低档单向离合器　F_2—前进单向离合器

（四）非行星齿轮机构

汽车液力自动变速器绝大多数是采用行星齿轮变速器，也有一些车型采用平行轴式变速器，如本田（HONDA）汽车和部分福特（FORD）汽车等。

本田 ACCORD 自动变速器的结构如图 9-70 所示，其结构原理如图 9-71 所示，特点是采用常啮合斜齿轮和直齿轮，齿轮布置情况与手动变速器相似。

这种变速器驱动桥有三根互相平行的轴，即第一轴、中间轴和第二轴。第一轴作为输入轴，变矩器的涡轮和锁止离合器将动力传到第一轴。中间轴是输出轴。通过液压控制的离合器把不同的齿轮副锁定在轴上，可实现四个前进档、一个倒档和一个空档。倒档通过一个拨叉拨动倒档接合套来实现。

汽车构造（下）

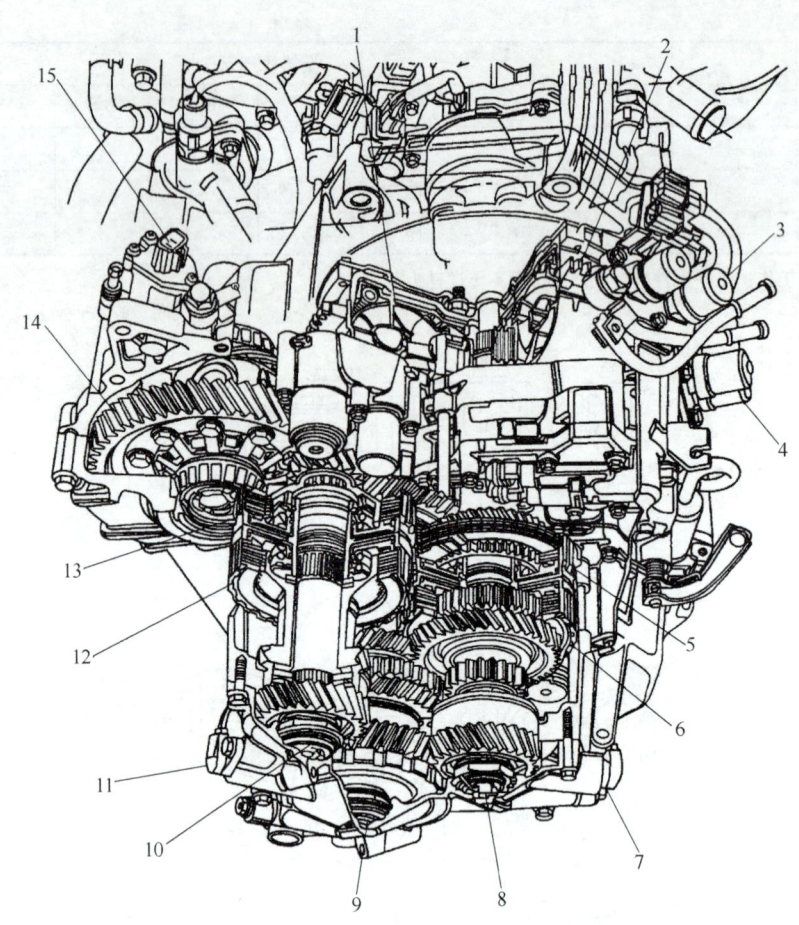

图 9-70 本田 ACCORD 自动变速器的结构

1—液力变矩器 2—环齿轮 3—锁定控制电磁阀组合 4—变速控制电磁阀组合 5—三档离合器
6—四档离合器 7—主轴转速传感器 8—主轴 9—副轴 10—辅助轴 11—副轴转速传感器
12—二档离合器 13——档离合器 14—主减速器差速齿轮组合 15—车速传感器

  这种变速器有四个多片离合器和一个单向离合器，控制倒档离合器的伺服阀也是一个换档执行元件。执行元件根据其作用命名为：第一档离合器、第一档锁定离合器、第二档离合器、第三档离合器、第四档离合器、单向离合器，还有一个倒档接合套也可以看成是执行元件。离合器的内毂与空套在轴上的齿轮连接，外毂与轴连接。当离合器作用接合时，齿轮将随它的轴一起转动，并传递动力。单向离合器的作用是，当中间轴第一档齿轮若相对于中间轴逆时针转动则锁止，顺时针则可以自由转动。当中间轴相对于中间轴第一档齿轮逆时针可以自由转动，顺时针则锁止。

  第一档锁定离合器的作用是在手动低档时可以利用发动机制动功能。

  以驾驶档一档为例说明动力传递路线，执行元件第一档离合器和单向离合器起作用，发动机的动力通过涡轮轴传到第一轴（顺时针），第三档离合器和第四档离合器未接合，第一轴第三档齿轮、第一轴第四档齿轮、第一轴倒档齿轮处于空转状态，动力只通过第一轴惰轮（顺时针）传到中间轴惰轮（逆时针）。中间轴惰轮空套在中间轴上并不能驱动中间轴输出，

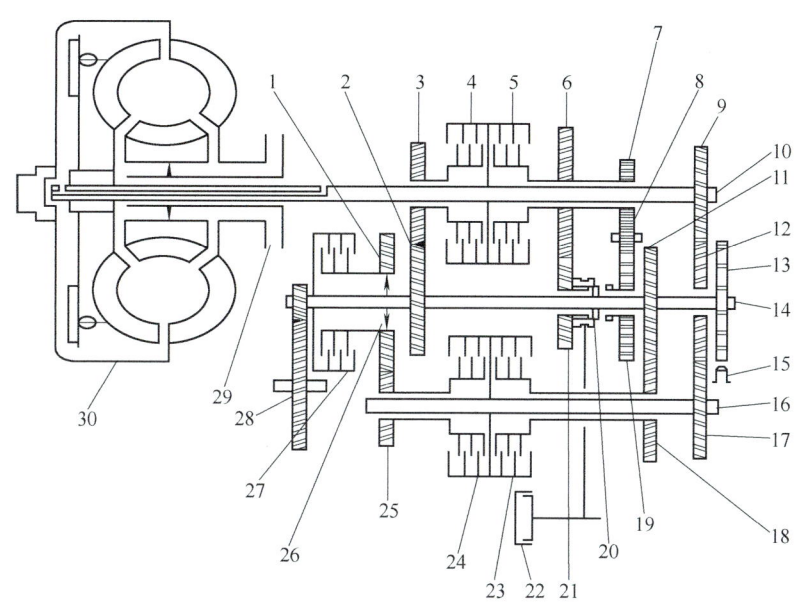

图9-71 本田ACCORD自动变速器的结构原理

1—副轴一档齿轮 2—副轴三档齿轮 3—主轴三档齿轮 4—三档离合器 5—四档离合器 6—主轴四档齿轮 7—主轴倒档齿轮 8—倒档惰轮 9—主轴惰轮 10—主轴 11—副轴二档齿轮 12—副轴惰轮 13—停车齿轮 14—副轴 15—驻车锁销 16—辅助轴 17—辅助轴惰轮 18—副轴二档齿轮 19—副轴倒档齿轮 20—倒档滑套 21—副轴四档齿轮 22—伺服油缸 23—二档离合器 24——档离合器 25—辅助轴一档齿轮 26—单向离合器 27—一档固定离合器 28—最终驱动齿轮 29—油泵 30—液力变矩器

而是驱动第二轴惰轮（顺时针），再驱动第二轴（顺时针）。第一档离合器接合带动第二轴第一档齿轮（顺时针），驱动中间轴第一档齿轮（逆时针）。此时单向离合器锁止，中间轴第一档齿轮（逆时针）使中间轴及输出齿轮将动力输出（逆时针），再驱动主减速器齿轮（顺时针）。其他档位与此相似。

本田ACCORD自动变速器各档工作情况见表9-2。

表9-2 本田ACCORD自动变速器各档工作情况

排档位置	零件	扭力转换器	一档齿轮一档固定离合器	一档齿轮一档离合器	一档齿轮单向离合器	二档齿轮二档离合器	三档齿轮三档离合器	四档		倒档齿轮	停车齿轮
								齿轮	离合器		
P		○	×	×	×	×	×	×	×	×	○
R		○	×	×	×	×	×	×	○	○	×
N		○	×	×	×	×	×	×	×	×	×
D₄	一档	○	×	○	○	×	×	×	×	×	×
	二档	○	×	*○	×	○	×	×	×	×	×
	三档	○	×	*○	×	×	○	×	×	×	×
	四档	○	×	*○	×	×	×	○	○	×	×

(续)

零件 排档位置		扭力转换器	一档齿轮 一档固定离合器	一档齿轮 一档离合器	一档齿轮 单向离合器	二档齿轮 二档离合器	三档齿轮 三档离合器	四档齿轮	四档离合器	倒档齿轮	停车齿轮
D_3	一档	○	×	○	○	×	×	×	×	×	×
	二档	○	×	*○	×	○	×	×	×	×	×
	三档	○	×	*○	×	×	○	×	×	×	×
二		○	×	○	×	○	×	×	×	×	×
一		○	○	○	○	×	×	×	×	×	×

注：○—动作；×—不动作；*—虽然一档离合器啮合，但单向离合器滑动时驱动力并未传输。

四、自动变速器液压自动操纵系统

液压自动操纵系统包括动力源、执行机构和控制机构三部分。

（一）动力源

动力源是安装在变矩器与前阀体之间，由变矩器泵轮驱动的油泵，常见的是内啮合齿轮式油泵、叶片泵及转子泵。它除了向控制机构、执行机构供应液压油以实现换档外，还向液力变矩器供应工作油液，向行星齿轮变速器供应润滑油。油泵的排量取决于变矩器尺寸及执行机构工作缸尺寸和数目以及油路，轿车的油泵常用排量范围为10～20L/1000r。

（二）执行机构

行星齿轮机构的换档执行机构和传统的手动齿轮变速器不同，行星齿轮机构中的所有齿轮都处于常啮合状态，它的档位变换不是通过移动齿轮使之进入啮合或脱离啮合来进行的，而是通过以不同的方式对行星齿轮机构的基本元件进行约束（即固定或连接某些基本元件）来实现的。通过适当地选择被约束的基本元件和约束的方式，就可以使该机构具有不同的传动比，从而组成不同的档位。

换档执行机构起到连接、固定和锁止的作用，主要由湿式多片离合器、湿式多片或带式制动器，以及单向离合器等组成。

1. 湿式多片离合器

湿式多片离合器既用作驱动元件，也可用作锁止元件。湿式多片离合器的组成如图9-72所示，它通常由液压活塞1、活塞回位弹簧2、回位弹簧座圈3、主动片4、从动片7、调整垫片、离合器毂8及密封圈10等组成。

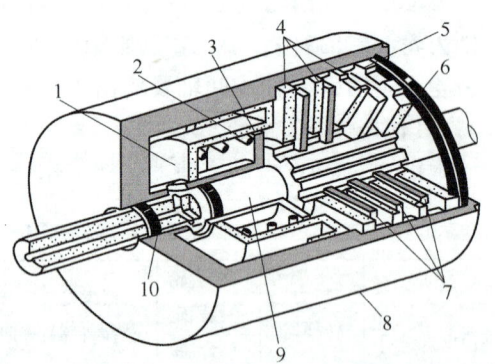

图9-72 湿式多片离合器的组成
1—液压活塞 2—回位弹簧 3—回位弹簧座圈
4—主动片 5—压盘 6—弹性挡圈 7—从动片
8—离合器毂 9—输入轴 10—密封圈

其工作原理如图9-73所示。驱动离合器多位于变矩器和油泵之间，多片离合器毂4通过花键与涡轮轴1相联或与其制成一体。主动片5通过外缘键齿与离合器毂的内花键槽配合，与涡轮同步旋转。从动片8通过内缘键齿与花键毂9相联，花键毂与行星齿轮机构的主动元件制成一体。主动片和从动片均可轴向移动。压盘7固定于键槽中，用以限制主、从动盘的位移量，其外侧安装了弹性挡圈6。活塞3装于离合器毂内。活塞回位弹簧2一端抵于活塞端面，另一端支撑在座圈上。

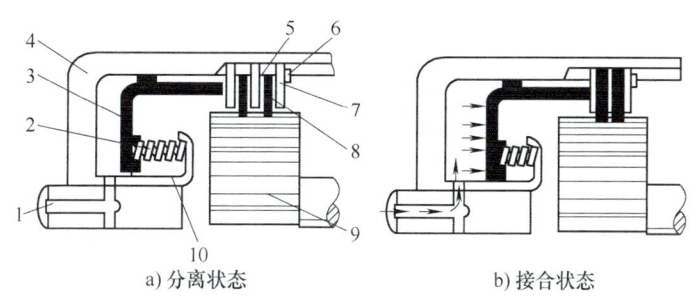

图9-73　湿式多片离合器的工作原理
1—涡轮轴　2—回位弹簧　3—液压活塞　4—离合器毂　5—主动片　6—弹性挡圈　7—压盘
8—从动片　9—花键毂　10—回位弹簧座圈

当离合器处于分离状态时，活塞在回位弹簧的作用下处于左极限位置，主、从动片间存在一定间隙。当液压油经油道进入活塞左腔室后，液压力克服弹簧张力使活塞右移，将所有主、从动片依次压紧，离合器接合，该元件成为输入元件。动力经涡轮轴、离合器毂、主动片和花键毂传至行星齿轮机构。油压撤除后，活塞在回位弹簧的作用下回位，离合器分离，动力传递路线被切断。

湿式多片离合器用作锁止元件的典型结构如福特公司的C-6自动变速器中的多片离合器。其结构和工作原理与驱动器离合器基本相同，只是与变速器的连接方式有所区别。从动片与离合器鼓的键槽相连，离合器毂与变速器壳体等固定元件制成一体。主动片与行星齿轮系统相应元件键联接。当离合器接合时，该元件与变速器壳体固联，成为固定元件，如图9-74所示。

离合器处于分离状态时，活塞左端的离合器油缸内不可避免地残留有少量自动变速器油。当离合器鼓随同变速器输入轴或行星排某一元件一起旋转时，残留的自动变速器油在离心力的作用下被甩向油缸的外缘，并在该处产生一定的油压。若离合器鼓的转速较高，则该油压将推动活塞压向离合器片，力图使离合器接合，造成离合器分离不彻底，从而导致钢片和摩擦片间出现不正常的滑动摩擦，导致过量磨损，影响离合器片的使用寿命。为了防止出现这种情况，解除残余的油液压力，在离合器左端的壁面上设有一个带单向球阀的出油口。当接合油压进入活塞油缸时，单向球阀被压在阀座上，因其密封作用，使油缸中的油压升高，如图9-74a所示。当离合器分离时，虽有残余油压作用在单向阀上，但相比之下更大一些的离心力却使球阀离座，在阀座处沿径向外移排出，使离合器彻底分离，如图9-74b所示。

2. 制动器

制动器的功用是将行星排中的太阳轮、齿圈、行星齿轮架这三个基本元件之一加以固定。目前最常见的是湿式多片制动器和带式制动器。

（1）湿式多片制动器　湿式多片制动器在机构上与湿式多片离合器没有多大差别。典型多片制动器的组成如图9-75所示，主要由制动鼓、活塞组件、复位弹簧、钢片和摩擦片组件等组成。钢片与制动鼓连接，此处制动鼓就是变速器壳体内槽，钢片可以沿轴向移动但不能

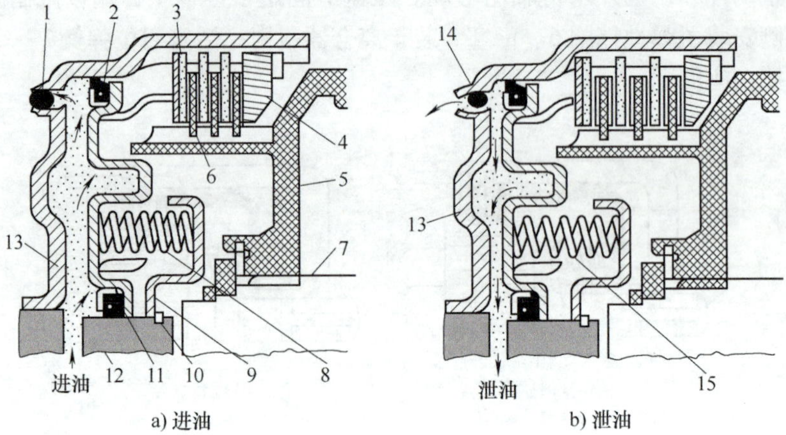

图 9-74 离合器单向阀的作用

1—单向球阀落座　2—密封圈　3—与离合器鼓花键相连的钢片盘　4—压盘　5—离合器壳
6—与离合器毂花键相连的摩擦片　7—输出轴　8—被压缩回位弹簧　9—回位弹簧座
10—挡圈　11—活塞　12—输入轴　13—离合器鼓　14—单向球阀开启　15—张开回位弹簧

转动；摩擦片与制动鼓连接，制动鼓与行星齿轮机构的某个元件连接，例如图 9-75 中制动鼓和太阳轮制成一体，摩擦片在分离状态下与制动鼓一起转动。其工作原理如图 9-76 所示，向制动器活塞缸供油时，活塞把制动器的钢片和摩擦片压紧在一起，处于接合状态，不能转动的钢片使摩擦片制动，从而使制动鼓和行星齿轮机构的元件（图中为行星齿轮架）也停止转动即制动。油液排出时，复位弹簧使活塞复位，制动器就处于分离状态，制动鼓和行星齿轮机构的元件（图中为行星齿轮架）就可以转动了。

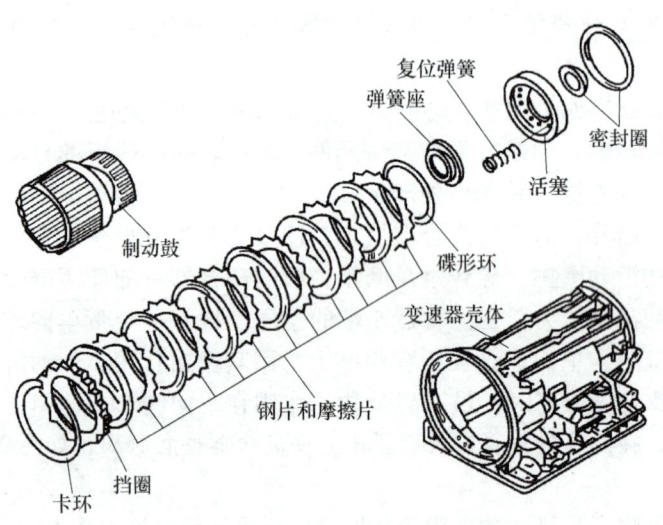

图 9-75 湿式多片制动器的组成

（2）带式制动器　带式制动器是执行机构中的锁止元件，由制动带及其伺服装置（控制油缸）组成。汽车自动变速器中的带式制动器，采用一内敷摩擦材料的制动带包绕在制动鼓的外圆表面，制动带的一端固定在变速器壳体上，另一端则通过推杆与制动油缸中的活塞相

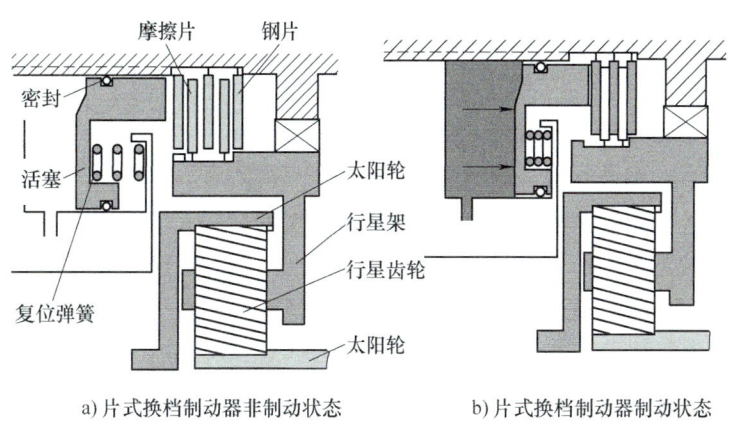

a) 片式换档制动器非制动状态　　b) 片式换档制动器制动状态

图 9-76　多片制动器的工作原理

连，如图 9-77 所示。

制动时，当液压施加于活塞时，活塞在缸体内移动至左端，压缩复位弹簧，活塞带动推杆移动，推动制动带的一端。因为制动带的另一端固定在变速器壳体上，制动带的直径即减小，因此制动带夹持制动鼓，使其不能转动。

因此时制动鼓以高速旋转，制动带受到来自制动鼓的旋转反作用力。如果活塞和推杆为整体结构，这个反作用力会使活塞产生振动。为防止这种状况，活塞是通过一内弹簧安装在推杆上。当制动带受到反作用力时，推杆被推回，压缩内弹簧缓冲这个反作用力。

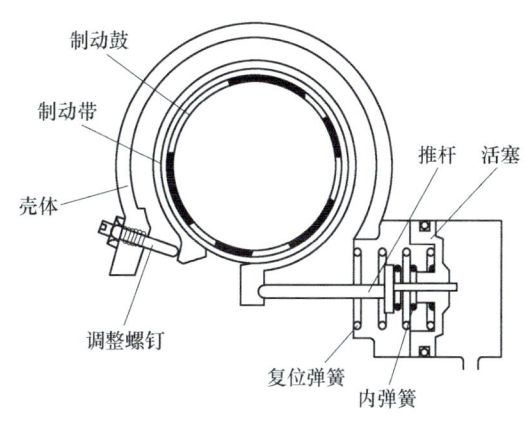

图 9-77　带式制动器的组成和工作原理（非制动状态）

解除制动后，制动带与制动鼓之间应存在一定间隙，否则会造成制动带和制动鼓的过度磨损，影响行星齿轮机构的正常工作。调整该间隙的常见结构有以下两种：长度可调的推杆；通过调整螺钉调整长度的杠杆。

3. 单向离合器

单向离合器也称为单向超速离合器。单向离合器只允许它的内外座圈，沿某一个方向做相对的旋转运动，而另外一个方向则完全卡滞而锁止。若一个座圈固定，锁止时两座圈均不能转动。有时两个座圈都在旋转，那么锁止时两座圈将同速同向旋转。内座圈通常连接行星齿轮机构的元件。与外座圈相连的可以是变速器壳体、制动器的摩擦片或行星齿轮机构的元件，前两种连接情况下单向离合器所起的作用与制动器相同，后者则与离合器的作用相同。

自动变速器中使用较多的是滚柱式和楔块式单向离合器。

（1）单滚柱式单向离合器　单滚柱式单向离合器如图 9-78 所示，由内座圈、外座圈、滚动体、弹簧等组成。外座圈内侧加工出楔形切槽，切槽较窄端的尺寸小于滚柱直径，而较宽端的尺寸大于滚柱直径。若外圈固定，当内圈顺时针转动时将滚柱带到楔形切槽的较宽端，内座圈可以自由转动称为自由状态。当内圈逆时针转动时将滚柱带到楔形切槽的较窄端，内外座圈被滚柱卡紧,使内座圈停止转动,称为锁止状态。单向离合器的锁止或自由状态,取决于内外座圈的转向及转速。

(2) 楔块式单向离合器　楔块式单向离合器如图9-79所示。当外座圈4要按图9-79a中箭头方向转动时,就会推动楔块2顶部,由于$l>l_1$,楔块就会倾翻,使外座圈转动。但当外座圈要按图9-79b所示朝相反方向转动时,因为$l_2>l$,楔块就无法倾翻。这样,楔块起到楔子的作用,锁住外座圈,使其无法转动。另外还安装了定位弹簧3,使楔块总是朝着锁止外座圈的方向略为倾斜,以加强楔块的锁止功能。

自动变速器换档执行机构处于频繁工作状态,因此会出现打滑、卡死、烧损等故障,在楔块式单向离合器使用中要注意正确操作,及时维护和修理。

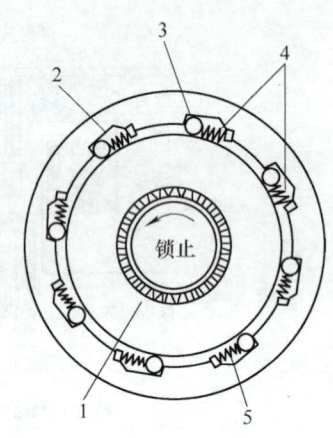

图9-78　单滚柱式单向离合器
1—内座圈　2—外座圈　3—滚动体
4—弹簧　5—切槽

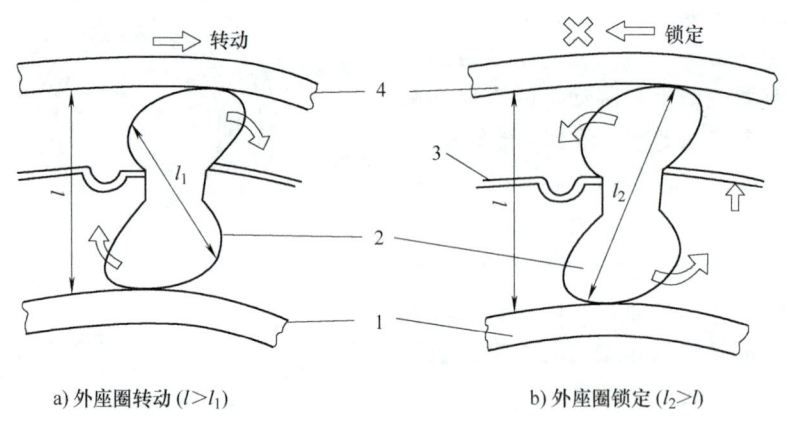

a) 外座圈转动 ($l>l_1$)　　b) 外座圈锁定 ($l_2>l$)

图9-79　楔块式单向离合器
1—内座圈　2—楔块　3—定位弹簧　4—外座圈

(三) 控制机构

控制系统即液压控制系统,或者是电子控制系统与液压控制系统的组合,根据汽车行驶中换档参数的变化,引导液压油流进或流出特定执行元件的活塞缸,使执行元件产生需要的动作,进而实现自动换档。大多数自动变速器的液压控制系统,各种控制阀集中在阀体总成上,调速器阀一般在自动变速器输出轴上,如图9-80所示。阀体总成由上下阀体及用以分隔上下阀体的隔板组成。阀体总成位于自动变速器油底壳内,用螺钉固定在变速器壳体上。电子控制自动变速器的电磁阀也位于阀体上。不同的自动变速器,液压阀的数目、具体结构形式及其组合的方式也不尽相同,但是基本组成和工作原理大致相同。液控自动变速器液压控制系统的主要元件包括控制手柄及开关、主油路系统中的主调压阀、手动换档阀、换档阀、节气门阀、调速阀、蓄能器等,电子控制自动变速器还包括电磁阀。

(1) 自动变速器操纵手柄　自动变速器是由驾驶人通过选档元件进行档位选择的。选档元件有按钮式和拉杆式两种类型。按钮式一般布置在仪表板上,拉杆式即通常所称的变速杆,

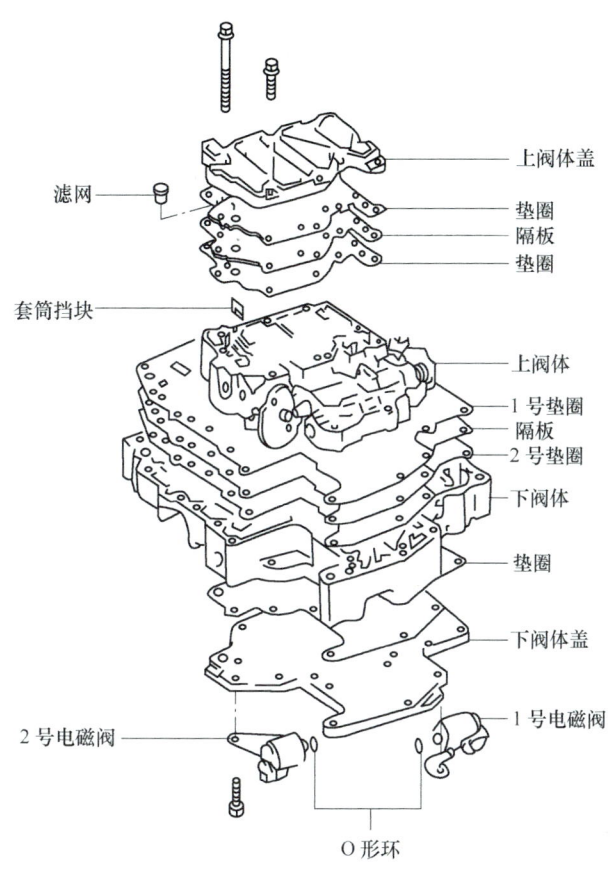

图 9-80 阀体总成

自动变速器的选档元件以拉杆式最为常见。变速杆通过连杆机构或钢索与液压系统控制元件的手控制阀相连,为液压系统提供操纵信号。

自动变速器变速杆位置的意义与普通变速器有所不同。

轿车自动变速器的变速杆通常有 6 个位置,OD OFF 开关的通断控制超速档,如图 9-81 所示。其功能如下。

P 位:驻车档。变速杆置于此位置时,驻车锁止机构将自动变速器输出轴锁止。

R 位:倒档。变速杆置于此位置时,液压系统倒档油路被接通,驱动轮反转,实现倒向行驶。

N 位:空档。变速杆置于此位置时,所有机械变速器的齿轮机构空转,不能输出动力。

D 位:前进位。变速杆置于此位置时,液压系统控制装置根据节气门开度信号和车速信号自动接通相应的前进档油路,行星齿轮变速器在换档执行元件的控制下得到相应的传动比。随着行驶条件的变化,在前进档中自动升降档,实现自动变速功能。

图 9-81 自动变速器变速杆位置示意图

2位：高速发动机制动档。变速杆置于此位置时，液压控制系统只能接通前进档中的一、二档油路，自动变速器只能在这两个档位间自动换档，无法升入更高的档位，从而使汽车获得发动机制动效果。

1位：低速发动机制动档。变速杆置于此位置时，汽车被锁定在前进档的一档，只能在该档位行驶而无法升入高档，发动机制动效果更强。这两个档位多用于山区等路况的行驶，可避免频繁换档，提高变速器的使用寿命。

常见的变速杆的位置可布置在转向柱上或驾驶室地板上，如图9-82所示。发动机只有在变速杆置于N位或P位时，汽车才能起动，此功能靠空档起动开关来实现。

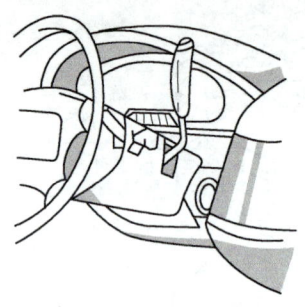 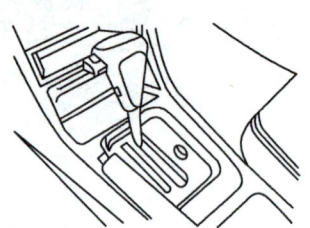

a) 布置在转向柱上　　　　　　　b) 布置在驾驶室地板上

图9-82　变速杆的位置

(2) 自动变速器控制开关　自动变速器除了可用操纵手柄进行换档控制外，还可以通过操纵手柄上或汽车仪表板上的一些控制开关来进行一些其他控制。不同车型的自动变速器，控制开关的数量和名称不尽相同，常见的有以下几种：

1) 超速档开关。超速档开关通常安装在自动变速器变速杆上，由驾驶人控制，使ECT（电子控制自动变速器）可以或不可以进入超速档行驶。当该开关接通后，如果相应的条件满足时，ECT便进入超速档；当该开关关断后，ECT在任何情况下都不能换入超速档。

2) 模式开关又称为程序开关，用于选择自动变速器的控制模式，即选择自动变速器的换档规律，以满足不同的使用要求。

① 经济模式。该模式以汽车获得最佳燃油经济性为目标设计换档规律。当自动变速器在经济模式下工作时，其换档规律使汽车在行驶过程中，发动机经常在经济转速范围内运行，从而降低了燃油消耗。这种换档规律，通常当发动机转速相对较低时，就会换入高一档，即提前升档。

② 动力模式。该模式以汽车获得最大动力性为目标设计换档规律。当自动变速器在动力模式下工作时，其换档规律使汽车在行驶过程中，发动机经常处在大转矩、大功率范围内运行，从而提高了汽车的动力性能和爬坡能力。通常这种换档规律，只有发动机转速较高时，才能换入高一档，即延迟升档。

③ 普通模式。普通模式的换档规律介于经济模式与动力模式之间，它使汽车既保证了一定的动力性，又有较好的燃油经济性。

④ 手动模式。该模式让驾驶人可在一至四档之间以手动方式选择合适的档位，使汽车像装用了手动变速器一样行驶，而又不必像手动变速器那样换档时必须踩离合器踏板。

⑤ 雪地模式。适用于在雪地上行驶的方式。当变速杆置于2位时，自动变速器保持在二

档工作。而变速杆置于1位时,自动变速器保持在一档工作。若初始位置在二档,则当车速降至一档后,不再升档。

上述控制模式并不是每一种电控式自动变速器所必备的,通常自动变速器只具备这些模式中的几项,有些自动变速器甚至只有一种模式固化于计算机程序中,因而没有模式开关。

五、其他类型自动变速器

(一) 金属带式无级变速器

金属带式无级传动(Continously Variable Transmission,CVT)变速器称为VDT-CVT。图9-83所示为金属带式无级变速器的结构。这种变速器具有结构工作可靠、寿命长、效率高且噪声低等优点。

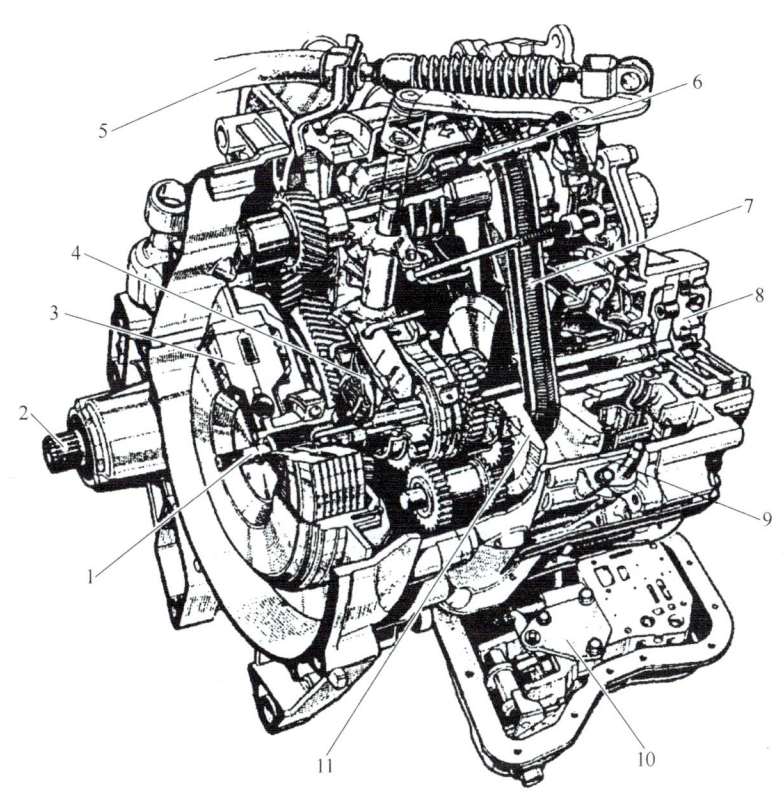

图9-83 金属带式无级自动变速器的结构
1—输入轴 2—半轴 3—电磁离合器 4—电刷架 5—换档软轴 6—从动带轮
7—金属带传动 8—油泵 9—换档机构 10—液压控制阀 11—主动带轮

1. 结构组成及工作原理

图9-84所示为金属带式无级变速器的结构原理,它由金属带、工作轮、油泵、起步离合器和控制系统等组成。

金属带由多个金属片和两组金属环组成,如图9-85所示。每个金属环的厚度为1.4mm。它在两侧工作轮挤压力的作用下传递动力。每组金属环由数片厚为0.18mm的带环叠合而成。在动力传递过程中,它正确地推动和引导金属片的运动。

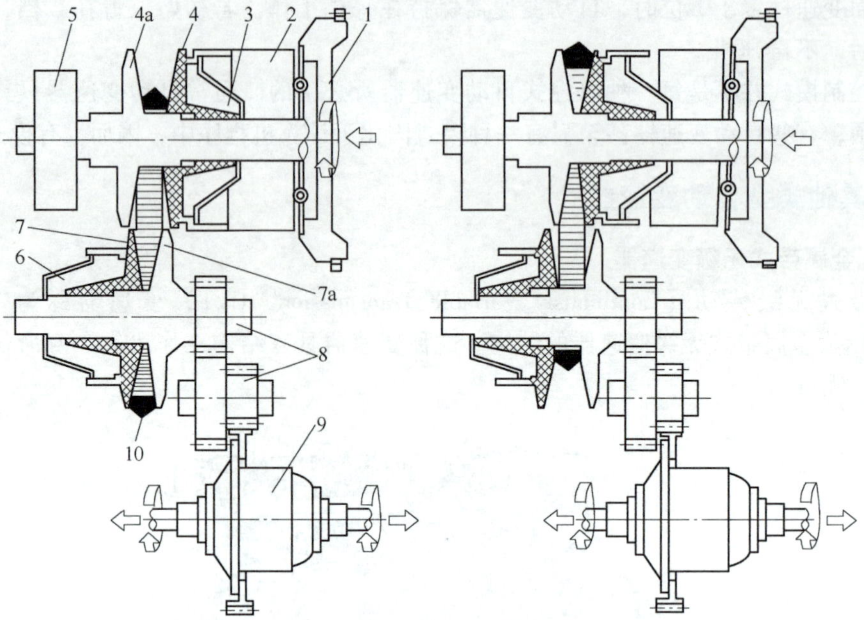

图 9-84 金属带式无级变速器的结构原理
1—发动机飞轮 2—离合器 3—主动工作轮液压控制缸 4—主动工作轮可动部分
4a—主动工作轮固定部分 5—油泵 6—从动工作轮液压控制缸 7—从动工作轮可动部分
7a—从动工作轮固定部分 8—中间减速器 9—主减速器与差速器 10—金属带

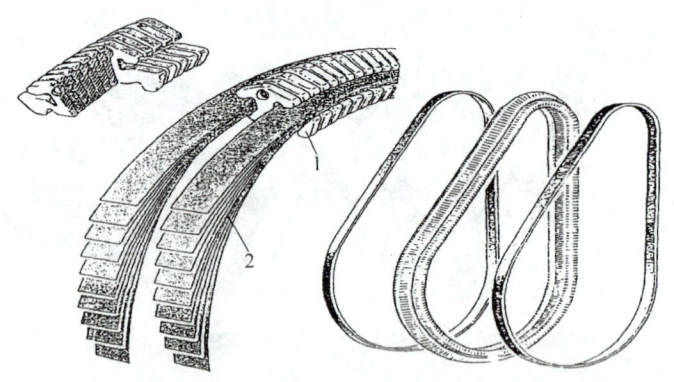

图 9-85 金属带
1—金属片 2—金属环

变速系统中的主、从动工作轮由固定部分 4a 及 7a 与可动部分 4 及 7 组成，工作轮的固定部分和可动部分间形成 V 形槽，金属带 10 在槽内与它啮合。当主、从动工作轮的可动部分做轴向移动时，即可改变传动带与工作轮的啮合半径，从而改变了传动比。工作轮可动部分的轴向移动是根据汽车的行驶工况，通过控制系统进行连续地调节而实现的无级变速传动。其动力传递是由发动机飞轮 1 经离合器 2 传到主动工作轮、金属带、从动工作轮后，再经中间减速齿轮机构和主减速器，最后传给驱动轮。由此可见，该系统使汽车具有无级自动变速传动的功能。

2. 控制方式

CVT的控制系统一般有机械液压控制系统和电子液压控制系统两种。

CVT的机械液压控制系统的工作原理如图9-86所示。当驾驶人踩下加速踏板时，通过柔性钢索1带动换档凸轮2转动，控制速比控制阀3。由发动机驱动的油泵8将液压油输送给主压力控制阀9。主压力控制阀9根据工作轮位置传感器4的液压信号，控制速比控制阀3中油液的压力，从而控制主、从动工作轮可动部分的液压缸中油液的压力，以调节金属带与工作轮的工作半径，实现无级自动变速。

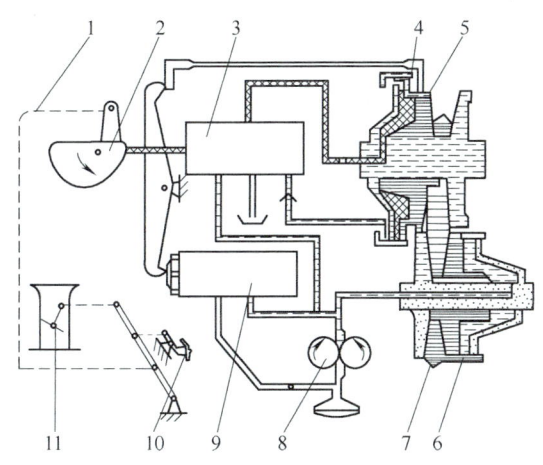

图9-86 CVT的机械液压控制系统的工作原理
1—钢索 2—换档凸轮 3—速比控制阀 4—工作轮位置传感器 5—主动工作轮液压缸
6—从动工作轮液压缸 7—金属带 8—油泵 9—主压力控制阀 10—加速踏板 11—节气门

CVT的电子液压控制系统的工作原理如图9-87所示。系统中包括电磁离合器的控制和主、从动带轮的传动比控制。传动比由发动机节气门信号和主动带轮转速所决定。电子控制单元（ECU）根据发动机转速、车速、节气门开度和换档控制信号等控制主、从动带上伺服液压缸的压力，使主、从动工作轮的可动部分轴向移动，改变金属带与工作轮间的工作半径，从而实现无级变速。

3. 典型实例

图9-88所示为双状态无级变速传动系统。该装置是采用CVT与综合式液力变矩器组成的组合式无级变速传动系统。所谓双状态，是指当汽车起步和低速时液力变矩器工作，当速度增加至变矩器偶合点工况时，转换到CVT传动，此时变矩器转换成耦合器工况下工作。这种先为液力无级变速，后转为"纯机械无级变速（CVT）"的组合，称为双状态无级变速传动。

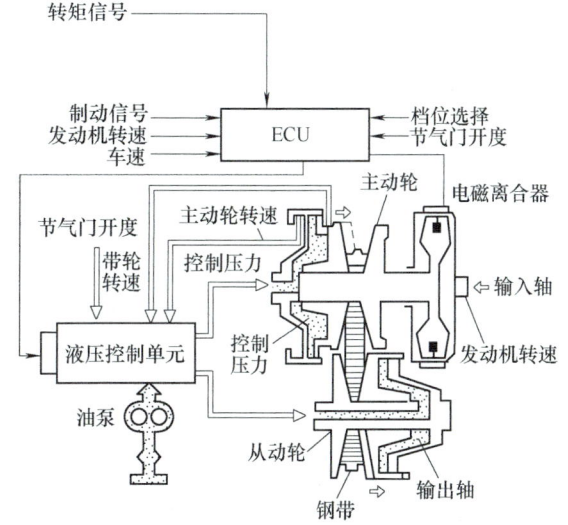

图9-87 CVT的电子液压控制系统的工作原理

该系统的动力传动路线是：发动机动力经液力变矩器2（或锁止离合器1）、行星齿轮机构5、金属带式无级变速器7、减速齿轮8、差速器9、半轴10，最后传给驱动轮。

该种组合的优点是在传动比1~7范围内，效率可提高30%；在不降低起步、爬坡等性能的条件下，主减速比i_0可相应降低30%，所以即使在公路上行驶仍可提高燃油经济性5%~9%；因系统中采用液力变矩器，起步特别平顺。

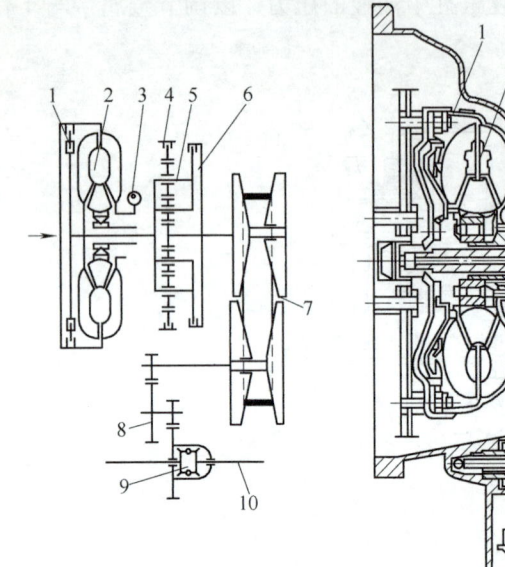
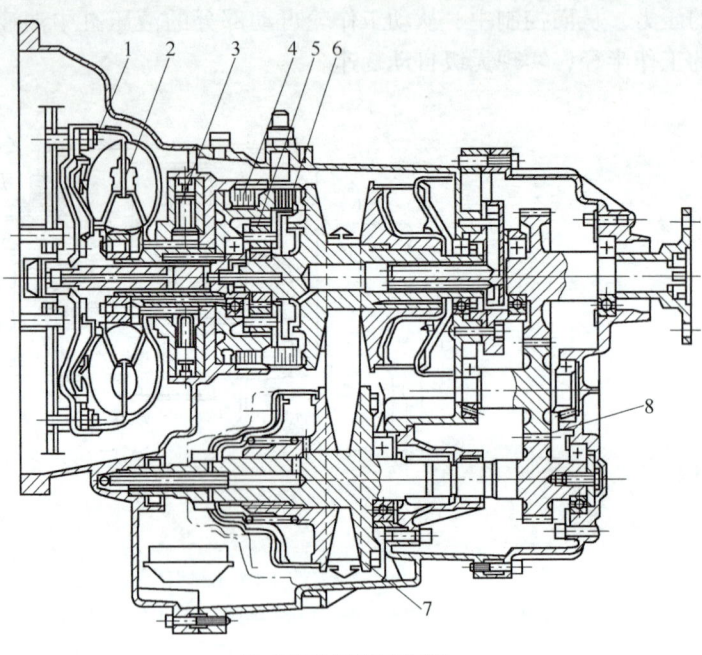

a) CFT20型传动系统示意图　　　　　　b) CFT20型结构断面图

图9-88　双状态无级变速传动系统

1—锁止离合器　2—液力变矩器　3—油泵　4—前进档离合器　5—行星齿轮机构　6—倒档离合器
7—金属带式无级变速器　8—减速齿轮　9—差速器　10—半轴

（二）双离合器自动变速器

双离合器自动变速器也叫直接换档变速器（Direct Shift Gearbox，DSG），也被统称为DCT（Dual Clutch Transmission），它是基于手动变速器发展而来的。其工作原理是将变速器档位按奇、偶数分开布置，分别与两个离合器连接，通过切换两个离合器的工作状态，就可以完成换档动作。它既具有手动变速器的高传动效率，又具有自动变速器的舒适性、易用性。装备DSG变速器的汽车可获得更好的燃油经济性、动力性以及更高的车速，而其城市工况和综合工况油耗几乎与搭载手动档变速器的车型相同。

1. DSG的结构及工作原理

典型六档双离合器自动变速器的结构如图9-89所示。图9-90所示为六档双离合器自动变速器的结构原理。

发动机转矩通过离合器输入变速器内部，在变速器中通过输入轴、齿轮啮合及输出轴形成动力传递路线，并将转矩输出到驱动桥。输入轴1和输入轴2空套在一起，输入轴1在空心的输入轴2的内部，通过花键与多片离合器片K1相联；输出轴2通过花键和多片离合器片K2相联。输入轴1上有一、二、三、四档换档齿轮及转速传感器G501、G052的靶轮，一、

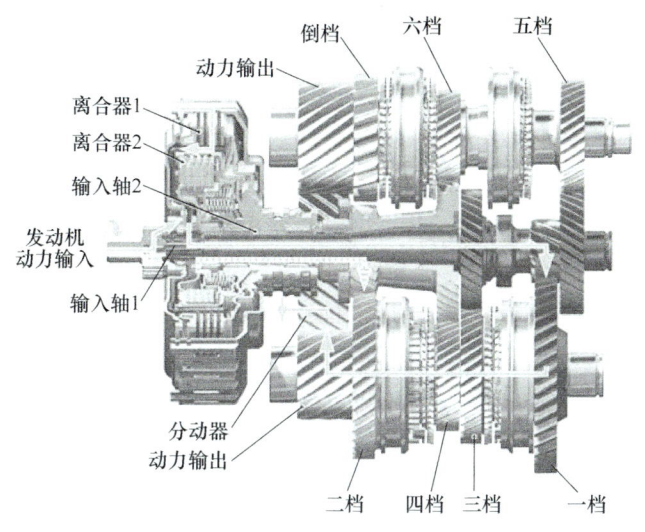

图 9-89 典型六档双离合器自动变速器的结构

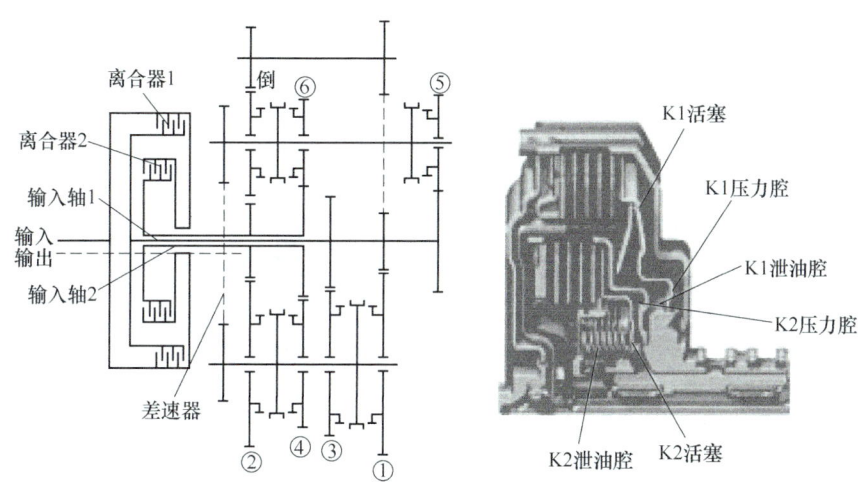

图 9-90 六档双离合器自动变速器的结构原理

二、三、四档采用同步器换档。与差速器相连的输出轴 2 上有五、六档、倒档换档齿轮及变速器输出转速传感器 G195 和 G196 的靶轮。与差速器相连的输出齿轮通过增加 1 根倒档轴改变了动力输出的方向，形成倒档，最终与输出轴 2 相连。

输入轴转速传感器 G501 和 G502 的作用是分别监测离合器 K1 和 K2 的输出转速，识别离合器的滑转率，与输出转速传感器配合，监测是否挂上正确档位，如果 G501 失效，变速器只有二档，G502 失效，变速器只有一档和三档。

输出轴转速传感器 G195 和 G196 的作用是识别车速和车辆行驶方向（通过两个传感器相位差的变化实现），若该传感器失效，控制单元用 ABS 的车速信号和 ESP 中的行驶方向信号代替。

下面以倒档和一档来分析动力传递路线。

倒档传输路线：发动机—K1 离合器—输入轴 1—1/R 档主动齿轮—倒档轴—倒档从动齿

轮—输出轴2—输出齿轮—差速器—驱动车轮。

一档传输路线：发动机—K1离合器—输入轴1——档主动齿轮——档从动齿轮—输出轴1—输出齿轮—差速器—驱动车轮。

2. DSG的类型

根据双离合器形式不同，DSG分为湿式和干式两种类型。

（1）湿式双离合器自动变速器 湿式双离合器自动变速器的摩擦片浸没在变速器油中，利用油压进行传动，离合器工作环境全封闭，避免外界湿度、粉尘及内部机油的影响，工作性能更加稳定。由于湿式离合器摩擦副间有油膜，接合过程为混合摩擦状态，接合过程平顺。湿式离合器冷却散热效果好，特别是在频繁接合和半接合工况，使用寿命一般为干式离合器的3~4倍，但湿式离合器结构比较复杂，价格高于干式离合器。

图9-91为6速DSG双离合器自动变速器。6速DSG双离合器自动变速器采用"湿式"双离合器，双离合器为一大一小两组同轴安装在一起的多片式离合器，分别连接一、三、五档以及倒档和二、四、六档齿轮。"湿式"是指双离合器安装于一个充满液压油的封闭油腔里。这种"湿式"结构具有更好的调节能力和优异的热容性。

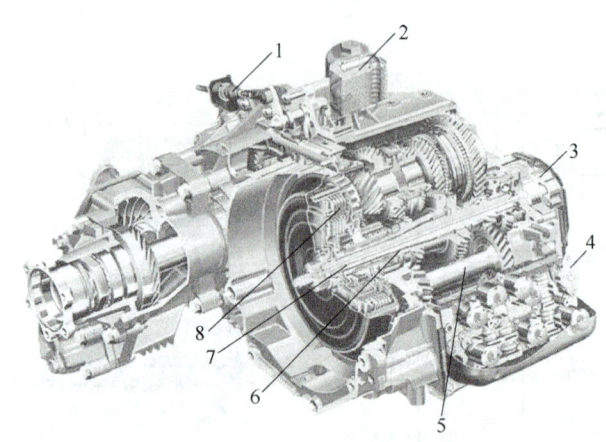

图9-91　6速DSG双离合器自动变速器
1—换档机构　2—机油冷却器　3—油泵　4—控制单元　5—倒档轴
6—输入轴（二、四、六档）　7—输入轴（一、三、五档及倒档）　8—湿式双离合器

（2）干式双离合器自动变速器　干式双离合器自动变速器直接利用摩擦片进行传动，响应速度快，传动效率高，燃油经济性好。但干式离合器只能轴向布置，结构简单但尺寸较大，所能承受的转矩较小，一般只能承受小于250N·m的转矩。

图9-92为7速DSG双离合器变速器，其通过从动盘上的干式摩擦片来高效传递转矩。

3. DSG应用典型实例

沃尔沃S40采用Powershif湿式双离合器自动变速器，如图9-93所示，可以将动力输送给6个档位中的任何一个，由ECU控制的离合器根据汽车速度和转速对驾驶人的换档意图做出判断，可以预选择下一档位从而实现档位的快速切换。由于换档时间不高于0.2s，不会存在长时间的换档延迟和顿挫，大大提升了变速器传动的效率，对于动力传输更加直接，且更加经济。

图9-92 7速DSG双离合器自动变速器
1—换档机构 2—控制单元 3—输入轴（二、四、六档及倒档） 4—输入轴（一、三、五、七档） 5—干式双离合器

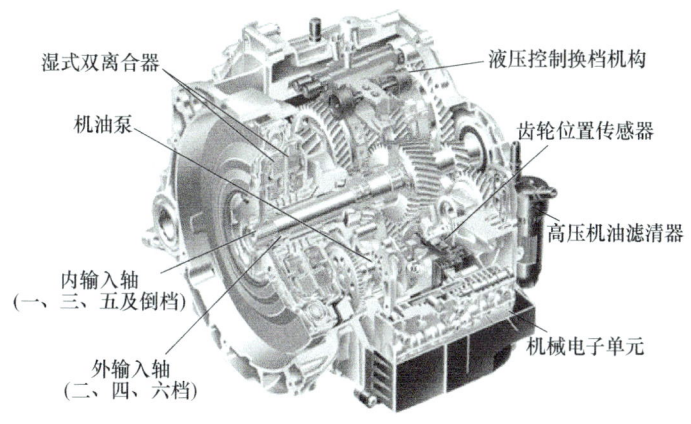

图9-93 Powershif湿式双离合器自动变速器

考证要点

一、填空题

1. 液力机械变速器由_____、_____及_____组成。
2. 液力传动有_____传动和_____传动两大类。
3. 液力耦合器的工作轮包括_____和_____，其中_____是主动轮，_____是从动轮。
4. 液力耦合器和液力变矩器实现传动的必要条件是_____。
5. 液力变矩器的工作轮包括_____、_____和_____。
6. 液力机械变速器的总传动比是指变速器_____转矩与_____转矩之比，也等于液力变矩器的_____与齿轮变速器的_____的乘积。

7. 液力机械变速器的自动操纵系统由_____、_____和_____三个部分构成。
8. 一般来说，液力变矩器的传动比越大，则其变矩系数_____。

二、简答题
1. 液力机械式变速器有何优缺点？广泛应用于何种车辆？
2. 液力耦合器的工作特点是什么？
3. 液力变矩器由哪几个工作轮组成？其工作特点是什么？
4. 简述液力变矩器特性。
5. 什么是变矩器的气蚀现象？气蚀会给变矩器带来什么危害？怎样防止气蚀？

任务9.5　万向传动装置

【知识目标】
1. 了解万向传动装置的应用和万向节的类型。
2. 熟悉万向传动装置的功用和组成。
3. 掌握万向节的结构和工作原理。
4. 掌握传动轴及中间支承的结构。

【任务描述】
在汽车的多种布置形式中，假如发动机前置，但是又是后轮驱动，动力如何从前桥传到后桥呢？动力是如何传输的？这一部分，让我们一起来学习万向传动装置的结构与作用。

一、概述

（一）万向传动装置的功能

万向传动装置的功能是，连接具有轴间夹角和相对位置经常发生变化的两根转轴，并传递动力。

在现代汽车的总体布置中，发动机、离合器和变速器（对于前置发动机前轮驱动形式，主减速器、差速器和变速器装在一个壳体内）连成一体固装在车架上，而车轮装在车桥两端的轴头上，车桥通过弹性悬架与车架连接。由此可见，当汽车行驶时，悬架的跳动会造成变速器与主减速器（或主减速器与驱动轮）之间的相对位置（距离、夹角）发生变化，即上述传动装置的输出轴与输入轴之间的距离、夹角会发生变化，因此不可能刚性连接，必须安装万向传动装置。图9-94所示为在汽车中最常见的应用，位于变速器与驱动桥之间的万向传动装置。

（二）万向传动装置的组成及应用

1. 万向传动装置的组成

万向传动装置一般由万向节和传动轴两部分组成，如图9-95所示。当动力传递距离较远时，为了减小弯曲变形，提高传动轴的刚度和极限转速，常将传动轴分成二段或三段，并设置中间支承。

2. 万向传动装置的应用

万向传动装置在汽车上的应用主要有以下几个地方：

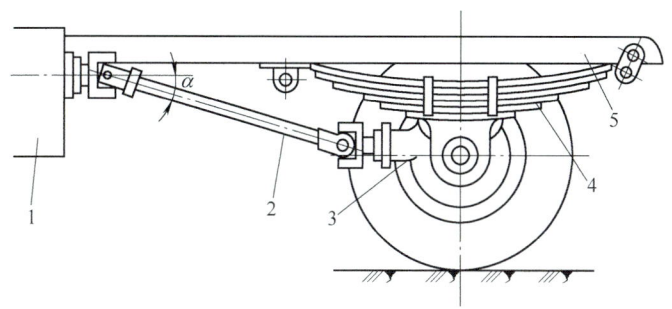

图9-94 变速器与驱动桥之间的万向传动装置
1—变速器 2—万向传动装置 3—驱动桥 4—后悬架 5—车架

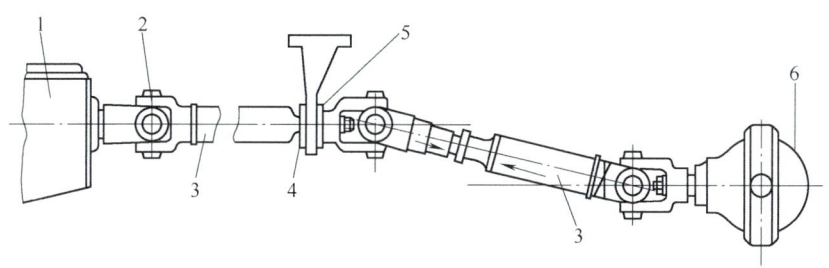

图9-95 万向传动装置的组成
1—变速器 2—万向节 3—传动轴 4—球轴承 5—中间支承 6—驱动桥

（1）变速器与驱动桥之间（4×2汽车） 如图9-96所示，一般情况下汽车的变速器、离合器与发动机三者装合为一体，安装在车架上，驱动桥通过悬架与车架相连。负荷变化或汽车在不平路面行驶时引起的跳动，会使驱动桥输入轴与变速器输出轴之间的夹角和距离发生变化，因此需安装万向传动装置。

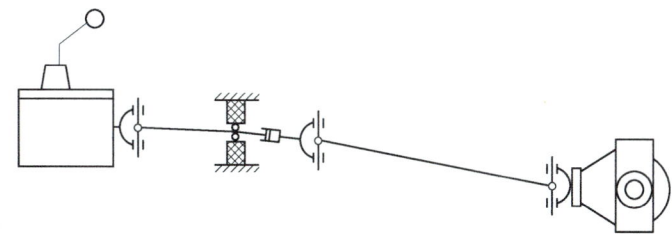

图9-96 变速器与驱动桥之间的万向传动装置

（2）变速器与分动器、分动器与驱动桥之间 如图9-97所示，为消除车架变形及制造、装配误差等引起的轴线与轴度误差对动力传递的影响，在越野汽车变速器与分动器、分动器与驱动桥之间需装有万向传动装置。

（3）转向驱动桥内、外半轴之间 如图9-98所示，转向时两段半轴轴线相交且夹角变化，因此要用万向传动装置连接。

（4）断开式驱动桥半轴之间 如图9-99所示，主减速器壳在车架上是固定的，驱动桥壳上下摆动，半轴是分段的，因此需用万向传动装置。

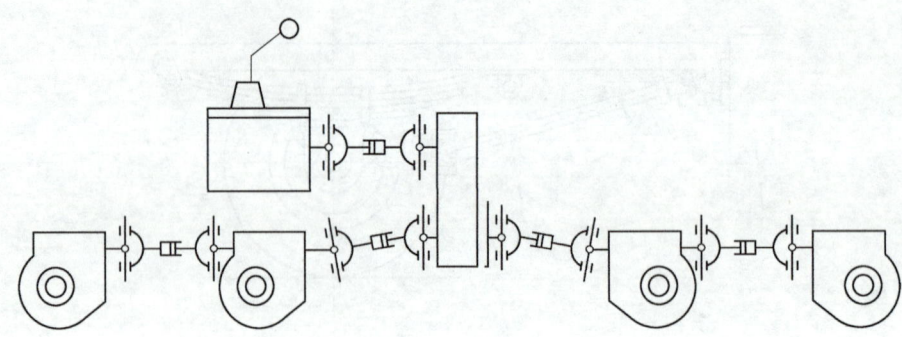

图9-97 变速器与分动器、分动器与驱动桥之间的万向传动装置

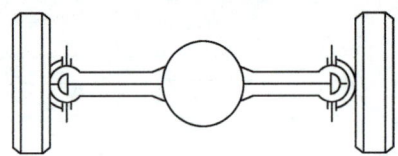

图9-98 转向驱动桥内、
外半轴之间的万向传动装置

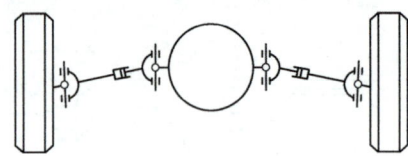

图9-99 断开式驱动桥半轴
之间的万向传动装置

（5）转向机构的转向轴和转向器之间 如图9-100所示，为满足转向机构总体布置的要求，有些汽车将转向轴断开，在转向轴之间、转向轴与转向器之间安装万向传动装置。

二、万向节

万向节是一种用来连接两根具有一定夹角的转动轴并传递动力的元件。万向节按传递动力过程中输入、输出转速特性的不同，可分为不等速万向节（常用的为十字轴式万向节）、准等速万向节（常用的有双联式万向节和三销轴式万向节）和等速万向节（常用的为球叉式万向节和球笼式万向节等）三类；按受力时零件的变形不同，可分为刚性万向节和柔性万向节两类。

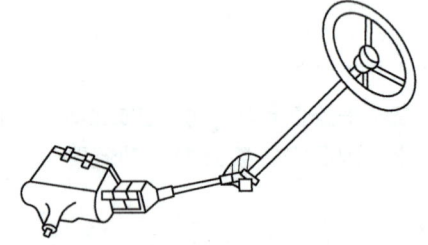

图9-100 转向机构的转向轴和
转向器之间的万向传动装置

目前在汽车上应用较多的是十字轴式刚性万向节和等速万向节。十字轴式刚性万向节主要用于发动机前置后轮驱动的变速器与驱动桥之间；等角速度万向节主要用于发动机前置前轮驱动的内、外半轴之间。

（一）不等速万向节

目前，常用的不等速万向节为十字轴式刚性万向节，如图9-101所示。它应用广泛，允许相邻两轴的最大夹角为15°～20°。

1. 十字轴式刚性万向节的结构

十字轴式刚性万向节主要由十字轴、万向节叉等组成。万向节叉上的孔分别套在十字轴的四个轴颈上。在十字轴轴颈与万向节叉孔之间装有滚针和套筒，用带有锁片的螺钉和轴承盖来使之轴向定位。为了润滑轴承，十字轴内有油道，且与油嘴、溢流阀相通，如图9-102所示。为避免润滑脂流出及尘垢进入轴承，十字轴轴颈的内端套装着油封。溢流阀的作用是当十字轴内腔润滑脂压力超过允许值时，使润滑脂外溢，因而能使油封不会因油压过高而损坏。现代汽车多采用橡胶油封，多余的润滑脂从油封内圆表面与十字轴轴颈接触处溢出，故无须安装溢流阀。

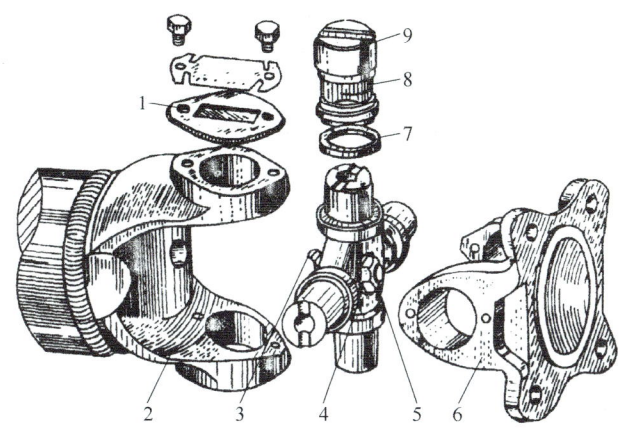

图 9-101　十字轴式刚性万向节

1—轴承盖　2、6—万向节叉　3—油嘴　4—十字轴　5—溢流阀　7—油封　8—滚针　9—套筒

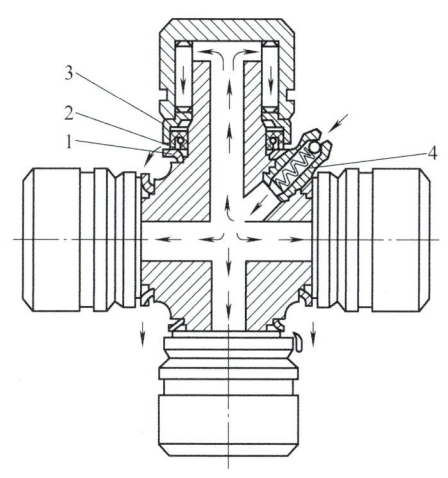

图 9-102　润滑油道及密封装置

1—油封挡盘　2—油封　3—油封座　4—油嘴

万向节轴承的常见定位方式除了用盖板外，还可以用内、外弹性卡环，如图 9-103、图 9-104 所示。

2. 十字轴式刚性万向节的速度特性

单个十字轴式刚性万向节在主动轴和从动轴之间有夹角的情况下，当主动叉等角速度转动时，从动叉是不等角速度的，这称为十字轴式刚性万向节的不等速特性。

下面就单个万向节传动过程中的两个特殊位置进行运动分析，说明它传动的不等速性。

1）主动叉在垂直位置，并且十字轴平面与主动轴垂直（图 9-105a）。

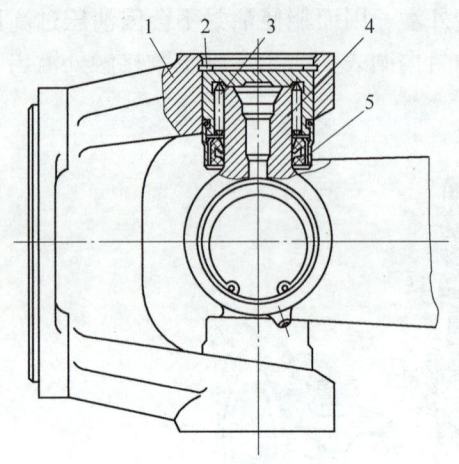 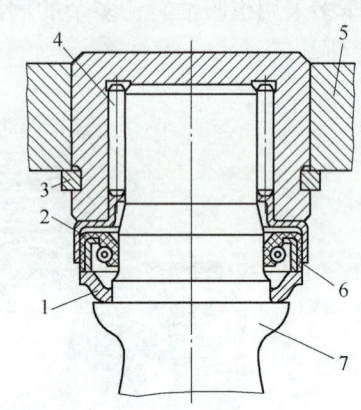

图9-103 滚针轴承的内挡圈定位
1—万向节叉 2—内挡圈 3—滚针轴承
4—十字轴 5—橡胶油封

图9-104 滚针轴承的外挡圈定位
1—油封挡盘 2—油封座 3—外挡圈 4—滚针
5—万向节叉 6—橡胶油封 7—十字轴

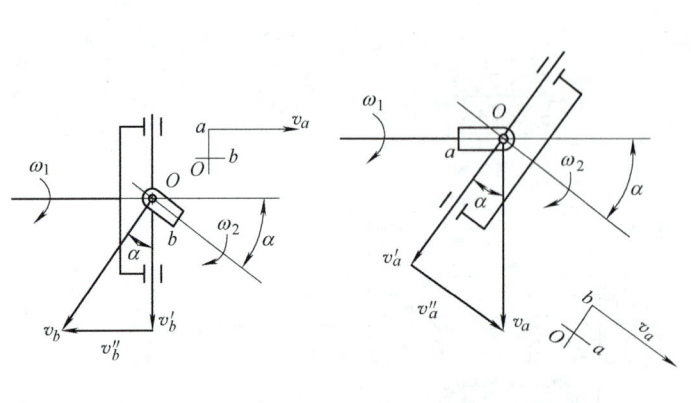 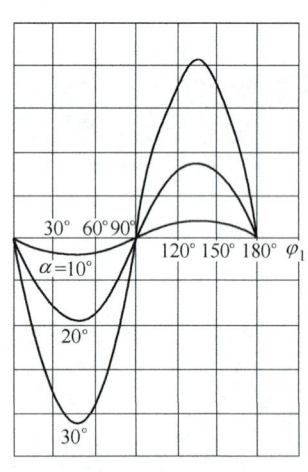

a) 主动叉在垂直位置　　　　b) 主动叉在水平位置　　　　c) 不等速特性

图9-105 十字轴式刚性万向节的不等速特性分析

主动叉与十字轴连接点 a 的线速度 v_a 在十字轴平面内;从动叉与十字轴连接点 b 的线速度 v_b 在与主动叉平行的平面内,并且垂直于从动轴。点 b 的线速度 v_b 可分解为在十字轴平面内的速度 v_b' 和垂直于十字轴平面的速度 v_b''。由速度直角三角形可以看出,在数值上 $v_b > v_b'$。由于十字轴各轴颈长度相等,即 $Oa = Ob$,所以,$v_b' = v_a$,因此,$v_b > v_a$。由此可知,当主、从动叉转到这一特殊位置时,从动轴的转速大于主动轴的转速。

2)主动叉处于水平位置,且十字轴平面与从动轴垂直(图9-105b)。

此时主动叉与十字轴连接点 a 的线速度 v_a 在平行于从动叉的平面内,并且垂直于主动轴。点 a 线速度 v_a 可分解为在十字轴平面内的速度 v_a' 和垂直于十字轴平面的速度 v_a''。因为 $v_a' = v_b$,$v_a > v_a'$,所以 $v_a > v_b$。即当主、从动叉转到这一特殊位置时,从动轴转速小于主动轴转速。

由上述两个特殊位置的分析,可以看出,十字轴式万向节在传动过程中,主、从动轴的转速是不相等的。而主、从动轴的平均转速是相等的,即主动轴转一周从动轴也转过一周。

图9-105c所示是当主、从动轴间夹角分别为10°、20°和30°时，主动轴转角在0°~180°变化时主、从动轴转角差的变化情况。从图上可以看出，两轴夹角越大，不等速性越严重。

十字轴式刚性万向节的不等速特性，使得从动轴及与其相连的传动部件产生扭转振动，从而产生附加的交变载荷，影响部件寿命。

3. 十字轴式刚性万向节传动的等速条件

在两轴之间若采用图9-106所示的双万向节传动，则第一万向节的不等速效应就有可能被第二万向节的不等速效应抵消，从而实现两轴间的等角速度传动。根据运动学分析得知，要达到这一目的，必须满足以下两个条件：第一万向节两轴间夹角α_1与第二万向节两轴间的夹角α_2相等；第一万向节的从动叉与第二万向节的主动叉处于同一平面内。后一条件完全可以由传动轴和万向节叉的正确装配来保证。但是，第一个条件（即$\alpha_1 = \alpha_2$）只有在驱动轮采用独立悬架时，才有可能通过整车的总布置设计和总装配工艺的保证而实现。

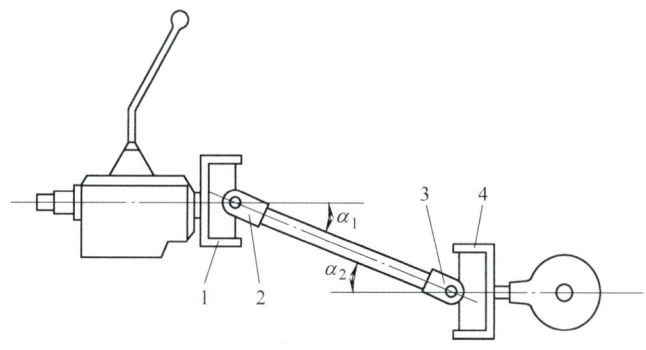

图9-106 双万向节等速传动布置示意图
1、3—主动叉 2、4—从动叉

（二）准等速万向节

准等速万向节是根据两个普通万向节实现等速传动的原理制成的，常见的有双联式和三销轴式万向节两种。

1. 双联式万向节

双联式万向节实际上是一套传动轴长度减缩至最小的双万向节传动装置，如图9-107所示。双联叉相当于在同一平面内的两个万向节叉。要使轴1和轴2的角速度相同，必须保证$\alpha_1 = \alpha_2$。为此，有的双联式万向节装有分度机构，使双联叉的对称线平分所连两轴的夹角。目前，汽车转向驱动桥采用的双联式万向节为使结构简化，省去了分度机构，在结构上将内半轴或外半轴用组件定位在壳体上，保证汽车直线行驶时万向节中心点位于主销轴线与半轴轴线的交点。

双联式万向节允许有较大的轴间夹角，且结构简单，制造方便。

2. 三销轴式万向节

三销轴式万向节是由双联式万向节演变而来的准等速万向节，如图9-108所示，它由两个偏心轴叉、两个三销轴以及6个滑动轴承和密封件等组成。每一偏心轴叉的两叉孔通过轴承和一个三销轴大端的两轴颈配合，两个三销轴的小端互相插入对方的大端轴承孔内，形成了Q_1-Q_1'、Q_2-Q_2'、R-R'共3根轴线。传递转矩时，由主动偏心轴叉经轴Q_1-Q_1'、Q_2-Q_2'、R-R'传到从动偏心轴叉。

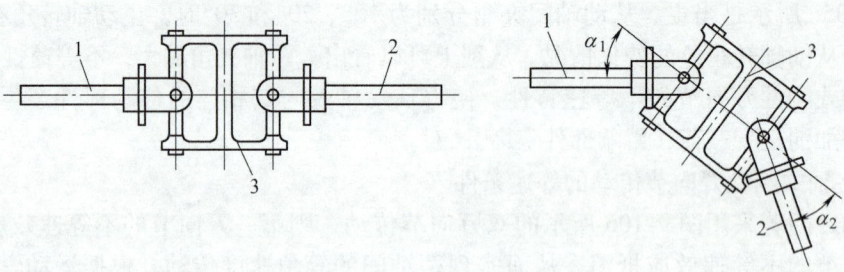

图 9-107　双联式万向节的原理
1、2—万向节叉轴　3—双联叉

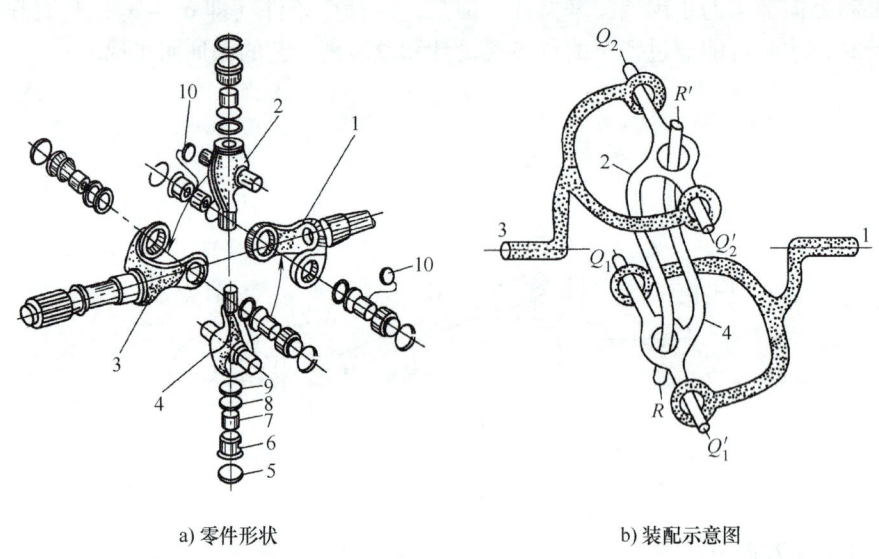

a) 零件形状　　　　　　　　b) 装配示意图

图 9-108　三销轴式万向节
1—主动偏心轴叉　2、4—三销轴　3—从动偏心轴叉　5—卡环　6—轴承座　7—衬套　8—毛毡圈　9—密封罩　10—推力垫片

　　与主动偏心轴叉相连的三销轴的两个轴颈端面和轴承座之间装有推力垫片，其余轴颈端面均无推力垫片，且端面与轴承座之间留有较大的空隙，以保证转向时三销轴式万向节无运动干涉现象。

　　三销轴式万向节的最大特点是允许相邻两轴有较大的夹角，最大可达 45°。采用此万向节的转向驱动桥可使汽车获得较小的转弯半径，提高了汽车的机动性。

　　（三）等速万向节

　　等速万向节的基本原理是传力点永远位于分锥角的平分面上。如图 9-109 所示，一对大小相同的锥齿轮的接触点 P 位于两齿轮分锥角的平分面上，由 P 点到两轴的垂直距离都等于 r。P 点处两齿轮的圆周速度相等，两齿轮的角速度也

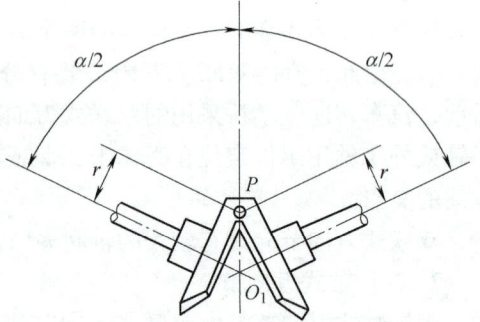

图 9-109　等速万向节的工作原理

相等。可见，万向节的传力点在其交角变化时，始终位于分锥角的平分面上，因而能保证等速传动。

等速万向节的常见结构有球笼式和球叉式两种。

1. 球笼式等速万向节

球笼式等速万向节按主、从动叉在传递转矩过程中轴向是否产生位移分为：固定型球笼式等速万向节（RF节）和伸缩型球笼式等速万向节（VL节）。

（1）固定型球笼式等速万向节 固定型球笼式等速万向节的结构如图9-110所示。星形套7以内花键与主动轴1相连，其外表面有6条凹槽，形成内滚道。球形壳8的内表面有相应的6条凹槽，形成外滚道。6个钢球分别装在各条凹槽中，并由保持架4使之保持在一个平面内。动力由主动轴1经钢球6、球形壳8输出。

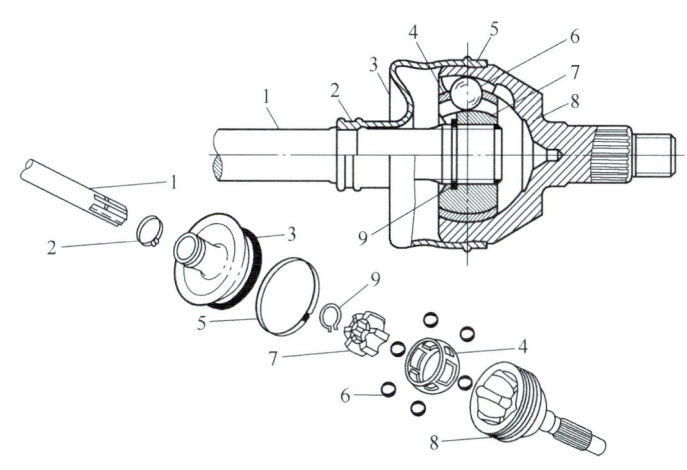

图9-110 固定型球笼式等速万向节的结构

1—主动轴 2、5—卡箍 3—外罩 4—保持架（球笼） 6—钢球 7—星形套（内滚道） 8—球形壳（外滚道） 9—卡环

固定型球笼式等速万向节的等角速度传动原理，如图9-111所示。外滚道的中心 A 与内滚道的中心 B 分别位于万向节中心 O 的两边，且与 O 等距离。钢球中心 C 到 A、B 两点的距离也相等。保持架的内外球面、星形套的外球面和球形壳的内球面均以万向节中心 O 为球心。故当两轴夹角变化时，保持架可沿内外球面滑动，以保持钢球在一定位置。

由图9-111可见，由于 $OA = OB$，$CA = CB$，CO 是公共边，则两个三角形△COA 与△COB 全等。故∠COA = ∠COB，即两轴相交任意夹角 α 时，传力的钢球 C 都位于交角平分面上。此时钢球中心到主、从动轴轴线的距离 a 和 b 相等，从而保证了从动轴与主动轴以相等的角速度旋转。

RF节两轴允许夹角范围较大（45°~50°），例如奥迪、捷达、红旗CA7220型等轿车采用的RF节的两轴夹角最大可达47°，且在工作时，无论传动方向如何，6个钢球全部传力。与球叉式等速万向节相比，其承载能力强、结构紧凑、拆装方便，因此应用越来越广泛。目前，国内外大多数轿车的前转向驱动桥在转向节处均采用这种RF节。

（2）伸缩型球笼式等速万向节（VL节） 伸缩型球笼式等速万向节的结构如图9-112所示。VL节的内外滚道是圆筒形的，在传递转矩过程中，星形套2与筒形壳4可以沿轴向相对移动，故可省去其他万向传动装置中必须有的滑动花键。这不仅使结构简化，而且由于星形套2与筒形壳4之间的轴向相对移动是通过钢球5沿内外滚道滚动来实现的,与滑动花键相比,其阻力小,最适用于断开式驱动桥。VL节两轴夹角范围为20°~25°,较十字轴刚性万向节相邻两轴的夹角范围大,但小于球叉式和RF节。

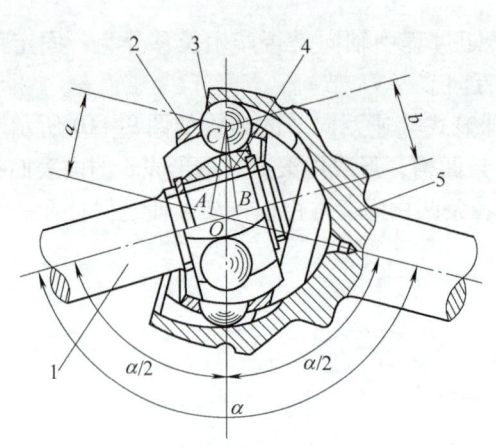

图9-111 固定型球笼式等速万向节
的等角速度传动原理
1—主动轴 2—保持架 3—钢球 4—星形套 5—球形壳
O—万向节中心 A—外滚道中心 B—内滚道中心
C—钢球中心 α—两轴夹角(指钝角)

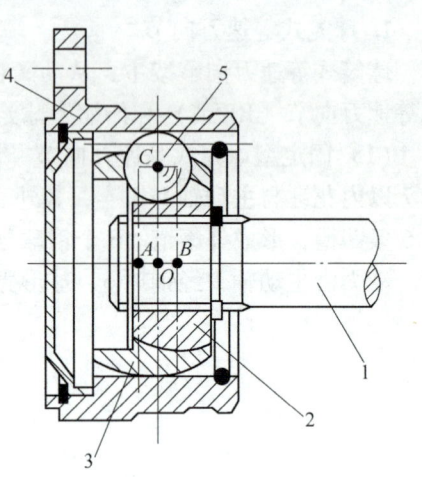

图9-112 伸缩型球笼式等
速万向节的结构
1—主动轴 2—星形套(内滚道)
3—保持架(球笼) 4—筒形壳(外滚道)
5—钢球

这种万向节保持架的内球面中心B与外球面中心A位于万向节中心O的两边,且与O等距离。钢球中心C到A、B的距离相等,以保证万向节做等角速度传动。

VL节在前置前驱动且采用独立悬架的轿车的转向驱动桥中均布置在靠主减速器侧(内侧),而轴向不能伸缩的RF节,则布置在靠近车轮处(外侧),如图9-113所示。上海桑塔纳、天津夏利、一汽-大众捷达、宝来、奥迪及红旗CA7220型等轿车皆为这种布置形式。

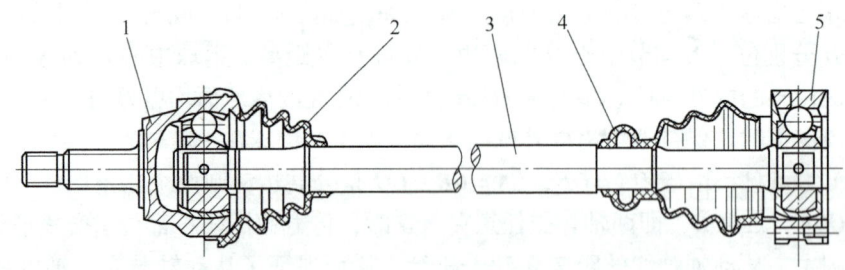

图9-113 RF节与VL节在转向驱动桥中的布置
1—RF节 2、4—防尘罩 3—传动轴(半轴) 5—VL节

2. 球叉式等速万向节

球叉式等速万向节的结构如图9-114所示。主动叉5与从动叉1分别与内、外半轴制成一体。在主、从动叉上,各有4个曲面凹槽,装合后,形成两个相交的环形槽,作为钢球滚道。4个传动钢球4放在槽中,定心钢球6放在两叉中心的凹槽内,以定中心。

为顺利地将钢球装入槽内,在定心钢球6上铣出一个凹面,凹面中央有一深孔。装合时,

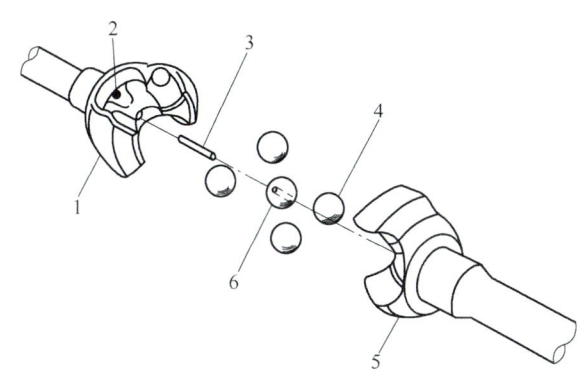

图9-114 球叉式等速万向节的结构
1—从动叉 2—锁止销 3—定位销 4—传动钢球 5—主动叉 6—定心钢球

先将定位销3装入从动叉内,放入定心钢球,然后在两环形槽中陆续装入三个传动钢球,再将定心钢球的凹面对向未放钢球一侧,以便装入第四个传动钢球,而后再将定心钢球6的孔对准从动叉孔,提起从动叉轴使定位销3插入球孔中,最后将锁止销2插入从动叉上与定位销垂直的孔中,以限制定位销轴向移动,保证定心钢球的正确位置。

球叉式等速万向节的等角速度传动原理可按图9-115来说明。主动叉和从动叉凹槽的中心线是以O_1、O_2为圆心的两个半径相等的圆,而圆心O_1、O_2与万向节中心O的距离相等。因此,在主动轴和从动轴以任何角度相交的情况下,传动钢球中心始终位于两圆的交点上,即所有传动钢球都位于角平分面上,因而保证了等角速度传动。

球叉式等速万向节结构简单,两轴间允许最大夹角为32°~33°,一般应用于转向驱动桥的转向节处。

球叉式等速万向节工作时,只有两个钢球传力,反转时,则由另两个钢球传力。因此钢球与曲面凹槽之间的单位压力较大,容易磨损,影响使用寿命。

近年来,有些球叉式等速万向节中省去了定位销和锁止销,定心钢球上也没有凹面,靠压力装配。这样,结构更为简单,但拆装较困难。

上述球叉式等速万向节的滚道为圆弧槽形滚道。还有一种球叉式等速万向节的滚道是直槽形的,如图9-116所示。两球叉上的直槽与轴的中心线倾斜的角度相同,而且彼此对称。

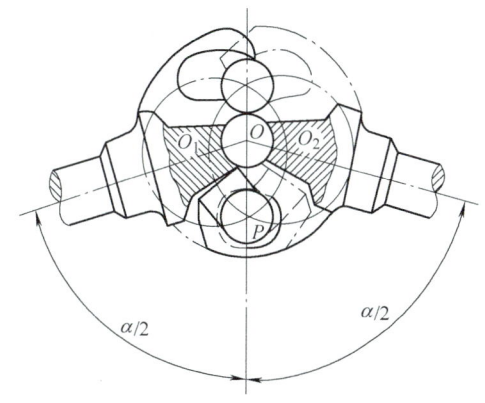

图9-115 球叉式等速万向节等角速度传动原理

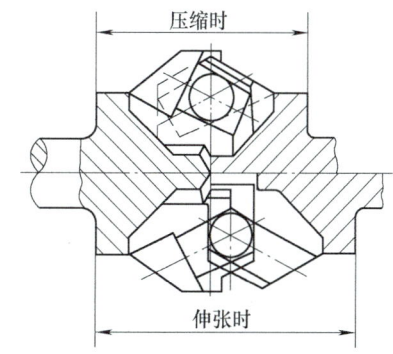

图9-116 滚道为直槽形的球叉式等速万向节

在两球叉的滚道中装有4个传力钢球。由于两球叉上的滚道处于对称位置，从而保证了4个钢球的中心处于两轴夹角的平分面上。这种万向节的特点是加工比较容易，其两轴间的允许夹角不超过20°，且轴向允许有一定的滑动量，故可用在断开式驱动桥靠近主减速器处（内侧），用它可补偿半轴摆动时长度的变化，从而省去了滑动花键。

（四）柔性万向节

柔性万向节如图9-117所示，它依靠弹性连接件的弹性变形来保证在相交两轴间传动时不发生机械干涉。弹性连接件采用橡胶盘、橡胶金属套筒、六角形橡胶圈等结构。因弹性连接件的弹性变形有限，故柔性万向节适用于两轴夹角不大（3°~5°）和有微量轴向位移的万向传动装置。例如，有的汽车在发动机与变速器之间、变速器与分动器之间装有柔性万向节，以消除制造安装误差和车架变形对传动的影响。

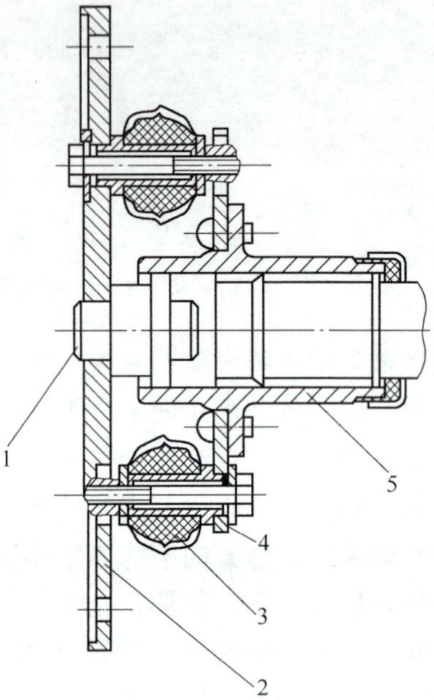

三、传动轴

传动轴是万向传动装置中的主要传力部件，通常用来连接变速器（或分动器）和驱动桥；在转向驱动桥和断开式驱动桥中，则用来连接差速器和驱动车轮。

常见的轻、中型货车中，连接变速器与驱动桥的传动轴装置，由传动轴及其两端焊接的外花键和万向节叉组成。

汽车行驶过程中，变速器与驱动桥的相对位置经常变化，为避免运动干涉，传动轴用由滑动叉和外花键组成的滑动花键连接，以适应传动轴长度的变化。为减少磨损，还装有用以加注润滑脂的油嘴、油封、堵盖和防尘套，如图9-118所示。

图9-117 柔性万向节
1—中心轴 2—大圆盘
3—弹性连接件 4—连接圆盘 5—花键毂

传动轴在高速旋转时，由于质量不均衡引起的离心力将使传动轴发生剧烈振动。因此，当传动轴与万向节装配后必须进行动平衡。图9-118中的零件3即为平衡用的平衡片。平衡后，在滑动叉13与主传动轴16上刻上箭头记号，以便拆卸后重装时保持两者的相对角位置不变。传动轴过长时，自振频率降低，易产生共振，故常将其分为两段并加中间支承。前段称中间传动轴（图9-118上部所示），后段称主传动轴（图9-118下部所示）。

为了得到较高的强度和刚度，传动轴多做成空心的，一般用厚度为1.5~3.0mm的薄钢板卷焊而成。超重型货车的传动轴则直接采用无缝钢管。

在转向驱动桥、断开式驱动桥或微型汽车的万向传动装置中，通常将传动轴制成实心轴。

为减小传动轴中花键联接的轴向滑动阻力和磨损，可对花键进行磷化处理或喷涂尼龙层。有的则在花键槽内设置滚动元件，如国外有的汽车传动轴采用了图9-119所示的圆柱滚子式滚动花键联接。在传动轴内套管3上制有4条均布的夹角为90°的贯通凹槽（滚道）；在传动轴外套管2上也相应地制有4条均布的夹角为90°的贯通凹槽（滚道）。

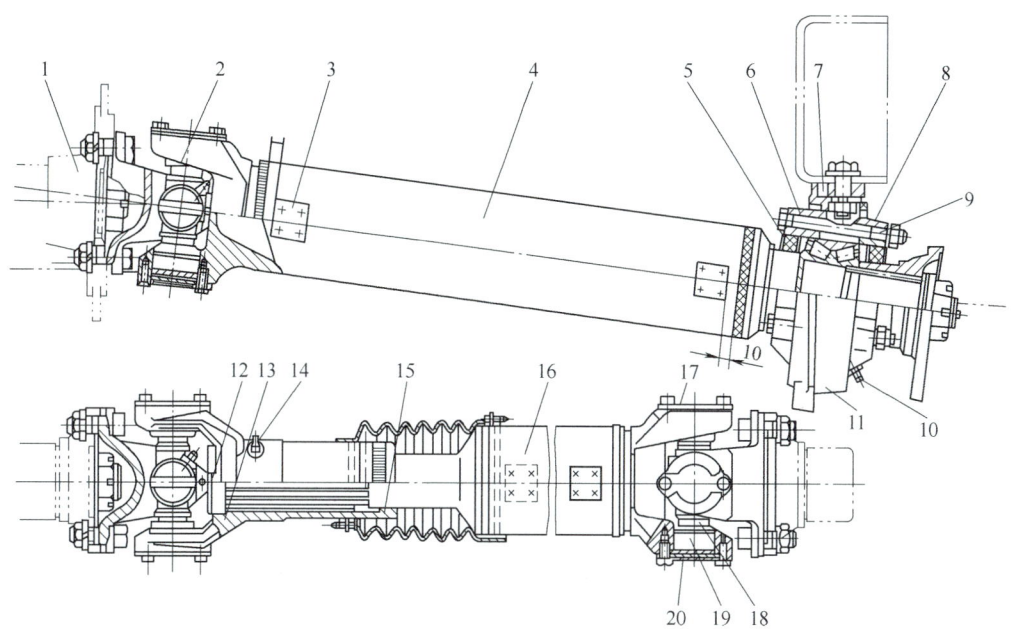

图 9-118 解放 CA1092 型汽车的万向传动装置

1—凸缘叉 2—万向节十字轴 3—平衡片 4—中间传动轴 5、15—中间支承油封
6—中间支承前盖 7—橡胶垫片 8—中间支承后盖 9—双列圆锥滚子轴承
10、14—油嘴 11—支架 12—堵盖 13—滑动叉 16—主传动轴
17—锁片 18—滚针轴承油封 19—万向节滚针轴承 20—滚针轴承轴承盖

内、外套管的凹槽装配吻合后，放入滚柱 1，并使相邻的滚柱各按向右和向左的顺序间隔排列。内、外传动套管 3 和 2 的两端装有挡圈 4，以防滚柱 1 脱落及限定内、外套管的相对移动量。工作中内、外套管的相对滑动，由滚柱在凹槽内滚动实现。当传动轴逆时针方向旋转时（图 9-119 中 A—A 剖视图），各凹槽中向右倾斜安装的滚柱传力；反之，向左倾斜的滚柱传力。

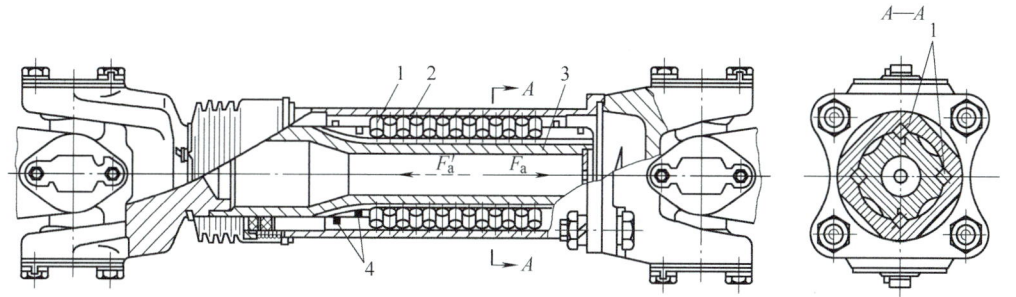

图 9-119 传动轴滚动花键
1—滚柱 2—传动轴外套管 3—传动轴内套管 4—挡圈

汽车构造（下）

考证要点

一、填空题

1. 万向传动装置一般由_____、_____和_____组成。
2. 等速万向节一般包括_____和_____两种。
3. 为了得到较高的强度和刚度，传动轴多做成_____的。

二、简答题

1. 汽车上为什么要使用万向传动装置？其主要应用在汽车的哪些部分？
2. 十字轴式刚性万向节有何传动特点？如何实现其等角速度传动？
3. 准等速万向节和等速万向节有哪些结构？各有何特点？
4. 什么情况下传动轴需要分段制造？这样做的目的是什么？
5. 何时需要设置中间支承？它起到哪些作用？

任务 9.6　驱　动　桥

【知识目标】

1. 了解驱动桥的概念。
2. 熟悉驱动桥的类型、组成。
3. 掌握主减速器的作用、原理和差速器的作用。

【任务描述】

前面已经学过汽车动力来源于发动机，发动机经过离合器、变速器将动力传到传动轴，而最终动力必须传到驱动轮上汽车才能行驶，这一部分我们就一起学习动力是如何传到驱动轮上的。

一、概述

驱动桥是传动系统的最后一个总成。发动机的动力经过离合器（或液力变矩器）、变速器、万向传动装置，传到了驱动桥，最后传给驱动轮。驱动桥一般是由主减速器、差速器、半轴、桥壳等组成，如图 9-120 所示。

驱动桥的主要零部件都装在驱动桥的桥壳中。桥壳由主减速器壳和半轴套管组成。

（一）驱动桥的功能

驱动桥的功能是将由万向传动装置传来的发动机转矩传给驱动车轮，并经降速增矩、改变动力传动方向，使汽车行驶，而且允许左右驱动车轮以不同的转速旋转。

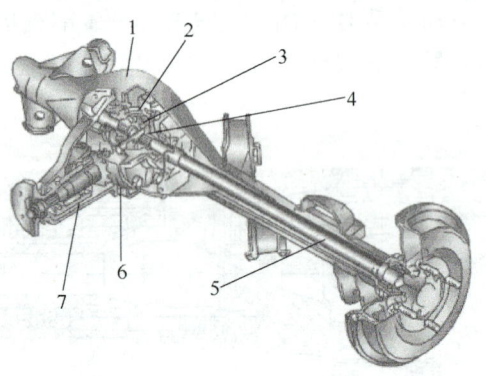

图 9-120　驱动桥的组成
1—后桥壳　2—差速器壳　3—差速器行星齿轮
4—差速器半轴齿轮　5—半轴
6—主减速器从动齿轮齿圈　7—主减速器主动小齿轮

驱动桥的作用如下：
1）通过主减速器齿轮的传动，降低转速，增大转矩。
2）将万向传动装置传来的动力通过采用锥齿轮的主减速器转向90°，改变力的传递方向。
3）通过差速器可以使内外侧车轮以不同转速转动，以适应汽车的转向要求。
4）通过半轴将动力由差速器传给驱动车轮，使汽车行驶。
5）通过桥壳和车轮，实现承载及传力作用。

（二）驱动桥的类型及组成

驱动桥按结构形式不同，可以分为整体式驱动桥和断开式驱动桥。整体式驱动桥又称为非断开式驱动桥。当驱动车轮采用非独立悬架时，应该选用非断开式驱动桥；当驱动车轮采用独立悬架时，则应该选用断开式驱动桥。因此，前者又称为非独立悬架驱动桥；后者称为独立悬架驱动桥。独立悬架驱动桥结构较复杂，但可以大大提高汽车在不平路面上的行驶平顺性。

1. 整体式驱动桥

整体式驱动桥的组成如图9-121所示，其驱动桥壳为一刚性的整体，是一根支承在左右驱动车轮上的刚性空心梁，齿轮及半轴等传动部件安装在其中。驱动桥两端通过悬架与车架或车身连接，左右半轴始终在一条直线上，即左右驱动轮不能相互独立地跳动。当某一侧车轮因地面不平而升高或下降时，整个驱动桥及车身都要随之发生倾斜，车身波动大。

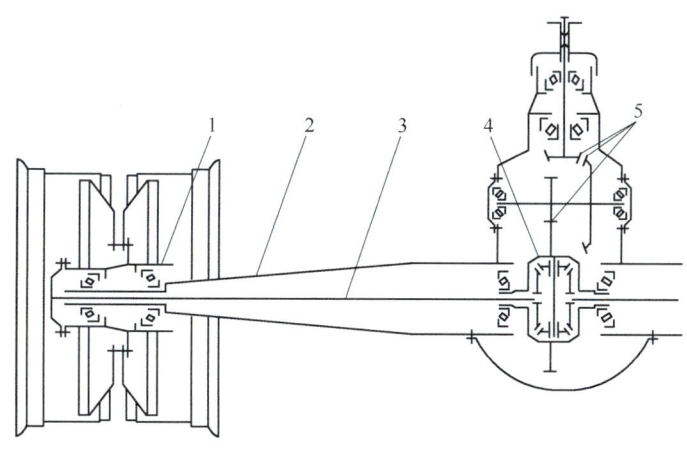

图9-121 整体式驱动桥的组成
1—轮毂 2—桥壳 3—半轴 4—差速器 5—主减速器

2. 断开式驱动桥

为提高车辆行驶的平顺性和通过性，多数轿车和越野车采用独立悬架的断开式驱动桥，如图9-122所示。断开式驱动桥的桥壳是分段的并用铰链连接，各段彼此之间可以做相对运动，所以这种驱动桥称为断开式驱动桥。另外，它又总是与独立悬架相匹配，故又称为独立悬架驱动桥。这种驱动桥的中段，主减速器及差速器等是悬置在车架横梁或车厢底板上，或与脊梁式车架相连。这样，两侧驱动车轮及桥壳可以彼此独立地相对于车架或车身上下跳动，相应地就要求驱动车轮的传动装置及其外壳或套管做相应摆动。

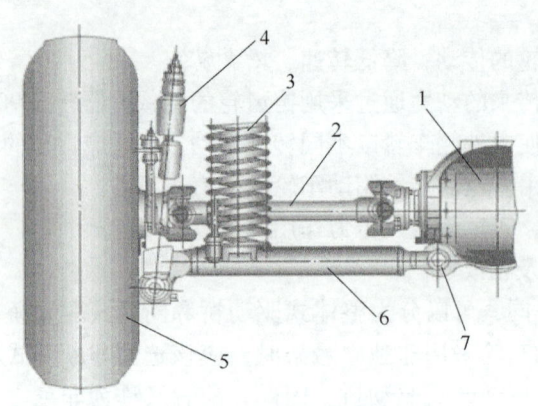

图 9-122 断开式驱动桥的组成
1—主减速器 2—半轴 3—弹性元件 4—减振器 5—车轮 6—摆臂 7—摆臂轴

二、主减速器

汽车正常行驶时，发动机的转速通常在 2000～3000 r/min。如果将这么高的转速只靠变速器来降速，那么变速器内齿轮的传动比势必需要很大，而齿轮的传动比越大，两齿轮的半径比也越大。也就是说，变速器的尺寸越来越大。另外，转速下降，而转矩必然会增加，也就加大了变速器与变速器后一级传动机构的传动负荷。所以，在动力向左右驱动轮分流的差速器之前设置一个主减速器，可使主减速器前面的传动部件如变速器、万向传动装置等传递的转矩减小，也可以使变速器的尺寸、质量减小，操纵省力。

主减速器的存在有两个作用，第一是改变动力传输的方向，第二是作为变速器的延伸为各个档位提供一个共同的传动比。

变速器输出的是一个绕纵轴转动的力矩，而车轮必须绕车辆的横轴转动，这就需要有一个装置来改变动力的传输方向。之所以叫主减速器，就是因为不管变速器在什么档位上，这个主减速器的传动比都是总传动比的一个因子。有了这个传动比，可以有效地降低对变速器的减速能力的要求，这样设计的好处是可以有效减小变速器的尺寸，使车辆的总布置更加合理。

汽车主减速器最主要的作用，就是减速增转。发动机的输出功率是一定的，根据功率的计算公式，当通过主减速器将传动速度降下来以后，能获得比较高的输出转矩，从而得到较大的驱动力。

为满足不同的使用需求，主减速器的结构也是不同的。

按参加减速传动的齿轮副数目分，有单级主减速器和双级主减速器。在双级主减速器中，若第二级减速器齿轮有两副，并分置于两侧车轮附近，实际上成为独立部件，则称为轮边减速器。

按主减速器传动比档数分，有单速式和双速式。前者的传动比是固定的，后者有两个传动比供驾驶人选择，以适应不同行驶条件的需要。

按齿轮副结构形式不同分，有圆柱齿轮式（又分为轴线固定式和轴线旋转式即行星齿轮式）、锥齿轮式和准双曲面齿轮式。

（一）单级主减速器

单级主减速器总成主要靠一对锥齿轮传递转矩，具有结构简单、传动效率高、体积小、重量轻等优点，它广泛地用在主减速比小于 7.6 的各种中、小型汽车上。因此，轿车和一般轻、中型货车均采用单级主减速器。

单级主减速器就是一个主动锥齿轮（俗称角齿）和一个从动锥齿轮。主动锥齿轮连接传动轴，顺时针旋转，从动锥齿轮贴在其右侧，啮合点向下转动，与车轮前进方向一致。由于主动锥齿轮直径小，从动锥齿轮直径大，进而达到减速的作用，如图 9-123 所示。

图 9-124 所示为东风 EQ1090 型汽车单级主减速器。它由主、从动锥齿轮及其支承调整装置、主减速器壳等组成。主动锥齿轮的齿数为 6，从动锥齿轮的齿数为 38，因此其传动比 $i \approx 6.33$。

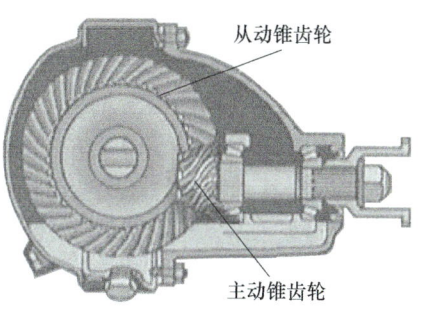

图 9-123 单级主减速器

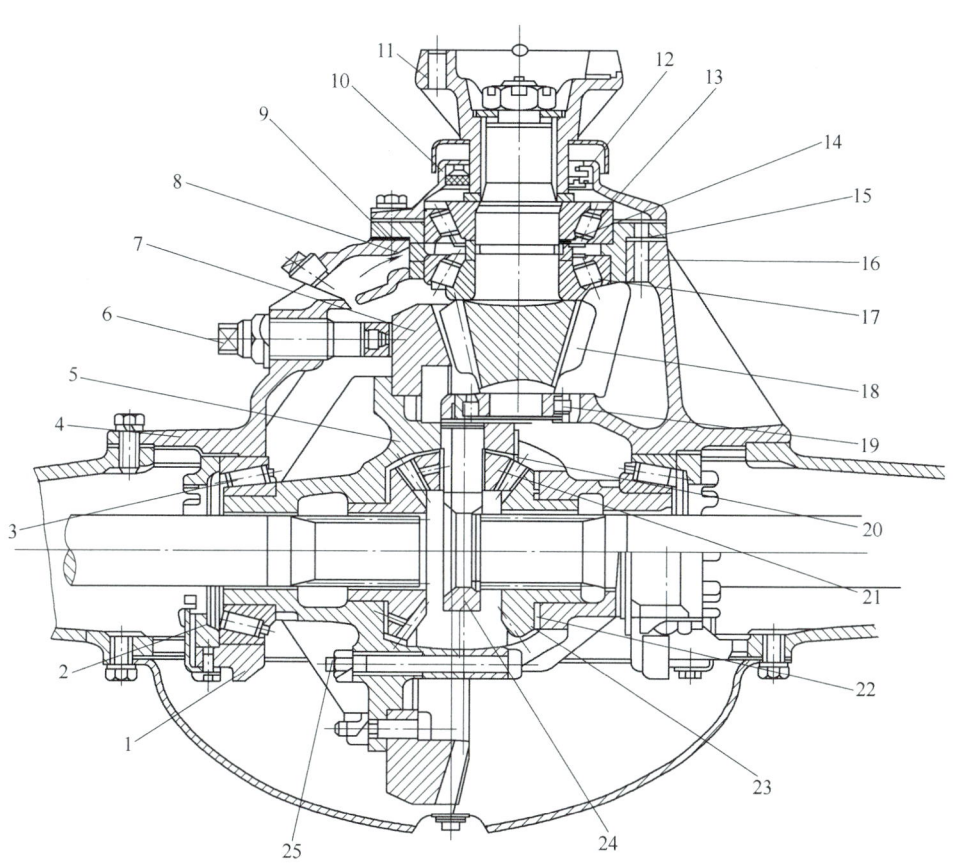

图 9-124 东风 EQ1090 型汽车单级主减速器

1—差速器轴承盖 2—轴承调整螺母 3、13、17—圆锥滚子轴承 4—主减速器壳 5—差速器壳 6—支承螺柱 7—从动锥齿轮 8—进油道 9、14—调整垫片 10—防尘罩 11—叉形凸缘 12—油封 15—轴承座 16—回油道 18—主动锥齿轮 19—圆柱滚子轴承 20—行星齿轮垫片 21—行星齿轮 22—半轴齿轮推力垫片 23—半轴齿轮 24—行星齿轮轴（十字轴） 25—螺栓为了使主动齿轮和从动齿轮之间啮合传动时冲击轻、噪声低，轮齿沿其长度方向磨损均匀，必须有正确的相对位置。为此，在结构上一方面要使主动和从动锥齿轮有足够的支承刚度，使其在传动过程中不至于发生较大变形而影响正常啮合；另一方面，应有必要的啮合调整装置。

1. 支承刚度

为保证主动锥齿轮有足够的支承刚度，主动锥齿轮与轴制成一体，前端支承在互相贴近而小端相向的两个圆锥滚子轴承 13 和 17 上，后端支承在圆柱滚子轴承 19 上，形成跨置式支承。环状的从动锥齿轮 7 连接在主减速器壳 4 的座孔中。在从动锥齿轮的背面，装有支承螺柱 6，以限制从动锥齿轮过度变形而影响齿轮的正常工作。装配时，支承螺柱与从动锥齿轮端面之间的间隙为 0.3~0.5mm，转动支承螺柱可以调整此间隙。

2. 轴承预紧度

圆锥滚子轴承一般都是成对使用，在装配主减速器时，圆锥滚子轴承应有一定的装配预紧度，即在消除轴承间隙的基础上，再给予一定的压紧力，其目的是减小在锥齿轮传动过程中，轴向力所引起的齿轮轴的轴向位移，以提高轴的支承刚度，保证锥齿轮副的正常啮合。但也不能过紧，若过紧则传动效率低，而且将加速轴承的磨损。为调整圆锥滚子轴承 13 和 17 的预紧度，在两轴承内座垫圈之间的隔离套的一端装有一组厚度不同的调整垫片 14。如发现预紧度过紧则减少垫片 14 的总厚度，反之，增加垫片的总厚度。通常用预紧力矩来表示预紧度的大小，对于 EQ1090E 型汽车主减速器主动轴，调整到能以 1.0~1.5N·m 的力矩转动叉形凸缘 11，预紧度即为合适。支承差速器壳的圆锥滚子轴承 3 的预紧度靠拧紧两端轴承调整螺母 2 调整。调整时应用手转动从动锥齿轮，使滚子轴承处于适宜的预紧度。调好后应能以 1.5~2.5N·m 的力矩转动差速器组件。应该注意的是，圆锥滚子轴承预紧度的调整必须在齿轮啮合调整之前进行。

3. 啮合的调整

（1）齿面啮合印迹的调整　先在主动锥齿轮轮齿上涂以红色颜料（红丹粉与机油的混合物），然后用手使主动锥齿轮往复转动，于是从动锥齿轮轮齿的两工作面上便出现红色印迹。若从动锥齿轮轮齿正转和逆转工作面上的印迹均位于齿高的中间偏于小端，并占齿面宽度的 60% 以上，则为正确啮合，如图 9-125 所示。正确啮合的印迹位置可通过增减主减速器壳与主动锥齿轮轴承座 15 之间的调整垫片 9 的总厚度（即移动主动锥齿轮的位置）来获得。

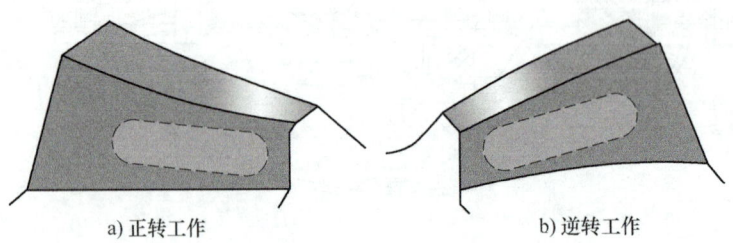

a) 正转工作　　　　　　b) 逆转工作

图 9-125　正确的啮合印痕

（2）齿侧间隙的调整　拧动轴承调整螺母 2 以改变从动锥齿轮的位置。轮齿的齿侧间隙应在 0.15~0.4mm 范围内，齿隙的三种情况如图 9-126 所示。若间隙大于规定值，应使从动锥齿轮靠近主动锥齿轮，反之则离开。为保持已调好的圆锥滚子轴承的预紧度不变，一端螺母拧进的圈数应等于另一端螺母拧出的圈数。

为了减小驱动桥的外形尺寸，目前主减速器中基本不用直齿圆柱齿轮，而采用弧齿锥齿轮。在同样传动比的情况下，主动锥齿轮齿数可以做得少些，主减速器的结构就比较紧凑，增加了离地间隙，而且运动平稳，噪声小，因而在汽车上得到了广泛的应用。

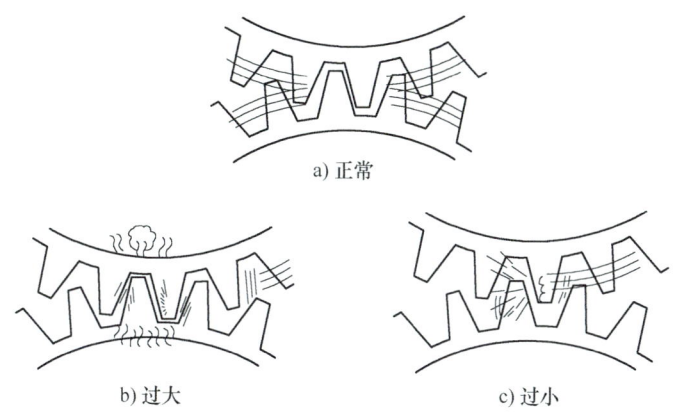

图 9-126　齿隙的三种情况

当齿面啮合状况与齿侧间隙不符合要求时，可按表 9-3 中的方法进行调整。调整时应注意齿侧间隙不得小于最小值。

表 9-3　锥齿轮啮合印迹的调整

从动锥齿轮面接触区		调整方法	锥齿轮移动方向
前进	倒退		
		将从动锥齿轮向主动锥齿轮移近，若这时间隙过小，则将主动锥齿轮向外移开	
		将从动锥齿轮自主动锥齿轮移开，若这时间隙过大，则将主动锥齿轮移近	
		将主动锥齿轮向从动锥齿轮移近，若这时间隙过小，则将从动锥齿轮移开	
		将主动锥齿轮自从动锥齿轮移开，若这时间隙过大，则将从动锥齿轮移近	

近年来，准双曲面齿轮广泛用于轿车上，这是因为它与弧齿锥齿轮相比，不仅齿轮的工作平稳性更好，抗弯强度和接触强度更高，而且其主动锥齿轮的轴线相对从动锥齿轮轴线可以偏移。在保证一定离地间隙的情况下，主动齿轮的轴线向下偏移，可降低主动锥齿轮和传动轴的位置，因而使车身和整个汽车的重心降低，提高了汽车的行驶稳定性，如图9-127所示。东风EQl090E型汽车主减速器即采用了这种下偏移的准双曲面齿轮，其偏移距为38mm。

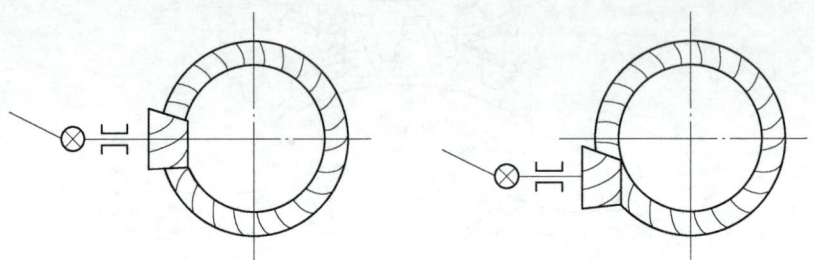

图 9-127　锥齿轮和准双曲面齿轮

准双曲面齿轮工作时，由于齿面间的相对滑移量大，且齿面间的压力也大，齿面油膜易被破坏。为了减小摩擦，提高效率，必须使用专门级别的含防刮伤添加剂的双曲线齿轮油，决不允许用普通齿轮油代替，否则会使齿面迅速擦伤和磨损，大大降低主减速器的使用寿命。

主减速器壳中所储存的双曲线齿轮油，靠从动锥齿轮转动时甩到各齿轮、轴承和轴上进行润滑。为了保证主动锥齿轮前端的圆锥滚子轴承13和17得到可靠的润滑，在主减速器壳体中铸有进油道8和回油道16。齿轮转动时，飞溅起的润滑油从进油道8通过轴承座15的孔进入两圆锥滚子轴承小端之间，在离心力的作用下，润滑油从小端流向大端。流出圆锥滚子轴承13大端的润滑油经回油道流回主减速器内。在主减速器壳体上装有通气塞，防止壳内的气压过高而使润滑油渗漏。

普通轿车采用单级主减速器。因采用发动机纵向前置、前轮驱动，整个传动系统都集中布置在汽车的前部，主减速器装于变速器壳体内，总称为"变速驱动桥"，没有专用的主减速壳体。变速器的输出轴即为主减速器的主动轴，动力由变速器直接传递给主减速器，省去了万向传动装置。

奥迪100轿车的主减速器都是单级式准双曲面齿轮传动，其主动锥齿轮齿数是9，从动锥齿轮的齿数是37，主减速器的传动比为4.11。

主减速器采用准双曲面齿轮，使结构更为紧凑，啮合平稳，噪声小。主动锥齿轮和从动锥齿轮成下偏置布置。主动锥齿轮用两个圆锥滚子轴承支承在变速器前后壳体上，并悬置在两个轴承之外，为悬臂式支承结构。从动锥齿轮与差速器壳用螺栓联接，差速器壳两端用圆锥滚子轴承支承在变速器前壳体上。

（二）双级主减速器

当汽车主减速器需要较大的传动比时，若仍采用单级主减速器，由于主动锥齿轮受强度、最小齿数的限制，其尺寸不能太小，相应的从动锥齿轮尺寸将增大，这不仅使从动锥齿轮刚度降低，而且会使主减速器壳及驱动桥外形轮廓尺寸增大，难以保证足够的离地间隙，从而需要采用两对齿轮来实现降速的双级主减速器。

双级主减速器由两级齿轮主减速器组成，结构复杂、质量加大，制造成本也显著增加，因此仅用于主减速比比较大（$7.6 < i_0 \leq 12$）且采用单级减速不能满足既定的主减速比和离地间隙要求的重型汽车上。双级主减速器以往在某些中型载货汽车上虽有采用，但在新设计的现代中型载货汽车上已很少见。这是由于随着发动机功率的提高、车辆整备质量的减小以及路面状况的改善，中等以下吨位的载货汽车往具有更高车速的方向发展，因而需采用较小主减速比的缘故。

双级主减速器有两组减速齿轮，实现两次减速增转。为提高锥齿轮副的啮合平稳性和强度，第一级减速齿轮副是弧齿锥齿轮，二级减速齿轮副是斜齿圆柱齿轮。主动锥齿轮旋转，带动从动锥齿轮旋转，从而完成一级减速。第二级减速的主动斜齿圆柱齿轮与从动锥齿轮同轴而一起旋转，并带动从动斜齿圆柱齿轮旋转，进行第二级减速。因从动斜齿圆柱齿轮安装于差速器外壳上，所以，当从动斜齿圆柱齿轮转动时，通过差速器和半轴即可驱动车轮转动。

图9-128所示为解放CA1092汽车的双级主减速器。

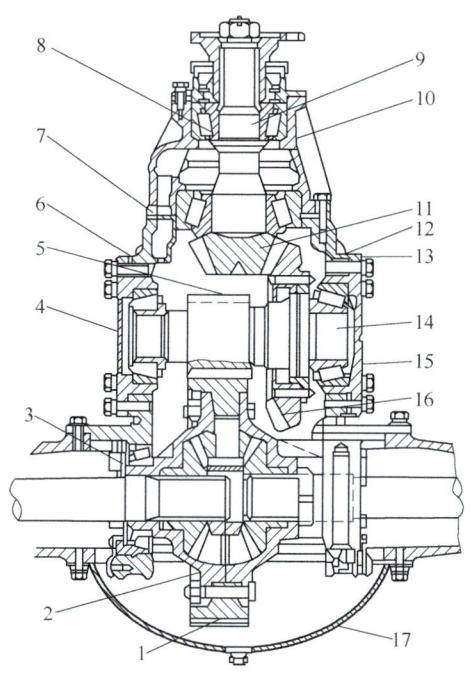

图9-128　双级主减速器

1—第二级从动斜齿圆柱齿轮　2—差速器壳　3—调整螺母　4、15—轴承盖
5—第二级主动斜齿圆柱齿轮　6、7、8、13—调整垫片　9—第一级主动锥齿轮轴
10—轴承座　11—第一级主动锥齿轮　12—主减速器壳　14—中间轴　16—第一级从动锥齿轮　17—后盖

它的第一级传动为第一级主动锥齿轮和第一级从动锥齿轮，这是一对弧齿锥齿轮，而不是桑塔纳2000和东风EQ1090主减速器采用的准双曲面齿轮，其传动比为$25/13 \approx 1.923$；第二级传动为第二级主动齿轮和第二级从动齿轮，这是一对斜齿圆柱齿轮，其传动比为$45/15 = 3$；因而总的传动比为5.77。

主动锥齿轮与轴制成一体，采用悬臂式支承。即主动锥齿轮轴支承在位于齿轮同一侧的两个相距较远的圆锥滚子轴承上，而主动锥齿轮悬伸在轴承之外。这种支承形式结构比较简单，但支承刚度不如跨距式的大。一般双级主减速器中，主动锥齿轮轴多用悬臂式支承的原因有两点：一是第一级齿轮传动比较小，相应的从动锥齿轮直径较小，因而在主动锥齿轮的外端要再加一个支承，布置上很困难；二是因传动比较小，主动锥齿轮即轴颈尺寸有可能做得较大，同时尽可能将两轴承的距离加大，同样可得到足够的支承刚度。

第二级传动的主动斜齿圆柱齿轮 5 与中间轴 14 制成一体，用两个圆锥滚子轴承支承在轴承盖 4 和 15 的座孔中，轴承盖用螺钉与主减速器壳 12 固定联接。从动斜齿圆柱齿轮 1 夹在左右两半差速器壳之间，并由螺栓将它们固定在一起，其支承形式与东风 EQ1090E 型汽车主减速器中差速器壳支承形式相同。

主动锥齿轮轴承的预紧度，可通过增减调整垫片 8 的厚度来调整，中间轴圆锥滚子轴承的预紧度是通过改变调整垫片 6 和 13 的总厚度来调整。同样，为了便于齿轮啮合的调整，轴 9、14 的位置都可以移动。通过增减调整垫片 7 可以移动主动斜齿圆柱齿轮轴向位置；通过左右调换调整垫片 6 和 13，可以移动从动锥齿轮轴向位置；第二级传动的斜齿圆柱齿轮间的间隙不可调整。差速器壳轴承的预紧度靠拧动调整螺母 3 来调整。

三、差速器

汽车在直线行驶时，左右车轮转速几乎相同，但根据汽车行驶运动学的要求和实际的车轮、道路以及它们之间的相互关系表明：汽车在行驶过程中左右车轮在同一时间内所滚过的行程往往是有差别的。例如，转弯时外侧车轮的行程总要比内侧的长。另外，即使汽车做直线行驶，也会由于左右车轮在同一时间内所滚过的路面垂向波形的不同，或由于左右车轮轮胎气压、轮胎负荷、胎面磨损程度的不同以及制造误差等因素引起左右车轮外径不同或滚动半径不相等而使得车轮行程不等。在左右车轮行程不等的情况下，如果采用一根整体的驱动车轮轴将动力传给左右车轮，则会由于左右驱动车轮的转速虽相等而行程却又不同的这一运动学上的矛盾，引起某一驱动车轮产生滑转或滑移。这不仅会使轮胎过早磨损、无益地消耗功率和燃料及使驱动车轮轴超载等，还会因为不能按所要求的瞬时中心转向而使操纵性变坏。此外，由于车轮与路面间倘若在转弯时有大的滑转或滑移，易使汽车在转向时失去抗侧滑能力而使稳定性变坏。为了平衡这个差异，就要求左侧轮子快一点，右侧轮子慢一点，否则就会产生所谓的转向干涉现象，使汽车转向困难，就像同时踩制动一样，因此也称为转向制动现象，如图 9-129a 所示。

非驱动轮由于左右两侧的车轮相互独立，因此不存在转向干涉现象。但驱动桥两侧的车轮如果用一根轴刚性连接，两个车轮只能以相同的速度旋转，当汽车转弯时，就会出现转向干涉现象。为了使驱动轮两侧车轮的转速可以有所不同，人们便发明了差速器，这样驱动轮的内侧轮和外侧轮之间的转速差就可以由差速器吸收，这样车轮的运转便会较为顺畅，如图 9-129b 所示。

布置在前驱动桥或后驱动桥的差速器，分别称为前差速器或后差速器，它们都是轮间差速器。

如果将它布置在四驱汽车的中间传动轴上，用来调节前轮和后轮之间的转速，则称为中央差速器。

普通差速器由行星齿轮、行星齿轮架（差速器壳）、半轴齿轮等零件组成，如图 9-130 所示。发动机的动力经传动轴进入差速器，直接驱动行星齿轮架，再由行星齿轮带动左、右两根半轴，分别驱动左、右车轮。差速器的设计要求满足：（左半轴转速）+（右半轴转速）= 2×（行星

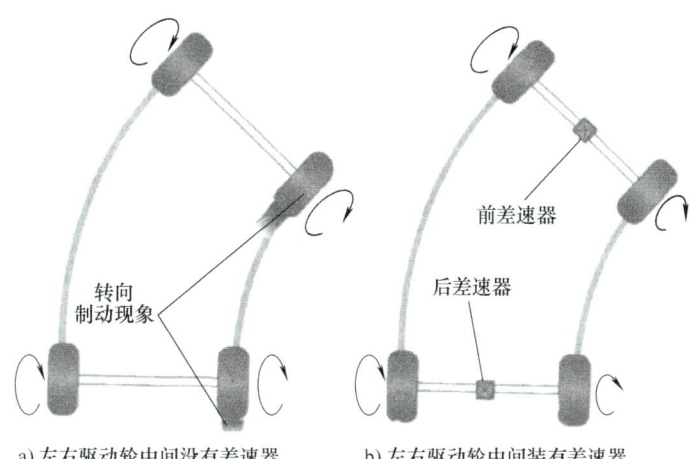

图 9-129　差速器功能示意图

齿轮架转速）。当汽车直行时，左、右车轮与行星齿轮架三者的转速相等处于平衡状态，而在汽车转弯时三者平衡状态被破坏，导致内侧轮转速减小，外侧轮转速增加。

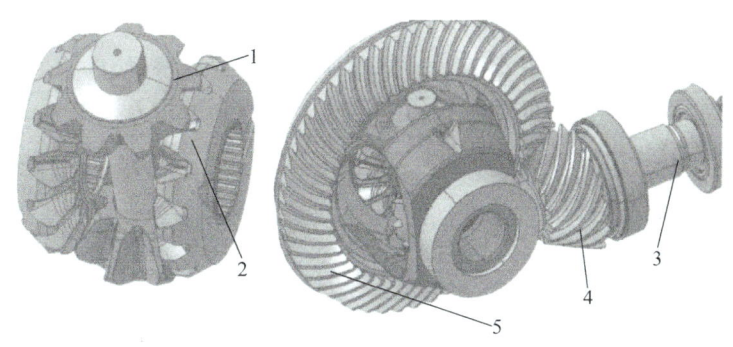

图 9-130　常见差速器的结构
1—行星齿轮　2—半轴齿轮　3—传动轴　4—主动齿轮　5—从动齿轮

　　差速器的这种调整是自动的，自动地按照转弯半径调整左右轮的转速。
　　直线行驶时，从发动机输出的动力首先传递到差速器壳体上使差速器壳体开始转动，将动力从壳体传递到左右半轴上，两边车轮阻力相同，因此差速器壳体内的行星齿轮跟着壳体公转同时不会产生自转，两个行星齿轮啮合着两个半轴齿轮以相同的速度转动，这样汽车直线行驶，如图 9-131 所示。
　　假设车辆向左转弯，左侧驱动轮行驶的距离短，相对来说会产生更大的阻力。差速器壳体通过齿轮和输出轴相连，在传动轴转速不变的情况下差速器壳体的转速也不变，因此左侧半轴齿轮会比差速器壳体转得慢，这就相当于行星齿轮带动左侧半轴会更费力。这时行星齿轮就会产生自转，把更多的转矩传递到右侧半轴齿轮上。由于行星齿轮的公转外加自身的自转，导致右侧半轴齿轮会在差速器壳体转速的基础上增速，于是右侧车轮就比左车轮转得快，从而使车辆实现顺滑的转弯。
　　转弯时由于外侧轮有滑拖的现象，内侧轮有滑转的现象，两个驱动轮此时就会产生两个方向相反的附加力，必然导致两侧车轮的转速不同，从而破坏了三者的平衡关系，并通过半轴反映到半轴齿轮上，迫使行星齿轮产生自转，使外侧半轴转速加快，内侧半轴转速减慢，从而实现两侧车轮转速的差异，如图9-132所示。

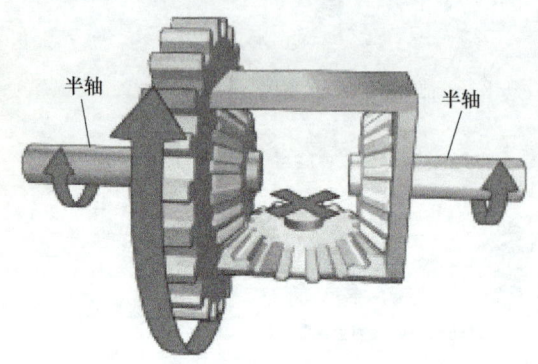
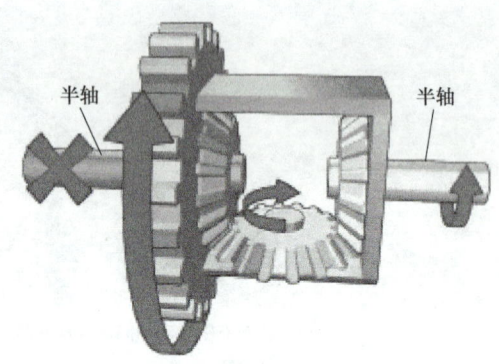

图9-131　车辆直行时差速器状态　　　　　　　图9-132　一侧车轮遇到阻力

四、半轴与桥壳

（一）半轴

半轴也叫作驱动轴。半轴是变速器、减速器与驱动轮之间传递转矩的轴，因其传动的转矩较大，常制成实心轴。半轴内外端各有一个万向节，分别通过万向节上的花键与减速器齿轮及轮毂轴承内圈联接，如图9-133所示。

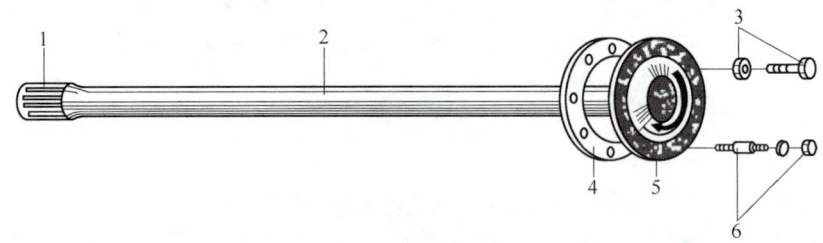

图9-133　半轴

1—花键　2—杆部　3—半轴起拔螺栓、螺母　4—垫圈　5—凸缘　6—半轴紧固螺栓、螺母

半轴的结构因驱动桥结构形式的不同而异。整体式驱动桥中的半轴为一刚性整轴，而转向驱动桥和断开式驱动桥中的半轴则分段并用万向节连接。半轴内端一般制有外花键与半轴齿轮联接。半轴外端有的直接在轴端锻造出凸缘盘；也有的制成花键与单独制成的凸缘盘滑动配合；还有的制成锥形并通过键和螺母与轮毂固定联接。现代汽车常用的半轴支承形式主要有全浮式和半浮式两种。半轴的支承形式决定了半轴的受力情况。

1. 全浮式半轴支承

这种支承形式的半轴除受转矩外，两端均不承受任何弯矩，故称为全浮式。全浮式半轴支承广泛应用在各种货车上。图9-134所示为全浮式半轴支承示意图。它用内端花键与差速器半轴齿轮相联，并通过差速器壳支承在主减速器壳的座孔中。半轴外端锻造有半轴凸缘，用螺栓紧固在轮毂上，轮毂用一对圆锥滚子轴承支承在半轴套管上，半轴套管与空心梁压配成一体，组成驱动桥壳。这种支承形式，半轴与桥壳没有直接联系。

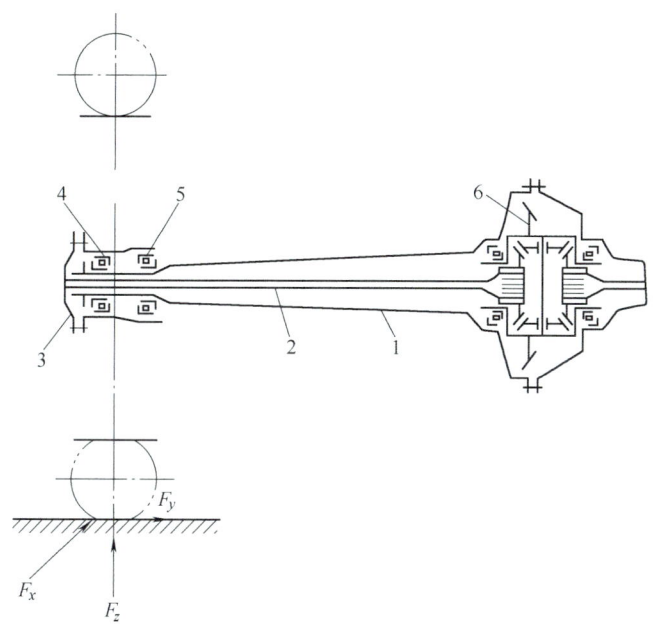

图 9-134 全浮式半轴支承示意图
1—桥壳 2—半轴 3—半轴凸缘 4—轮毂 5—轮毂轴承 6—主减速器从动锥齿轮

全浮式半轴支承便于拆装，只需拧下半轴凸缘上的轮毂螺栓，即可将半轴抽出，而车轮和桥壳照样能支持住汽车。

2. 半浮式半轴支承

图 9-135 所示为半浮式半轴支承示意图。半轴外端制成锥形，锥面上铣有键槽，最外端制有螺纹。轮毂以其相应的锥孔与半轴上锥面配合，并用键联接，用锁紧螺母紧固。半轴用一个圆锥滚子轴承直接支承在桥壳凸缘的座孔内。半轴内端通过花键与半轴齿轮联接，不承受弯矩。故称这种支承形式为半浮式半轴支承。

半浮式半轴支承中，半轴与桥壳间的轴承一般只用一个。为使半轴和车轮不致被向外的侧向力拉出，该轴承必须能承受向外的轴向力。另外，在差速器行星齿轮轴的中部悬套着止推块，半轴内端正好能顶靠在止推块的平面上，因而不致在朝内的轴向力作用下向内窜动。

半浮式半轴支承具有结构紧凑，质量小，但半轴受力情况复杂且拆装不方便等特点，广泛应用于反力较小的各类轿车上。

（二）桥壳

驱动桥的桥壳是支承并保护主减速器、差速器和半轴等的部件。驱动桥壳使左右驱动车轮的轴向相对位置固定；同驱动桥一起支承车架及其上面的各种总成；汽车行驶时，承受由车轮传递

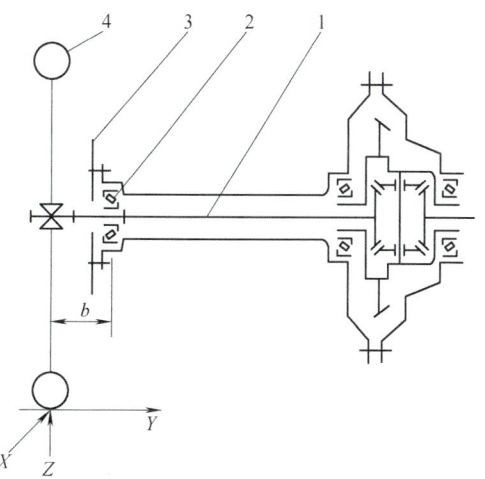

图 9-135 半浮式半轴支承示意图
1—半轴 2—圆锥滚子轴承 3—轴承盖 4—车轮

的路面反力和力矩,并经悬架传给车架。驱动桥壳既是传动系统的组成部分,同时也是行驶系统的组成部分。作为传动系统的组成部分,其功能是安装并保护主减速器、差速器和半轴。作为行驶系统的组成部分,其功能是安装悬架或轮毂,和从动桥一起支承汽车悬架以上各部分质量,承受驱动轮传来的反力和力矩,并在驱动轮与悬架之间传力。

由于桥壳承受较复杂的载荷,因此要求桥壳应具有足够的强度和刚度,质量小,还要便于主减速器的拆装和调整。

驱动桥为防止主减速器内的润滑油经半轴与桥壳间的环形空间流至桥壳两端,都有密封装置。有的在桥壳外端与轮毂内表面间形成密封。有的在半轴套管内端处有压紧油封,与半轴相应的油封颈处形成密封,这种油封的刃口应朝向主减速器,装半轴时应使半轴居中通过油封,否则易顶出油封。还有的在桥壳内装有挡油盘。

驱动桥壳可分为整体式桥壳和分段式桥壳两种类型。

整体式桥壳一般是由铸造而成,具有较大的强度和刚度,且便于主减速器的拆装和调整。其缺点是质量大,铸造质量不易保证,因此,适用于中型以上货车,如图9-136所示。

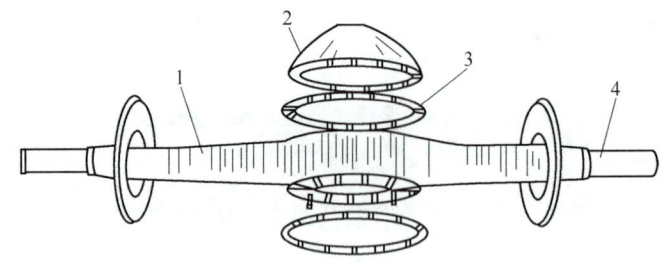

图9-136　整体式驱动桥壳
1—后桥壳　2—后盖　3—垫片　4—半轴套管

分段式桥壳一般分为两段,由螺栓将两段联成一体。分段式桥壳最大的缺点是拆装、维修主减速器、差速器十分不便,必须把整个驱动桥从车上拆下来,现已很少应用,如图9-137所示。

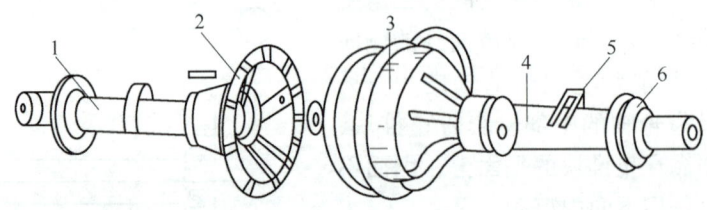

图9-137　分段式驱动桥壳
1—半轴壳　2—左桥壳　3—右桥壳　4—半轴壳　5—钢板弹簧座　6—凸缘

考证要点

一、填空题

1. 驱动桥由_____、_____、_____和_____等组成。其功能是将万向传动装置传来的发动机转矩传递给驱动车轮，实现降速以增大转矩。

2. 齿轮啮合的调整是指_____和_____的调整。

3. 齿轮啮合的正确印迹应位于_____，并占齿面宽度的_____以上。

4. 如果将差速器布置在四驱汽车的中间传动轴上，用来调节前轮和后轮之间的转速，则称为_____。

5. 半轴是在_____与_____之间传递动力的实心轴。

6. 半轴的支承型式有_____和_____两种。

二、简答题

1. 驱动桥的功能是什么？每个功能主要由驱动桥的哪个部分来实现和承担？
2. 主减速器的功能是什么？
3. 驱动桥壳的作用是什么？分为几类？各有何优缺点？
4. 简述锥齿轮预紧度的调整方法。
5. 简述啮合印迹调整方法及注意事项。

单元 10 汽车行驶系统

任务10.1　汽车行驶系统概述

【知识目标】
1. 了解汽车行驶系统的功用。
2. 掌握汽车行驶系统的组成。
3. 能对汽车行驶系统进行受力分析。

【任务描述】
通过之前章节的学习，我们了解了发动机的动力如何传递到驱动车轮。这一部分让我们一起来学习了解汽车在路面上安全、舒适、稳定地行驶，还需要哪些部件来配合。

汽车作为一种地面交通工具，其行驶系统的基本组成和结构，在很大程度上取决于汽车经常行驶路面的性质。绝大多数汽车经常行驶在公路等硬路面上，其行驶系统与路面直接接触的部分是车轮，因而称为轮式行驶系统，这样的汽车便是轮式汽车。除轮式以外，还有半履带式、全履带式、车轮-履带式等。

一、汽车行驶系统的功用

汽车行驶系统主要用来将发动机的转矩经传动系统传递到驱动轮而产生驱动力，使汽车行驶。同时，行驶系统传递并承受路面作用于车轮上的各向反力及其所形成的力矩；缓和不平路面对车身造成的冲击，并衰减其振动，以保证汽车行驶平顺性；与汽车转向系统协调配合工作，实现汽车行驶方向的正确控制，以保证汽车操纵稳定性。

二、汽车行驶系统的组成

轮式汽车行驶系统一般由车架、车桥、车轮和悬架组成，如图10-1所示。车架1是全车的装配基础，汽车的各相关总成都直接或间接地安装在车架上。从动桥6通过前悬架7安装在车架上，前轮5安装在从动桥上，驱动桥3通过后悬架2也安装在车架上，后轮4安装在驱动桥上。悬架由弹性材料制造而成，主要用来减小汽车在不平路面上行驶时车身所受到的冲击力及振动。

三、汽车行驶系统受力分析

汽车行驶系统的受力情况如图 10-1 所示。汽车的总重力 G_a 支承在前、后车轮上，路面对前轮和后轮上的垂直反力为 F_{z_1} 和 F_{z_2}。当半轴将驱动力矩 M_k 传到驱动轮时，通过车轮与路面的附着作用，路面向汽车施加使汽车前进的驱动力 F_t；汽车在制动时，同样产生一个与 M_k 方向相反的制动力矩，作用于车轮上，产生一个与汽车行驶方向相反的制动力，迫使汽车减速或停车。

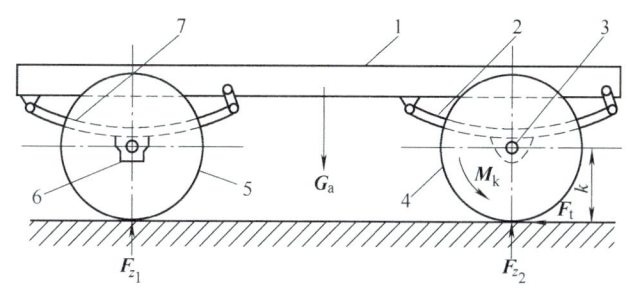

图 10-1　轮式汽车行驶系统的组成及部分受力情况
1—车架　2—后悬架　3—驱动桥　4—后轮　5—前轮　6—从动桥　7—前悬架

汽车的驱动力 F_t，必须克服驱动轮本身所遇到的滚动阻力，由车架经悬架传给从动桥，使从动车轮克服其滚动阻力；另外，汽车在前进过程中还要克服空气阻力、坡道阻力和加速阻力等。

由于驱动力作用在驱动轮与地面接触处，此力对车轮中心产生的反力矩使汽车前部具有向上抬起的趋势，从而使作用于前轮上的垂直载荷减小，后轮上的垂直载荷增大。汽车突然加速行驶时，这种作用更加明显。

汽车制动时，地面将作用于车轮一个与汽车行驶方向相反的制动力，有使汽车后部向上抬起、前部下沉的趋势，从而使作用于后轮上的垂直载荷减小而前轮的垂直载荷增大。紧急制动时，这种作用尤其明显。

汽车在弯道上或路面坡度较大的道路上行驶时，离心力或汽车重力 G_a 在横向坡道上分力的作用，使汽车具有侧向滑动趋势，路面将阻止车轮侧滑而产生作用于车轮的侧向力，此力由行驶系统来传递和承受。

四、汽车行驶系统的分类

汽车行驶系统主要分为轮式汽车行驶系统和特种汽车行驶系统。特种汽车行驶系统有半履带式、全履带式、车轮-履带式等几种。

半履带式汽车具有很高的通过能力，主要用于雪地或沼泽地带行驶，如图 10-2 所示。其行驶系统的结构特点是前桥上装有滑橇式车轮，用来实现转向，后桥上装有履带，以减小对地面的单位面积压力，控制汽车下陷；同时履带上的履刺也加强了与地面的附

图 10-2　半履带式汽车

着作用，提高了通过能力。如果前、后桥上都装有履带，则称为全履带式汽车，如图10-3所示。

车轮-履带式汽车有着可以互换使用的车轮和履带，如图10-4所示。这种汽车适合在滑雪场、沼泽地、果园或多土丘地带行驶作业。从图10-4中可以看出，不装履带即为多轴轮式汽车，用于推土、推雪等特种作业；在车轮外加装履带构成履带式汽车，大大改善和提高了汽车的通过能力。

图10-3　全履带式汽车

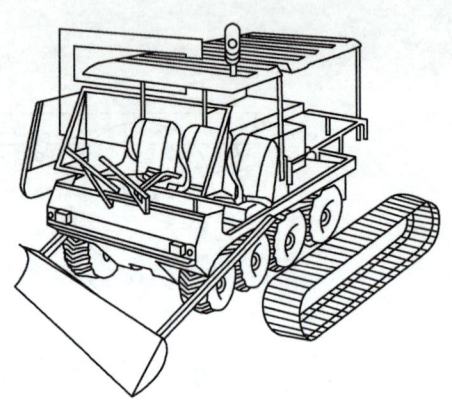

图10-4　车轮-履带式汽车

考证要点

一、填空题

1. 汽车行驶系统的功用是＿＿＿＿＿＿＿＿＿＿＿＿＿＿＿＿＿＿＿＿＿＿＿＿＿＿＿。
2. 轮式汽车行驶系统主要由＿＿＿＿＿＿＿、＿＿＿＿＿＿＿、＿＿＿＿＿＿＿和＿＿＿＿＿＿＿组成。

二、简答题

1. 行驶系统有何功用？它的基本组成有哪些？
2. 行驶系统有哪些类型？

任务10.2　车架与车桥

【知识目标】

1. 了解车架的分类与结构。
2. 掌握车架的功用。
3. 掌握转向桥、转向驱动桥及支持桥的基本结构。
4. 掌握转向轮定位的内容、功用和原理。

【任务描述】

一天李先生驾驶保时捷卡宴在路上行驶时，突然发现，自己没有操作转向盘，汽车却总是跑偏，他自己检查了四个轮子的胎压都是正常的，之后他还是不知道是什么原因造成车辆跑偏。现在让我们通过本次任务的学习，来帮助他解决问题。

一、车架

车架是整个汽车的装配基体。车架的结构首先应满足汽车总布置的要求。汽车在复杂多变的行驶过程中，固定在车架上的各总成和部件之间不应发生干涉。当汽车在崎岖不平的道路上行驶时，车架在载荷作用下可能产生扭转变形以及在纵向平面内的弯曲变形。一边车轮遇到障碍时，还可能使整个车架扭曲成菱形。这些变形将会改变安装在车架上的各部件之间的相对位置，影响其正常工作。因此，车架还应具有足够的强度和适当的刚度。为了使整车轻量化，要求车架质量尽可能小。此外，还应降低车架高度，以使汽车质心位置降低，有利于提高汽车的行驶稳定性。这一点对轿车和客车来说尤为重要。

目前，按车架纵梁、横梁结构特点，可将汽车车架的结构分为三种：边梁式车架、中梁式车架（或称脊梁式车架）和综合式车架。多数轿车和大客车没有车架，其车架的功能由轿车车身或大客车车身骨架承担，故称其为承载式车身。

边梁式车架广泛应用于各种类型的载货、载客汽车和少量轿车上。中梁式车架主要用于越野汽车和少量轿车上。轿车车架的形式复杂多样，其中主要以综合式车架和承载式车身为主。现代大型客车上越来越多地采用整体承载式车身骨架和桁架式车架结构。

（一）边梁式车架

边梁式车架由两根位于两边的纵梁和若干根横梁组成，用铆接法或焊接法将纵梁与横梁连接成坚固的刚性构架。

纵梁通常用低碳合金钢板冲压而成，断面形状一般为槽形，也有的做成Z字形、工字形或箱形断面。根据汽车类型不同和结构布置的要求，纵梁可以在水平面内或纵向平面内做成弯曲的，以及等断面或非等断面的。

横梁一般也用低碳合金钢板冲压而成，断面形状一般为槽形。横梁不仅用来保证车架的抗扭刚度和承受纵向载荷，而且还可以支承汽车上的主要部件。通常货车有5~6根横梁，有时会更多。边梁式车架的结构特点是便于安装驾驶室、车厢及一些特种装备和布置其他总成，有利于改装变型车和发展多品种汽车。因此，它被广泛采用在货车和大多数的特种汽车上。

图10-5所示为东风EQ1090E型汽车车架，它主要由2根纵梁和8根横梁铆接而成。纵梁6为槽形不等高断面梁，由于纵梁中部受到的弯曲力矩最大，故中部断面高度最大，由此向两端断面高度逐渐减小。这样，可使应力分布较均匀，同时又减轻了质量。

在左右纵梁上有100多个装置用孔，用以安装转向器、钢板弹簧、燃油箱、储气罐、蓄电池等的支架。

横梁一般也用钢板冲压成槽形，为增强车架的抗扭刚度，有时采用管形或箱形断面的横梁。东风EQ1090E型汽车的前横梁3上装置冷却水散热器，横梁4作为发动机的前悬置支座。由于该车是长头汽车，发动机位置应尽可能低些，以改善驾驶人的视野，因此横梁4制成下凹形。在横梁7的上面装置驾驶室的后悬置，在其下面装置传动轴中间轴承支架。由于传动轴安装位置的需要，横梁7做成拱形，其余横梁都做成简单的直槽形。后横梁12上装有拖带挂车用的拖钩部件13，因为后横梁要承受拖钩传来的很大的作用力，故有角撑加强。

某些越野汽车在车架纵梁前端两侧装有加长梁，以便在加长梁前端安装绞盘装置和专用

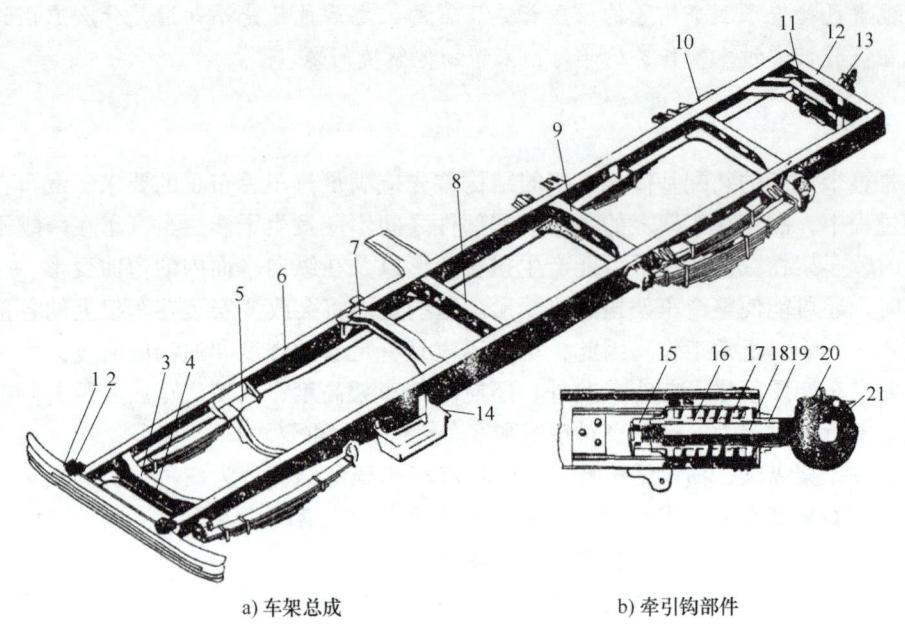

a) 车架总成　　　　　　　　b) 牵引钩部件

图10-5　东风EQ1090E型汽车车架

1—保险杠　2—挂钩　3—前横梁　4—发动机前悬置横梁　5—发动机后悬置右（左）支架和横梁　6—纵梁
7—驾驶室后悬置横梁　8—第四横梁　9—后钢板弹簧前支架横梁　10—后钢板弹簧后支架横梁　11—角撑横梁组件
12—后横梁　13—牵引钩部件　14—蓄电池托　15—螺母　16、18—衬套　17—弹簧　19—牵引钩　20—锁块　21—锁扣

的保险杠。在未装有加长梁的纵梁上，其前端两侧各有一组冲孔，以便加装绞盘等装置时，可以紧固左、右加长梁。

有些汽车车架为加强纵梁和横梁的连接，并使车架具有较大的刚度，用钢板制成的盖板焊在或铆在连接处。

在货车车架的前端、轿车车架的前后两端，有横梁式的缓冲件——保险杠。当汽车在纵向突然受到障碍物的冲撞时，它可以保护车身、翼子板和散热器，使之不受损坏。对于轿车来说保险杠同时还起着装饰的作用。货车车架前端还装有简单的挂钩2（图10-5），以便汽车发生故障或陷入地面时，可以被其他车辆拖曳。

有时货车和部分大型客车要拖带挂车，故应有与挂车的车架相连接的牵引钩13，安装在车架后横梁中部。东风EQ1090E型汽车的牵引钩构造如图10-5b所示。牵引钩19的尾部支承在两个衬套16与18上。在两个衬套的凸缘间装有弹簧17，而在牵引钩尾部的端部旋有螺母15，并用开口销锁住。弹簧17用以缓和汽车行驶时所受到的冲击力，此冲击力可能由主车传到挂车，也可能由挂车传到主车。

为保持挂车拖架的挂环与牵引钩的衔接，牵引钩具有可掀转的锁扣21，其上有带弹簧的锁块20，锁扣可用平头销及开口销固定在闭合位置，此时平头销穿过锁扣和锁块上相重合的小孔。

轻型载货汽车车架结构与东风EQ1090E型汽车车架相似。根据不同汽车总布置的需要，两根纵梁可平行布置，也可前窄后宽或前宽后窄，在高度方向也可向上或向下弯曲。

现代轿车为了保证良好的整车性能，尽量降低质心和有利于前后悬架的布置，把结构需要放在第一位，兼顾车架加工工艺性，所以车架形状设计得比较复杂而实用。图 10-6 所示为丰田皇冠（Crown）轿车车架和车身，图中车架 2 用阴影线画出。为了保证轿车的高速行驶稳定性，汽车的质心应尽量低；为了改善乘坐的舒适性，车身的底板也尽量低。但底板的降低不应妨碍转向轮的偏转和悬架变形时车桥的跳动。因此轿车车架通常是前部做得较窄，前后桥处向上弯曲，中间对应车身地板处比较低平的形状。

采用 X 形高断面的横梁，可以提高车架的抗扭刚度，特别对于短而宽的车架，这个效果尤为显著。故 X 形横梁一般只用于轿车车架，如图 10-7 所示。

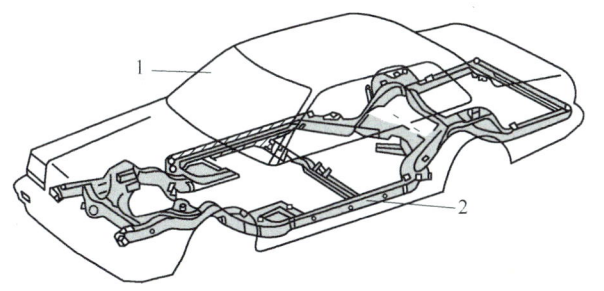

图 10-6　丰田皇冠（Crown）轿车车架和车身
1—车身　2—车架（阴影线部分）

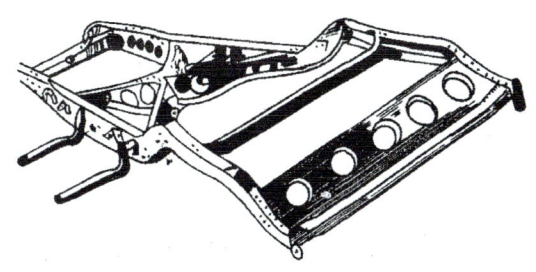

图 10-7　轿车（X 形高断面横梁）车架

（二）中梁式车架

中梁式车架只有一根位于中央贯穿前后的纵梁，因此又称为脊梁式车架，如图 10-8 所示。中梁的断面可以做成管形或箱形。这种结构的车架有较大的抗扭刚度，使车轮有较大的运动空间，因此被采用在某些轿车和货车上。

图 10-9 所示为具有中梁式车架的轿车底盘。中梁是管式的，传动轴安装在管内。主减速器壳通常固定在中梁的尾部，形成断开式驱动桥。中梁前端做成伸出的支架，以固定发动机。

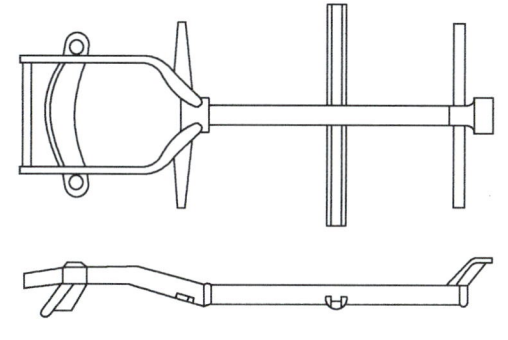

图 10-8　中梁式（脊梁式）车架的结构

如图 10-10 所示，脊梁式车架由一根位于汽车左右对称中心的大断面管形梁和某些悬伸托架构成，犹如一根脊柱。管形梁将传动系连成一体，传动轴从其中间通过，故采用这种结构时驱动桥必须是断开式的并与独立悬架相配用。与其他类型的车架相比较，其抗扭刚度最大，允许车轮有较大的跳动空间，使汽车有较好的平顺性和通过性。但脊梁式车架的制造工艺复杂，维修不便，仅用于某些对平顺性、通过性要求较高的汽车上。

（三）综合式车架

如图 10-11 所示，车架前部是边梁式，而中部是中梁式，这种车架称为综合式车架（也称为复合式车架），它同时具有中梁式和边梁式车架的特点。该车架的前部和后部是边梁式，用以安装发动机和车桥，中部是中梁式，悬伸出来的支架可以固定车身。

近年来，车架结构出现了多样化和复杂化的变化。图 10-12 所示为桁架式车架，这种立体结构式车架主要用于竞赛汽车及特种汽车。它由钢管组合焊接而成，这种车架兼有车架和车身的作用。

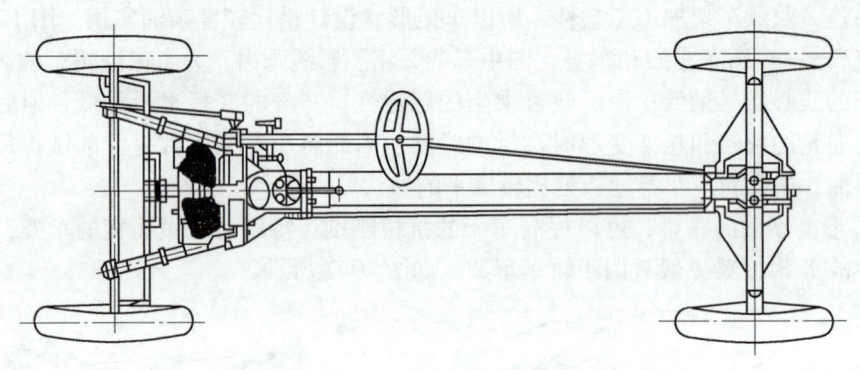

图 10-9　具有中梁式车架的轿车底盘

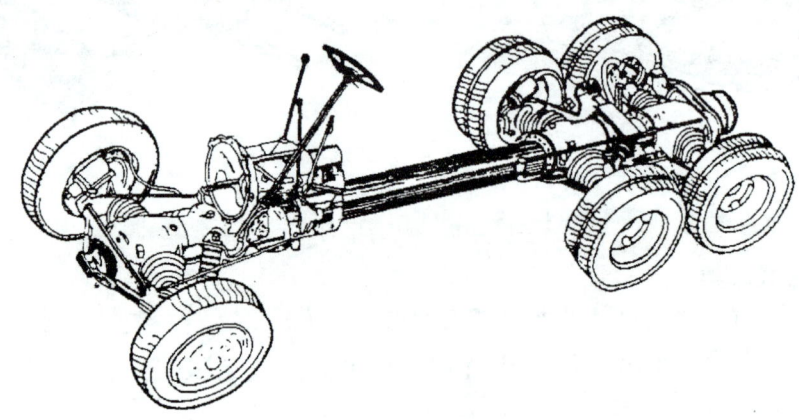

图 10-10　具有脊梁式车架的汽车底盘

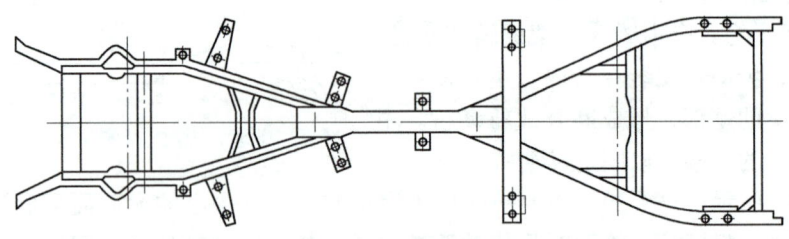

图 10-11　综合式车架

图 10-13 所示为平台式车架。它是一种将底板从车身中分出来，而与车架组成一个整体的结构，车身通过螺栓与车架相联接。

从图 10-13 中可以看出，它是以中梁式车架为基体，在脊梁车架两侧连接车身底板而成为一个平台式车架，也可以看作是中梁式车架的一种变形。座椅的金属骨架焊接在车架上，具有较高的刚度。

（四）承载式车身

部分轿车和大型客车取消了车架，而以车身兼代车架的作用，即将所有部件固定在车身上，所有的力也由车身来承受，这种车身称为承载式车身。目前大多数轿车都采用承载式车身，如上海桑塔纳轿车、一汽-大众的捷达轿车等均为此种结构。图 10-14 所示为承载式车身零部件的组成,图 10-15 所示为轿车的承载式车身,图 10-16 所示为大客车的整体承载式车身骨架。

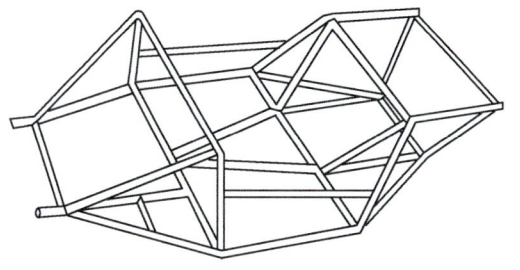

图 10-12　钢管焊接的桁架式车架结构

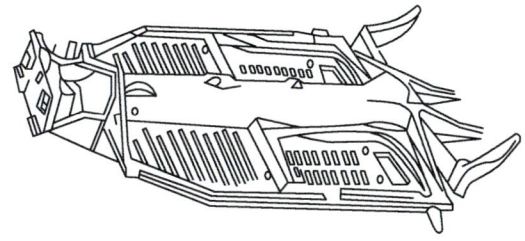

图 10-13　平台式车架

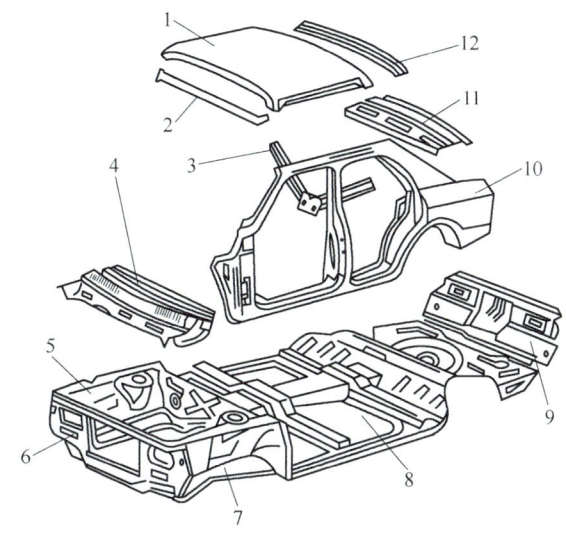

图 10-14　承载式轿车车身零部件的组成

1—顶盖　2—前风窗框上部　3—加强撑　4—前围外板　5—前挡泥板　6—散热器框架
7—底板前纵梁　8—底板部件　9—行李箱后板　10—侧门框部件　11—后围板　12—后风窗框上部

图 10-15　轿车承载式车身

图 10-16　大客车整体承载式车身骨架

二、车桥

车桥(也称为车轴)通过悬架和车架(或承载式车身)相连,它的两端安装车轮,其功用是传递车架（或承载式车身）与车轮之间各方向的作用力及其力矩。

根据悬架结构的不同，车桥分为整体式和断开式两种。当采用非独立悬架时，车桥中部是刚性的实心或空心梁，这种车桥即为整体式；断开式车桥为活动关节式结构，与独立悬架配用。

根据车桥上车轮的作用，车桥又可分为转向桥、驱动桥、转向驱动桥和支持桥四种类型。根据与车桥相连的车轮是驱动车轮还是从动车轮，车桥又可以分为驱动桥和从动桥，其中，转向桥和支持桥都属于从动桥。一般汽车多以前桥为转向桥，而以后桥或中、后两桥为驱动桥。越野汽车和大部分轿车的前桥为转向驱动桥。有些前桥为转向桥的单桥驱动的三轴汽车（6×2汽车）的中桥（或后桥）为驱动桥，则后桥（或中桥）为支持桥。

（一）转向桥

转向桥利用车桥中的转向节使车轮可以偏转一定角度，以实现汽车的转向。它除承受垂直载荷外，还承受纵向力和侧向力及这些力造成的力矩。转向桥通常位于汽车前部，因此又称为前桥。

各种车型转向桥的结构基本相同，主要由前梁、转向节、主销和轮毂组成，如图 10-17 所示。JL6360 型客车断开式转向桥如图 10-18 所示，实物如图 10-19 所示。

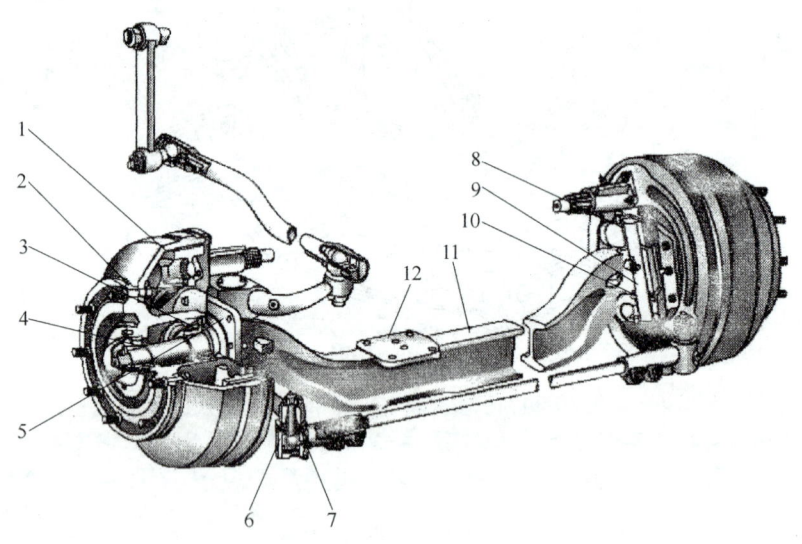

图 10-17　汽车转向桥
1—制动鼓　2—轮毂　3、4—轮毂轴承　5—转向节　6—转向球头销　7—油封
8—衬套　9—主销　10—推力轴承　11—前梁　12—钢板弹簧座

（二）转向驱动桥

在许多轿车和全轮驱动的越野汽车上，前桥除作为转向桥外，还具有驱动桥的作用，故称为转向驱动桥，如图 10-20 所示。

它同一般驱动桥一样，有主减速器和差速器。但由于转向时车轮需要绕主销偏转过一个角度，故与转向轮相连的半轴必须分成内外两段（内半轴和外半轴），其间用万向节（一般多用等速万向节）连接，同时主销也制成上下两段。转向节轴颈部分做成中空的，以便外半轴穿过其中。

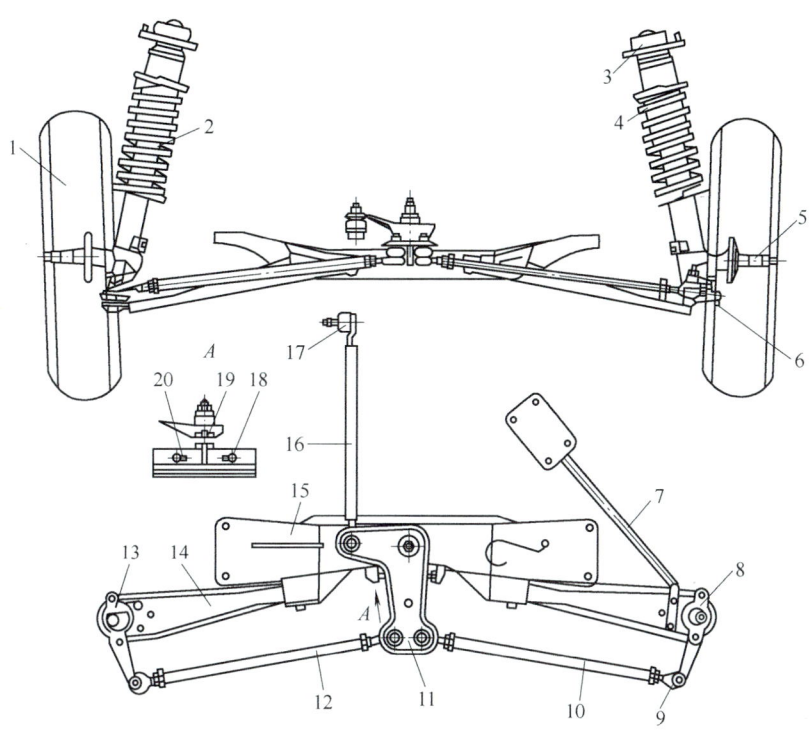

图 10-18　JL6360 型客车断开式转向桥

1—车轮　2—减振器　3—上支点总成　4—缓冲弹簧　5—转向节　6—大球头销总成　7—横向稳定杆总成　8—左梯形臂　9—小球头销总成　10—左横拉杆　11—主转向臂　12—右横拉杆　13—右梯形臂　14—悬臂总成　15—中臂　16—纵拉杆　17—纵拉杆球头　18—转向限位螺钉座　19—转向限位杆　20—转向限位螺钉

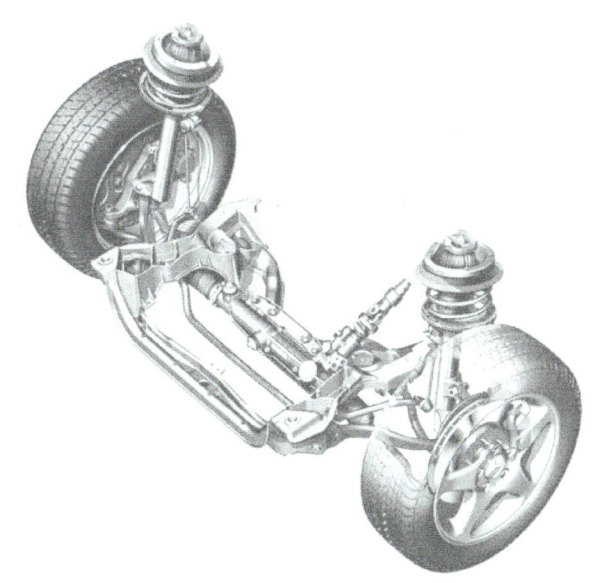

图 10-19　转向桥结构

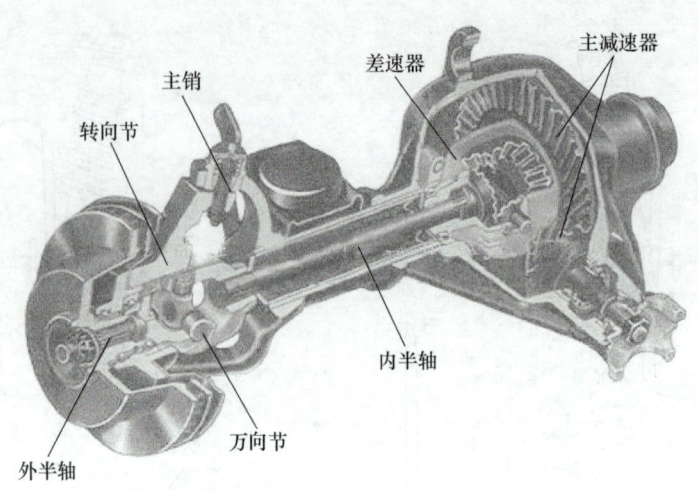

图 10-20　吉普切诺基越野车的断开式转向驱动桥

目前，许多现代轿车采用了发动机前置前轮驱动的布置形式，其前桥既是转向桥又是驱动桥。此种类型的转向驱动桥多与麦弗逊式独立悬架配合使用，因其前轮内侧空间较大，便于布置，具有良好的接近性，维修方便。

图 10-21 所示为上海桑塔纳轿车前转向驱动桥总成。其动力经主减速器和差速器分别传至左右内半轴（传动轴）3、9 和左、右内等速万向节，并经左、右球笼式外等速万向节和左、右外半轴凸缘传到轮毂，使驱动车轮旋转。

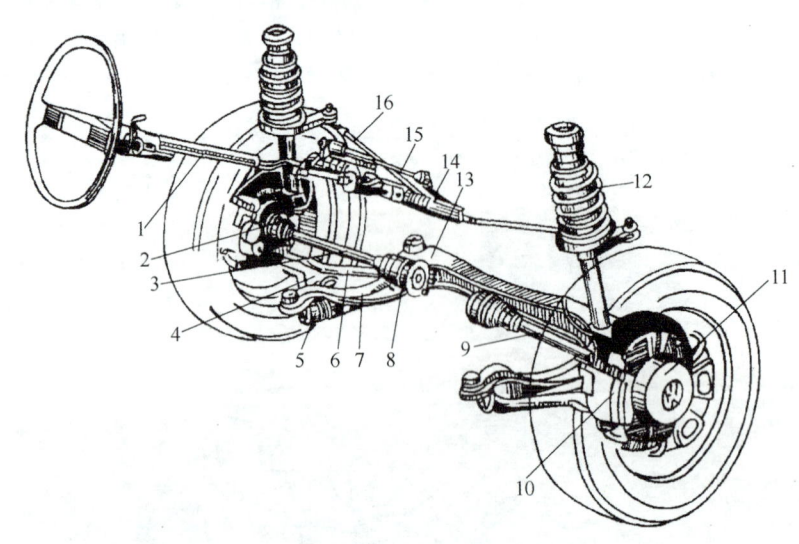

图 10-21　上海桑塔纳轿车前转向驱动桥总成

1—转向柱　2—外等速万向节　3—左半轴（传动轴）　4—悬架摆臂　5—悬架摆臂后端的橡胶金属轴　6—横向稳定杆　7—发动机悬置　8—内等速万向节　9—右半轴（传动轴）　10—制动钳　11—外半轴凸缘　12—减振器支柱　13—橡胶金属支架　14—齿轮齿条式转向器　15—转向减振器　16—横拉杆

当转动转向盘时，通过齿轮齿条式转向器 14 和横拉杆 16 使前轮偏转，以实现转向。捷达、奥迪、宝来、红旗 CA7220 型等轿车的前桥均是转向驱动桥，其构造与上述结构类似。

（三）转向轮定位

为保证汽车直线行驶的稳定性、转向轻便性以及减少行驶中轮胎的磨损，在制造时要求转向轮、转向节和前轴三者与车架的安装有精确的相对位置——称为转向轮定位。转向轮的定位参数包括：主销后倾角、主销内倾角、前轮外倾角和前轮前束。

1. 主销后倾角

设计转向桥时，使主销在汽车的纵向平面内上端有一个向后的倾角 γ（即主销轴线和地面垂直线在汽车纵向平面内的夹角），称为主销后倾角，如图 10-22 所示。

主销后倾角 γ 能形成回正的稳定力矩。当主销具有后倾角 γ 时，主销轴线与路面交点 a 将位于车轮与路面接触点 b 的前面，ab 之间的距离称为主销后倾拖距，如图 10-22 所示。当汽车直线行驶时，若转向轮偶然受到外力作用而稍有偏转（例如向右偏转，如图中箭头所示），将使汽车行驶方向向右偏离，这时由于汽车本身离心力的作用，在车轮与路面接触点 b 处，路面对车轮作用着一个侧向反作用力 Y。反作用力 Y 对车轮形成绕主销轴线作用的力矩 Y_L，其方向正好与车轮偏转方向相反。在此力矩作用下，将使车轮回复到原来中间的位置，从而保证汽车直线行驶的稳定性，故此力矩称为稳定力矩。但此力矩也不宜过大，否则在转向时为了克服此稳定力矩，驾驶人必须在转向盘上施加较大的力。因为稳定力矩的大小取决于力臂 L 的大小，而力臂 L 又取决于后倾角 γ 的大小，现在汽车一般采用的 γ 不超过 $2°\sim3°$。现代高速汽车由于轮胎气压降低弹性增加，而引起稳定力矩增加，因此，γ 角可以减小到接近于零，甚至为负值。

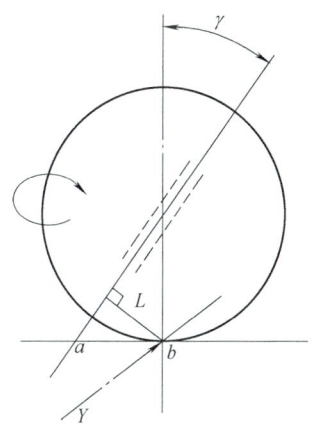

图 10-22 主销后倾角示意图

2. 主销内倾角

在设计转向桥时，主销在汽车的横向平面内上端向内倾斜一个 β 角（即主销轴线和地面垂直线在汽车横向断面内夹角），称为主销内倾角，如图 10-23a 所示。

主销内倾角 β 也有使车轮自动回正的作用，如图 10-23b 所示。当转向轮在外力作用下由中间位置偏转一个角度（图中画成 180°，即转到如虚线所示位置）时，车轮的最低点将陷入路面以下，但实际上车轮下边缘不可能陷入路面以下，而是将转向车轮连同整个汽车前部向上抬起一个相应的高度，这样汽车本身的重力有使转向轮回复到原来中间位置的作用。

此外，主销的内倾还使得主销轴线与路面交点到车轮中间平面与地面交线的距离 c（称为转向主销偏移量）减小，如图 10-23a 所示，从而可减小转向时驾驶人加在转向盘上的力，使转向操纵轻便，同时也可减小从转向轮传到转向盘上的冲击力。但 c 值也不宜过小，即内倾角不宜过大，否则在转向时，车轮绕主销偏转的过程中，轮胎与路面间将产生较大的滑动，因而增加了轮胎与路面间的摩擦阻力。这不仅使转向变得很沉重，而且加速了轮胎的磨损。故一般主销内倾角 β 不大于 8°，距离 c 一般为 40~60mm。图 10-23c 所示为解放 CA1091 型汽车的主销内倾角 β 和前轮外倾角 α（虚线为垂线）。

主销内倾角是在前梁设计中保证的，由机械加工来实现。加工时，将前梁两端主销孔轴线上端向内倾斜就形成主销内倾角 β。

3. 前轮外倾角

除主销后倾角和内倾角两个角度保证汽车稳定直线行驶外，前轮外倾角 α 也具有定位作用。前轮外倾角 α 是通过车轮中心的汽车横向平面与车轮平面的交线与地面垂线之间的夹角，如图 10-23c 所示。如果空车时车轮的安装正好垂直于路面，则满载时，车桥将因承载变形，可能出现车轮内倾，这样将加速汽车轮胎的偏磨损。另外，路面对车轮的垂直反作用力沿轮毂的轴向分力将使轮毂压向轮毂外端的小轴承，加重了外端小轴承及轮毂紧固螺母的负荷，降低它们的使用寿命。因此，为了使轮胎磨损均匀和减轻轮毂外轴承的负荷，安装车轮时应预先使车轮有一定的外倾角，以防止车轮内倾。同时，车轮有了外倾角也可以与拱形路面相适应。但是，前轮外倾角也不宜过大，否则也会使轮胎产生偏磨损。

前轮外倾角是在转向节设计中确定的。设计时使转向节轴颈的轴线与水平面成一角度，该角度即为前轮外倾角 α（一般 α 为 1°左右）。

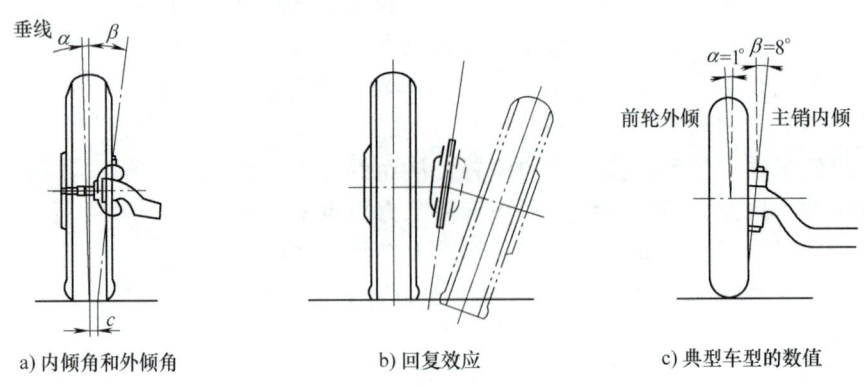

a) 内倾角和外倾角　　b) 回复效应　　c) 典型车型的数值

图 10-23　主销内倾角及前车轮外倾角示意图

4. 前轮前束

车轮有了外倾角后，在滚动时，就类似于滚锥，从而导致两侧车轮向外滚开。由于转向横拉杆和车桥的约束使车轮不可能向外滚开，车轮将在地面上出现边滚边滑的现象，从而增加了轮胎的磨损。为了消除车轮外倾带来的这种不良后果，在安装车轮时，使汽车两前轮的中间面不平行，两轮前边缘距离 B 小于后边缘距离 A，$A-B$ 之差称为前轮前束值，如图 10-24 所示。这样可使车轮在每一瞬时滚动方向接近于向正前方滚动，从而在很大程度上减轻和消除了由于车轮外倾而产生的不良后果。

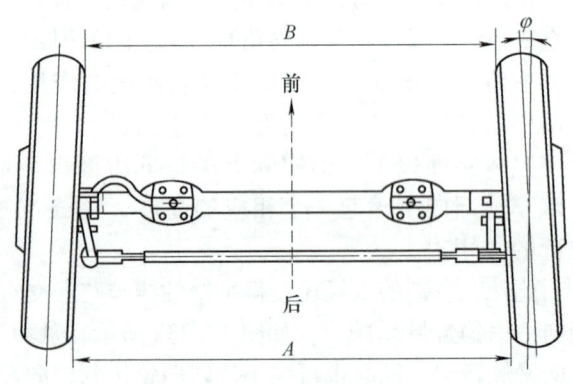

图 10-24　前轮前束

前轮前束可通过改变转向横拉杆的长度来调整。调整时，可根据各厂家规定的测量位置，使两轮前后距离差（$A-B$）符合规定的前轮前束值。一般前轮前束值为 0~12mm。测量时通

常选取两轮胎中间平面处的前后差值，也可以选取两车轮轮辋内侧面处前后差值。

车轮定位参数通常是指汽车的前转向轮。但是，现代汽车不仅前转向轮有外倾角和前束，有些汽车后轮也有外倾角和前束。如红旗 CA7220 型轿车，后轮设置有前束角和外倾角。该车为发动机前置前驱动形式，后轮是从动轮。汽车的驱动力 F 通过纵臂作用于后轴上，如图 10-25 所示。如果车轮没有前束角，当汽车行驶时，在驱动力作用下，后轴将产生一定弯曲，使车轮出现前张现象，而预先设置的前束角就用来抵消这种前张。后轮外倾角有两个作用：由于外倾角是负值，可增加车轮接地点的跨度，增加汽车的横向稳定性；负外倾角是用来抵消当汽车高速行驶且驱动力 F 较大时，车轮出现的负前束（前张），以减少轮胎的磨损。一般来说，该车轮前束角和外倾角均不可调整。在某些轿车上，如奥迪 A4 轿车其后轮的前束角和外倾角是可以调整的。

（四）支持桥

现代轿车普遍采用发动机前置前轮驱动的布置形式。而后桥既无驱动功能又无转向功能，这种车桥称为支持桥。图 10-26 所示为桑塔纳 2000 型轿车后支持桥。

从图 10-26 中可以看出，支持桥的结构简单，它主要由若干零件组焊而成的后桥总成 2、橡胶-金属支承座 1、后车轮总成等组成，它起到支承和固定悬架、制动、车身等总成的相关零部件，传递汽车纵向和横向力，推动车轮旋转的作用。

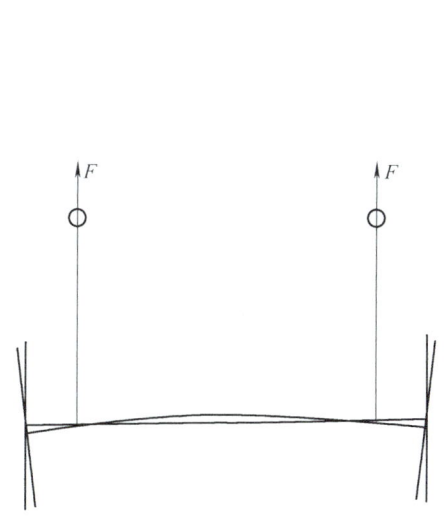

图 10-25　驱动力作用在轴上的示意图

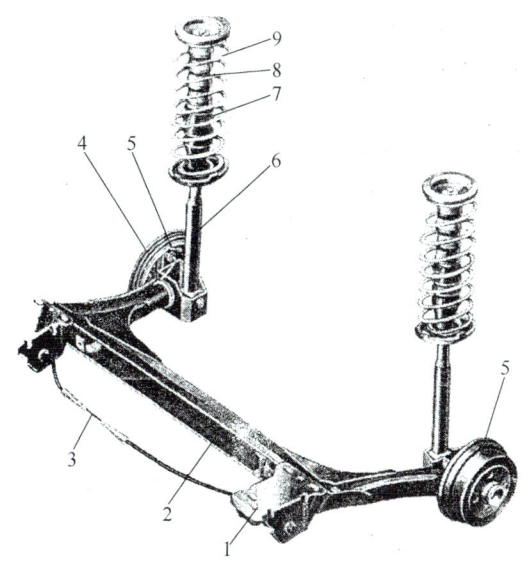

图 10-26　桑塔纳 2000 型轿车后支持桥
1—橡胶-金属支承座　2—后桥总成　3—驻车制动拉索
4—制动鼓　5—后制动器　6—后减振器
7—橡胶护套　8—缓冲限位块　9—后螺旋弹簧

轿车采用发动机前置前轮驱动的布置方案时，其后支持桥可分为非断开式和断开式的。图 10-27 所示为高尔夫汽车的后支持桥结构。图 10-28 所示为 Lancia Y10 和 Fiat Panda 汽车采用的具有 U 形管梁的后支持桥。

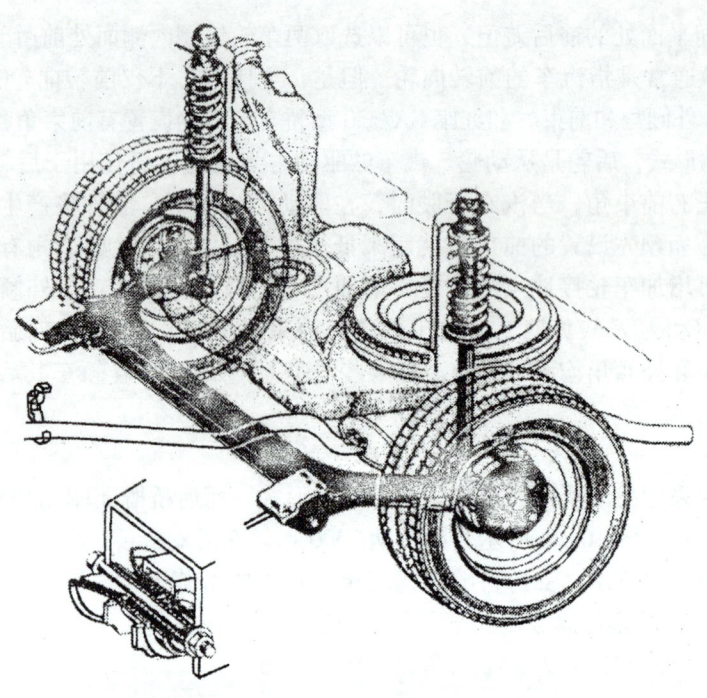

图 10-27　高尔夫轿车的后支持桥结构

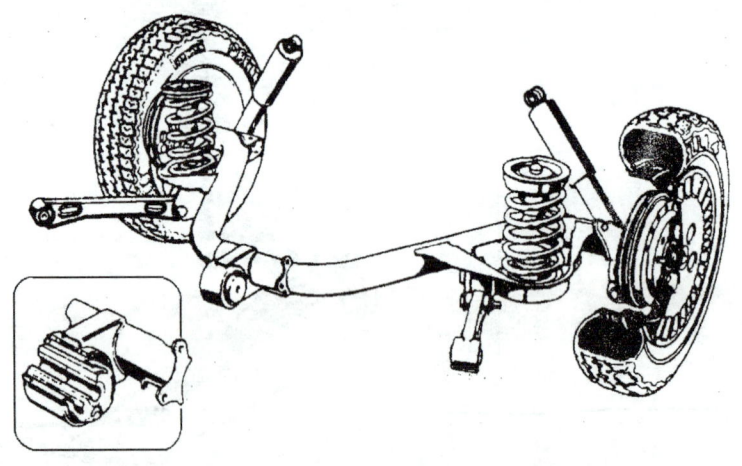

图 10-28　Lancia Y10 和 Fiat Panda 汽车采用的后支持桥

考证要点

一、填空题

1. 按车架纵梁、横梁的结构特点，汽车车架的结构基本上有＿＿＿＿＿＿、＿＿＿＿＿＿和＿＿＿＿＿＿三种。

2. 根据车桥上车轮的作用，车桥可分为＿＿＿＿＿＿、＿＿＿＿＿＿、＿＿＿＿＿＿和＿＿＿＿＿＿四种类型。

3. 转向轮定位参数包括＿＿＿＿＿＿、＿＿＿＿＿＿、＿＿＿＿＿＿和＿＿＿＿＿＿。

二、简答题

1. 为什么说车架是整个汽车的基础？其功用和结构特点是什么？
2. 什么是边梁式车架？为什么这种结构的车架应用非常广泛？
3. 大客车的车架布置有什么特点？
4. 什么是承载式车身？
5. 什么是主销后倾角和主销内倾角？各起什么作用？

任务 10.3　车轮与轮胎

【知识目标】

1. 了解车轮的总成，车轮和轮胎的功用，轮胎的花纹与各种花纹的性能与用途，活胎面轮胎，轮胎品牌。
2. 熟悉各种类型的车轮和轮胎，轮胎的标记方法。
3. 掌握车轮、轮胎的类型及特点。
4. 了解子午线轮胎和斜交轮胎的优缺点。

【任务描述】

张女士想要驾驶自己的马自达 6 轿车去上班，但是她突然发现，自己的车胎没气了，她十分着急，知道自己的行李箱里有备胎和工具，但是她从来没学习过如何更换备胎。现在我们通过本任务的学习，一起帮助她做一个备胎更换流程。

一、车轮

车轮和轮胎是汽车行驶系统中的主要部件。其主要功用如下：

1）支承整车质量。
2）缓和由路面传递来的冲击载荷。
3）通过轮胎和路面之间存在的附着作用为汽车提供驱动力和制动力。
4）汽车转弯行驶时，产生平衡离心力的侧向力，以便顺利转向，并通过轮胎产生自动回正力矩，使汽车保持直线行驶方向。
5）保证汽车具有一定的越过障碍的能力，提高汽车通过性。

此外，车轮和轮胎（特别是轿车轮胎）还是汽车重要的安全件。几乎所有的汽车行驶性能都与轮胎有关。

车轮与轮胎组成车轮总成，如图 10-29 所示。

车轮是介于轮胎和车轴之间承受负荷的旋转组件，其功用是安装轮胎，承受轮胎与车轴

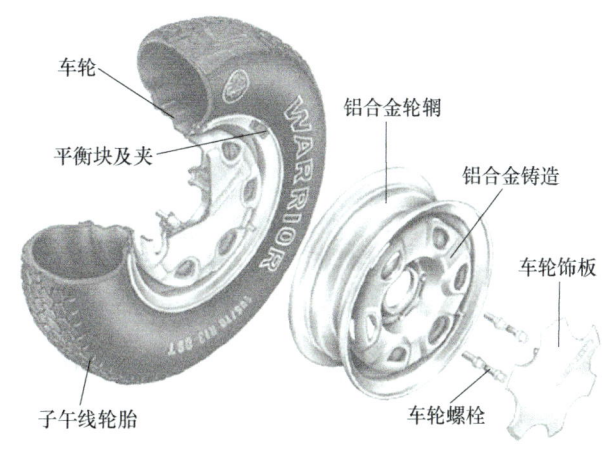

图 10-29　车轮总成

之间的各种载荷的作用。

车轮一般由轮毂、轮辋和轮辐组成，如图10-30所示。轮毂通过圆锥滚子轴承安装在车桥或转向节轴径上，用于连接车轮与车轴。轮辋用于安装和固定轮胎。轮辐用于将轮毂和轮辋连接起来，并通过螺栓与轮毂联接起来。

（一）车轮的类型

按轮辐结构的不同，车轮可以分为两种形式：辐板式车轮和辐条式车轮。按照车轮一端装有一个车轮或两个车轮，车轮又分为单式车轮和双式车轮。此外，还有对开式车轮、可反装式车轮、组装轮辋式车轮和可调式车轮。

1. 辐板式车轮

目前，普通轿车和轻、中型货车普遍采用辐板式车轮，这种车轮如图10-30所示，由挡圈、轮辋、轮辐和气门嘴等组成。车轮中用以

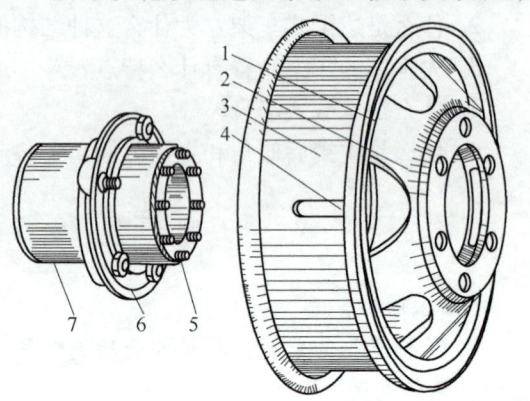

图10-30　车轮的组成
1—挡圈　2—轮辐　3—轮辋　4—气门嘴
5—螺栓　6—凸缘　7—轮毂

连接轮毂和轮辋的钢质圆盘称为轮辐，大多是冲压制成的，少数是和轮毂铸成一体，后者主要用于重型汽车。

货车后桥负荷比前桥大得多，为使后轮轮胎不致过载，后桥一般装用双式车轮，在同一轮毂上安装了两套辐板和轮辋，如图10-31所示。为了防止汽车在行驶中固定辐板的螺母自行松脱，汽车两侧车轮上的辐板固定螺栓一般采用旋向不同的螺纹，左侧用左旋螺纹，右侧用右旋螺纹。

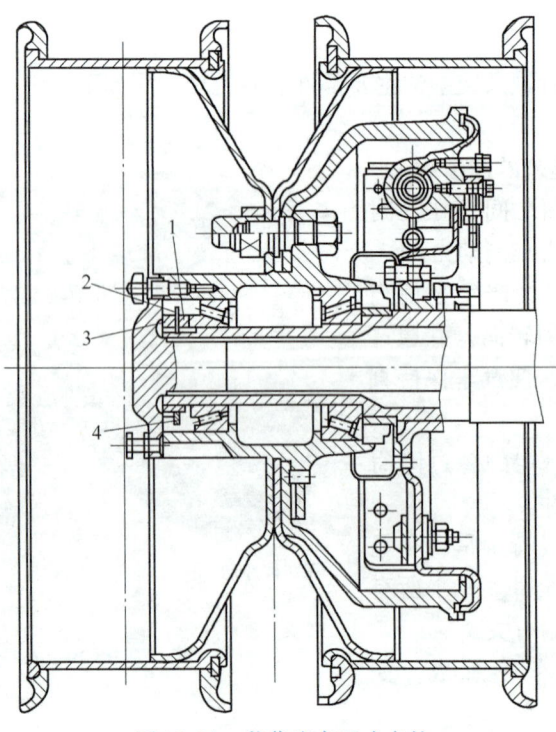

图10-31　载货汽车双式车轮
1—调整螺母　2—锁止垫片　3—锁紧螺母　4—销钉

轿车的辐板所用板料较薄,常冲压成起伏多变的形状,以提高其刚度。目前广泛采用的轿车车轮为铝合金车轮,且多为整体式的,即轮辋和轮辐铸成一体。它质量轻,尺寸精度高,生产工艺好,美观大方,可以明显改善车轮的空气动力学特性,降低汽车油耗。

2. 辐条式车轮

按辐条结构的不同,辐条式车轮又分为钢丝辐条式车轮(见图10-32a)和铸造轮辐式车轮(见图10-32b)。钢丝辐条式车轮价格昂贵、维修安装不便,故仅用于赛车和某些高级轿车上。

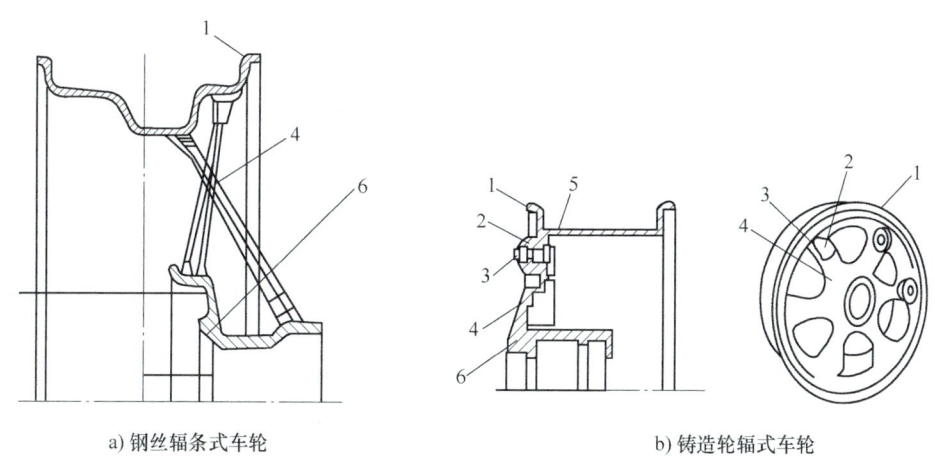

a) 钢丝辐条式车轮　　　　b) 铸造轮辐式车轮

图10-32　辐条式车轮
1—轮辋　2—衬块　3—螺栓　4—辐条　5—配合锥面　6—轮毂

（二）轮辋的类型

轮辋用于安装和固定轮胎。轮辋的常见结构有:深槽轮辋、平底轮辋和对开式轮辋,如图10-33所示。此外,还有半深槽轮辋、深槽宽轮辋、平底宽轮辋和全斜底轮辋等。

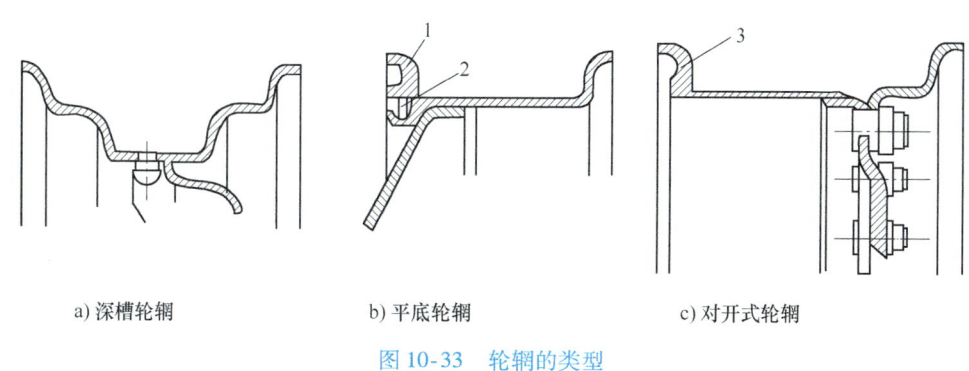

a) 深槽轮辋　　　b) 平底轮辋　　　c) 对开式轮辋

图10-33　轮辋的类型
1、3—挡圈　2—锁圈

1. 深槽轮辋

如图10-33a所示,这种轮辋是整体的,其断面中部为一深凹槽,主要用于轿车及轻型越野车。它有带肩的凸缘,用以安放外胎的胎圈,其肩部通常略有中间倾斜,其倾角一般为5°±1°。断面的中间制成深凹槽,以便于外胎的拆装。深槽轮辋的结构简单,刚度大,质量较小,对于小尺寸弹性较大的轮胎最适宜。但是尺寸较大又较硬的轮胎,则很难装进这样的整体轮辋内。

2. 平底轮辋

平底轮辋如图10-33b所示，多用于货车。其挡圈是整体的，而且用一个开口锁圈来防止挡圈脱出。在安装轮胎时，先将轮胎套在轮辋上，再套上挡圈，并将它向内推，直至越过轮辋上的环形槽，再将开口的弹性锁圈嵌入环形槽中。东风EQ1090E和解放CA1091型汽车均采用这种形式的轮辋。

3. 对开式轮辋

对开式轮辋如图10-33c所示。这种轮辋由内外两部分组成，其内外轮辋的宽度可以相等，也可以不相等，两者用螺栓联成一体。拆装轮胎时拆卸螺栓上的螺母即可。图中所示挡圈是可拆的。有的无挡圈，而由与内轮辋制成一体的轮缘代替挡圈的作用，内轮辋与辐板焊接在一起。这种轮辋主要用于载重量较大的重型货车和大型客车。

由于轮辋是轮胎装配和固定的基础，当轮胎装入不同的轮辋时，其他变形位置与大小也在发生变化。因此，每一种规格的轮胎，最好配备规定的标准轮辋，必要时也可配用规格与标准轮胎相近的轮辋（容许轮辋）。如果轮辋选用不当，会造成轮胎的早期损坏，特别使用在过窄的轮辋上时。

为了适应轮胎负荷能力的需要，宽轮辋的应用越来越多，采用宽轮辋可以提高轮胎的使用寿命，并能够改善汽车的通过性和行驶稳定性。

二、轮胎

现代汽车都采用充气式轮胎，轮胎安装在轮辋上，直接与路面接触。轮胎的功用是：支承汽车的质量，承受路面传来的各种载荷的作用，和汽车悬架共同缓和汽车行驶中所受到的冲击，并衰减由此而产生的振动，以保证汽车具有良好的乘坐舒适性和行驶平顺性；保证车轮和路面之间有良好的附着性，以提高汽车的动力性、制动性和通过性。

（一）轮胎的类型

汽车轮胎按照用途分，可分为载货汽车轮胎和轿车轮胎；而载货汽车轮胎又分为重型、中型和轻型载货汽车轮胎。

汽车轮胎按胎体结构不同，又分为充气轮胎和实心轮胎。现在汽车绝大多数采用充气轮胎。

充气轮胎按组成结构不同，又分为有内胎轮胎和无内胎轮胎两种。目前，轿车上普遍采用无内胎轮胎。

充气轮胎按照胎体中帘线排列方式不同，还可分为普通斜交胎、带束斜交胎和子午线胎。

1. 内胎轮胎

内胎轮胎由外胎、内胎和垫带等组成，使用时安装在汽车车轮的轮辋上，如图10-34所示。内胎中充满着压缩空气；

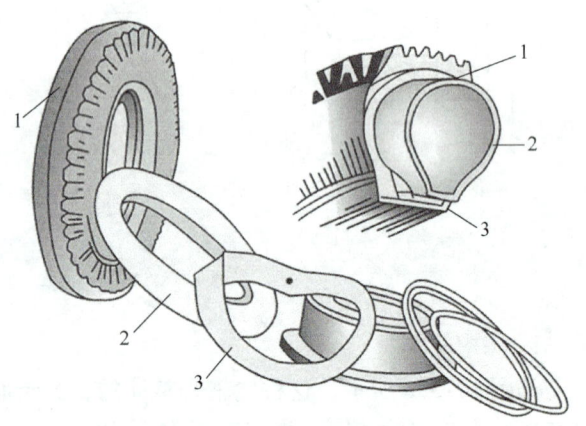

图10-34 充气轮胎的组成
1—外胎 2—内胎 3—垫带

外胎是用以保护内胎使其不受外来损害的强度高而富有弹性的外壳;垫带放在内胎与轮辋之间,防止内胎被轮辋及外胎的胎圈擦伤和磨损。

按胎内空气压力的大小,轮胎分为高压胎(0.5~0.7MPa)、低压胎(0.2~0.5MPa)和超低压胎(<0.2MPa)三种。低压胎弹性好、减振性能强、壁薄散热性好、与地面接触面积大、附着性好,因而广泛用于轿车。超低压胎在松软路面上具有良好的通过能力,多用于越野汽车及部分高级轿车。

内胎是一个环形的橡胶管,上面装有气门嘴,以便充入或排出空气,为使内胎在充气状态下不产生褶皱,其尺寸应稍小于外胎的内壁尺寸。

垫带是一个环形的橡胶带,它垫在内胎与轮辋之间,以保护内胎不被轮辋和胎圈磨伤。

(1)普通斜交轮胎 帘布层和缓冲层各相邻层帘线交叉,且与胎中心呈小于90°角排列的充气轮胎,称为普通斜交轮胎。图10-35所示为有内胎的普通斜交轮胎。外胎由胎肩、胎冠、帘布层、缓冲层和胎圈组成。帘布层是外胎的骨架,用以保持外胎的形状和尺寸,通常由成双数的多层挂胶布(帘布)用橡胶贴合而成。帘布的帘线与轮胎子午线断面的交角(胎冠角)一般为52°~54°,相邻层帘线相交排列。帘布层数越多,强度越大,但弹性降低。普通斜交轮胎在外胎表面上注有帘布层数。

斜交轮胎的优点是:轮胎噪声小,外胎面柔软、制造容易,价格也较子午线轮胎便宜。

斜交轮胎的缺点是:转向行驶时,接地面积小,胎冠滑移大,抗侧向力能力差,高速行驶时稳定性差。滚动阻力较大,油耗偏高,承载能力也不如子午线轮胎。

帘布由纵向的强韧的经线和放在各经线之间的少数纬线织成。帘线可以是棉线、人造丝线、尼龙线和钢丝。采用人造丝线可以使同样尺寸的轮胎增加其载荷容量,因为人造丝线的强度和弹性大。尼龙线又比人造丝线好,耐用性高。因此,当采用人造丝线、尼龙线或钢丝帘线时,在轮胎的承载能力相同的情况下,帘布层数可以减少,此时在外胎表面上标注的是层级,(相当于棉线帘布层数,而不是实际的帘布层数)。我国已大量采用人造丝线和尼龙线帘线,近来也开始采用钢丝帘线,但因价高和质脆而没有得到广泛应用。

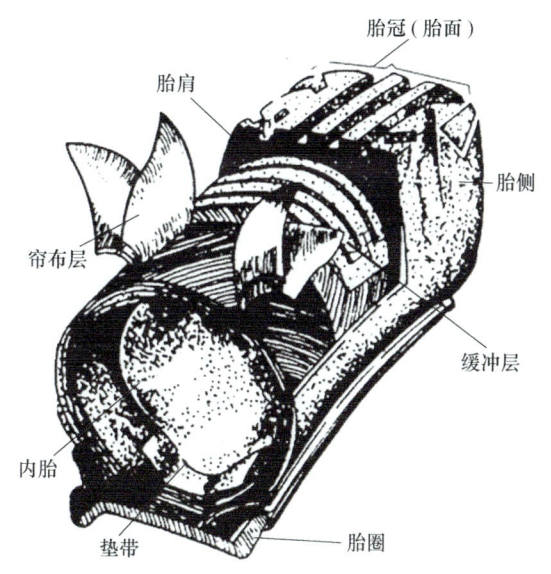

图10-35 有内胎的普通斜交轮胎

缓冲层位于胎面与帘布层之间,是用胶片和两层或数层挂胶帘布制成,故弹性较大,能缓和汽车在行驶时所受到的不平路面的冲击,并防止汽车在紧急制动时胎面与帘布层脱离。

胎面是外胎最外的一层,可分为胎冠、胎侧和胎肩三部分,如图10-35所示。胎冠用耐磨的橡胶制成,它直接承受摩擦和全部载荷,能减轻帘布层所受冲击,并保护帘布层和内胎免受机械损伤,为使轮胎与地面有良好的附着性能,防止纵、横向滑移等,在胎面上有着各种的凹凸花纹。

胎肩是较厚的胎冠与较薄的胎侧间的过渡部分，一般也制有花纹，以利散热。

胎侧橡胶层较薄，用以保护帘布层侧壁免受潮湿和机械损伤。

胎圈使外胎牢固地安装在轮辋上，有很大的刚度和强度，由钢丝圈、帘布层包边和胎圈包布组成。

（2）子午线轮胎　子午线轮胎的内部结构如图10-36所示。它由帘布层、带束层、胎冠、胎肩和胎圈组成，并以带束层紧箍胎体。其特点是：帘布层帘线排列的方向与轮胎的子午断面一致。帘线的这种排列方式，使帘线的强度能得到充分利用，子午线轮胎的帘布层数一般比普通斜交轮胎可减少40%~50%；胎体较柔软，弹性好。

帘线在圆周方向上只靠橡胶来联系，因此，为了承受行驶时产生的较大切向力，子午线轮胎具有若干层帘线与大角度（交角为70°~75°）的子午断面及高强度、不易拉伸的带束层。带束层通常采用强度较高、拉伸变形小的织物帘布（如玻璃纤维、聚酰胺纤维等高强度材料）或钢丝帘布制造。

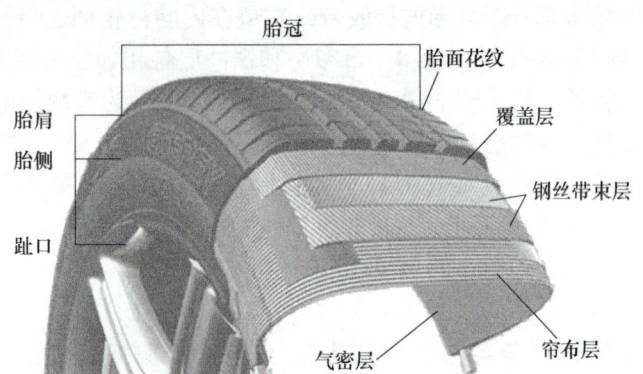

图10-36　子午线轮胎的内部结构

子午线轮胎的优点如下：

1）接地面积大，附着性能好，胎面滑移小，对地面单位压力也小，因而滚动阻力小，使用寿命长。

2）胎冠较厚且有坚硬的带束层，不易刺穿，行驶时变形小，可降低油耗3%~8%。

3）因帘布层数少，胎侧薄，所以散热性能好。

4）径向弹性大，缓冲性能好，负荷能力较大。

5）在承受侧向力时，接地面积基本不变，故在转向行驶和高速行驶时稳定性好。

子午线轮胎的缺点是：因胎侧较薄柔软，胎冠较厚，在其与胎侧过渡区易产生裂口；吸振能力弱，胎面噪声较大；制造技术要求高，成本也高。

轮胎花纹对轮胎的性能影响很大。目前，轮胎花纹主要有普通花纹、混合花纹和越野花纹等，如图10-37所示。

普通花纹的特点是花纹细而浅，花纹块接地面积大，因而耐磨性和附着性较好，适用于较好的硬路面。其中，纵向花纹，轿车、货车均可用；横向花纹仅用于货车。越野花纹的特点是凹部深而宽，在软路面上与地面的附着性好，越野能力强，适用于矿山、建筑工地以及其他松软路面上使用的越野汽车轮胎。当安装人字形越野花纹轮胎时，驱动轮胎面的尖端与旋转方向一致，以免花纹之间被泥土所填塞。越野花纹轮胎不宜在较好

图10-37　轮胎花纹

硬路面上使用，否则行驶阻力加大且加速花纹的磨损。混合花纹的特点介于普通花纹与越野花纹之间，兼顾了两者的使用要求，中部为菱形、纵向为锯齿形或烟斗形花纹，两边为横向越野花纹，适用于在城市、乡村之间的路面上行驶的汽车轮胎。现代货车驱动轮胎也多采用这种花纹。拱形胎花纹和低压特种花纹有更宽的断面、更低的接地比压、附着性好，主要为软地面行驶的特种车辆采用。

2. 无内胎轮胎

无内胎轮胎，在外观上与普通轮胎相似，但是没有内胎及垫带。它的气门嘴用橡胶垫圈和螺母直接固定在轮辋上，空气直接充入外胎中，其密封性由外胎和轮辋来保证，如图10-38所示。

无内胎轮胎的内壁有一层橡胶密封层，有的在该层下面还有一层自黏层，能自行将刺穿的孔黏合。在胎圈外侧也有一层橡胶密封层，用以加强胎圈与轮辋之间的气密性。无内胎轮胎一旦被刺破，穿孔不会扩大，故漏气缓慢，胎压不会急剧下降，仍能继续行驶一定距离，可消除爆胎的危险。因无内胎，摩擦生热少、散热快，适用于高速行驶；此外，其结构简单，质量较轻，维修也方便。但密封层和自黏层易漏气，途中修理也较困难。无内胎轮胎必须配用深槽轮辋，故目前在轿车上应用较多，以使外胎牢固地安装在轮辋上。

3. 活胎面轮胎

有些车辆装用了活胎面轮胎，如图10-39所示。它由钢丝纤维、胎面环、凸缘、胎体组成。胎体通常为子午线排列，其上有可更换的胎面。在胎冠面部分，有较厚的橡胶层，并沿轮胎圆周方向制有三条平行的沟槽。活胎面由三个独立的胎面环组成。胎面环有帘线加强层起缓冲作用。加强层由两层钢丝帘布构成，帘线沿圆周方向排列。胎面嵌入胎体上的沟槽内，并依靠胎体充气后产生径向伸张而固着于胎体上。

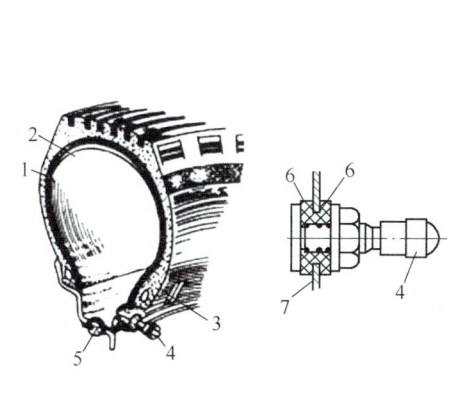

图10-38　无内胎轮胎的结构
1—橡胶密封层　2—自黏层　3—槽纹　4—气门嘴
5—铆钉　6—橡胶密封衬垫　7—轮辋

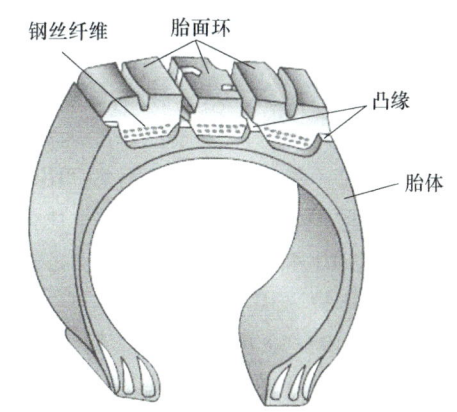

图10-39　活胎面轮胎的结构

胎体上三条沟槽侧面的凸缘可防止胎面环发生侧向位移，胎面环和地面接触表面有花纹。其最大优点是在花纹严重磨损或磨光后，可以单独更换胎面，也可以根据不同使用条件更换不同花纹的胎面。其缺点是质量较大，使用中可能出现胎体和胎面环之间磨损，胎面环橡胶与钢丝体脱层。

(二)常见轮胎品牌和轮胎规格的表示方法

1. 常见轮胎品牌

著名的轮胎品牌主要有固特异(Goodyear)、普利司通(Bridgestone)、凡世通(Firestone)、邓禄普(Dunlop)、米其林(Michelin)、倍耐力(Pirelli)、韩泰(Hankook)、锦湖(Kumho)、马牌(Continental)和回力等。

2. 轮胎规格的表示方法

轮胎规格的标记方法有米制和英制两种,目前大多数国家包括我国在内均采用英制表示法,轮胎的尺寸标注如图10-40所示。

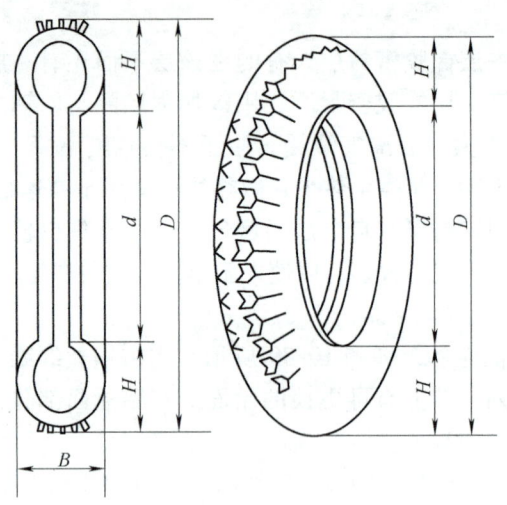

图10-40 轮胎的尺寸标注
D—轮胎外径 d—轮辋直径 H—轮胎断面高度 B—轮胎断面宽度

汽车上常采用低压胎。其尺寸标记用 B-d 表示,B 为轮胎的断面宽度,d 为轮辋的直径,单位均为英寸(in),"-"表示低压胎。例如9.00-20表示轮胎宽度为9in、轮辋直径为20in的低压胎。如果是子午线轮胎,则用9.00R20标记,中间的R表示子午线轮胎。

高压胎一般用 $D×B$ 来表示。其中:D 为轮胎的名义直径,B 为轮胎的断面宽度,单位为英寸(in),如图10-40所示,"×"表示高压胎。高压胎在汽车上很少采用。

近年来,我国也采用与美国、日本等一些国家和地区对轿车无内胎充气轮胎表示方法一样的标记,如:P195/60 R 14 85 H,其中"P"指的是轿车用轮胎,"195"表示轮胎的断面宽度为195mm,"60"表示轮胎的扁平率(轮胎断面高度 H 与宽度 B 之比以百分比表示称为轮胎的扁平率)。"R"表示子午线轮胎,"14"表示轮辋的直径为14in,"85"表示荷重等级,即最大承载质量(见表10-1)。荷重等级为85的轮胎的最大承载质量为515kg。

表10-1 轮胎许用承载质量对应表

荷重等级	84	85	86	87	88	89	90
承载质量/kg	500	515	530	546	560	580	600

H表示速度等级,表明轮胎能行驶的最高车速。常见的速度等级及对应的最高车速见表10-2。

表 10-2　速度等级及对应的最高车速

速度等级代号	R	S	T	U	H	V	W
规定承载质量下允许的最高车速/(km/h)	170	180	190	200	210	240	270

（三）轮胎的动平衡

在车辆出厂装配时，都会做动平衡测试，就是为了让车轮高速行驶更平稳。什么是动平衡？又该怎样做呢？

汽车的车轮是由轮胎、轮毂组成的一个整体。但由于制造上的原因，使这个整体各部分的质量分布不可能非常均匀。当汽车车轮高速旋转起来后，就会形成动不平衡状态，造成车辆在行驶中车轮抖动、转向盘振动的现象。为了避免这种现象或是消除已经发生的这种现象，就要使车轮在动态情况下通过增加配重的方法，使车轮校正各边缘部分的平衡。这个校正的过程就是人们常说的动平衡。添加的配重叫动平衡块，如图10-41所示。

轮胎应当定期做动平衡检查，用动平衡检测仪检查。轮胎平衡分为动态平衡和静态平衡两种。动态不平衡会使车轮摇摆，令轮胎产生波浪形磨损；静态不平衡会产生颠簸和跳动现象，往往使轮胎产生平斑现象。因此，定期检测平衡不但能延长轮胎寿命，还能提高汽车行驶时的稳定性，避免在高速行驶时因轮胎摆动、跳动，失去控制而造成的交通事故。车轮动平衡机如图10-42所示。

图10-41　动平衡块

图10-42　车轮动平衡机

考证要点

一、填空题

1. 按照连接部分，即轮辐的结构的不同，车轮分为_____车轮和_____车轮两种。
2. 轮胎的固定基础是_____。
3. 汽车轮胎按胎内压力的大小，分为_____、_____和_____三种，目前轿车、货车几乎全部采用_____。
4. 充气轮胎按胎体中帘线排列的方式的不同，分为_____、_____和_____三种。
5. 普通斜交胎的外胎由_____、_____、_____、_____及_____组成，

_____是外胎的骨架，用以保持外胎的形状和尺寸。

6. 胎面是外胎最外的一层，可分为_____、_____和_____三部分。

二、简答题

1. 轮胎的作用是什么？
2. 为什么汽车广泛采用低压胎？
3. 为什么轮胎的表面要有花纹？
4. 轮胎表面的花纹常见的有哪几种？它们各有什么特点？各适用于哪类汽车？
5. 什么是子午线轮胎？其特点是什么？
6. 为什么要推广使用子午线轮胎？

扩展知识

免充气轮胎

免充气轮胎是指不借助空气压力而实现减振缓冲性能的轮胎。充气轮胎是用橡胶密闭有压力的空气，空气受到压缩时，空气分子对容器壁的碰撞更加激烈导致气压升高，形成宏观上的弹性，充气轮胎优越的缓冲性能和低滚动阻力的特性迄今为止尚无其他轮胎可以超越。

免充气轮胎也就是不用充气的轮胎，不借助空气，仅利用轮胎自身材料和结构实现支撑、缓冲性能。主要有：

① 橡胶实心轮胎。这种轮胎已经有上百年的生产历史了。其主要特征是，胎体重量大、弹性差、滚动阻力大、承载大。它适用于运动速度慢，载重要求比较大的车辆。

② 聚氨酯轮胎。采用聚氨酯材料制作成泡沫状的实心轮胎，其优点是外观美观、重量轻，缺点是易老化、脱胎、不耐磨、滚动阻力大。

任务10.4 悬 架

【知识目标】

1. 了解悬架的结构与分类；各种弹性元件及其特点；独立悬架和非独立悬架的类型，主动悬架和半主动悬架；平衡悬架。
2. 熟悉悬架的功用。
3. 掌握双向作用筒式减振器的工作原理；各种弹性元件的优缺点和用途；独立悬架和非独立悬架的特点。
4. 能对各类悬架的特点加以比较。

【任务描述】

我们驾车行驶时，难免要经历较差的路面，不同的车辆，在经过这些较差路面时，给乘客的感受是不一样的，那么汽车是如何处理这些路面引起的振动呢？这一部分我们一起探究悬架部分。

一、概述

汽车悬架是车架（或车身）与车轴（或车轮）之间的一切传力连接装置的总称，它的功用是把路面作用于车轮上的垂直反力（支承力）、纵向反力（驱动力和制动力）和侧向反力以及这些反力所造成的力矩都要传递到车架（或承载式车身）上，以保证汽车的正常行驶。

汽车悬架结构有多种形式，但一般都由弹性元件1、减振器2和导向机构（上、下摆臂4、8）三部分组成，如图10-43所示。

由于汽车行驶的路面不可能绝对平坦，因此，路面作用于车轮上的垂直反力往往具有冲击性，尤其在较差路面上高速行驶时，这种冲击力将很大，可能引起汽车机件的早期损坏，还将使驾驶人感到极不舒服，或是货物受到损伤。为了缓和这种冲击，在汽车行驶系统中，除了采用弹性的充气轮胎之外，在悬架中还必须装有弹性元件，使车架（或车身）与车桥（或车轮）之间做弹性连接。但弹性系统在受到冲击后，将产生振动，持续的振动易使乘坐人员感到不舒服或疲劳，故悬架还应当具有减振作用，使振动迅速衰减（振幅迅速减小）。为此，在许多结构形式的汽车悬架中都有专门的减振器。

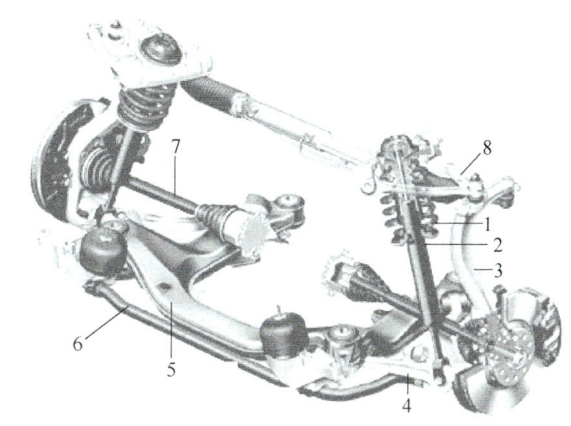

图10-43 汽车悬架的组成
1—弹性元件 2—减振器 3—转向节 4—下摆臂
5—车架前横梁 6—横向稳定器 7—万向传动装置 8—上摆臂

车轮相对于车架和车身跳动时，车轮（特别是转向轮）的运动轨迹应符合一定的要求，否则对汽车的某些行驶性能（特别是操纵稳定性）有不利的影响。因此，悬架中某些传力构件同时还承担着使车轮按一定轨迹相对于车架和车身跳动的任务，因而这些传力构件还起到导向作用，故称为导向机构。

在多数轿车和客车上，为了防止车身在转弯行驶等情况下发生过大的倾斜，在悬架中还设有辅助弹性元件——横向稳定器。

由此可见，汽车悬架的功能是缓冲、导向和减振，然而总的功能是传力。需要注意的是，悬架要具备上述功能，在结构上并非一定要设置满足上述各功能的单独装置。例如常见的钢板弹簧，除了作为弹性元件起缓冲作用外，当它在汽车上纵向安置并且一端与车架做固定铰连接时，它本身还能起到传递各向力和力矩以及决定车轮运动轨迹的作用，因而可不再另设置导向机构。此外，一般钢板弹簧是多片叠成的，本身具有一定的减振能力，在对减振要求不高的车辆上，也可以不装设减振器。

由悬架刚度和悬架弹簧的支承力量（簧载质量）所决定的车身固有频率（又称为振动系统的自由振动频率），是影响汽车行驶平顺性的悬架重要性能指标之一。人体所习惯的垂直振动频率是步行时身体上下振动的频率，为1～1.6Hz。车身固有频率应当尽可能地处于或接近这一频率范围。根据力学分析，如果将汽车看成一个弹性悬架上做单自由度振动的物体，则悬架系统的固有频率为

$$n = \frac{1}{2\pi}\sqrt{\frac{C}{M}} = \frac{1}{2\pi}\sqrt{\frac{g}{f}}$$

式中　　g——重力加速度；
　　　　f——悬架垂直变形（挠度）（mm）；
　　　　M——悬架簧载质量（kg）；
　　　　C（$C = Mg/f$）——悬架刚度。

由悬架系统固有频率可得如下结论：

1）在悬架所受垂直载荷一定时，悬架刚度越小，则汽车固有频率越低。但悬架刚度越小，在一定载荷下悬架垂直变形就越大，即车轮上下跳动所需要的空间越大，这对于簧载质量大的货车，在结构上是难以保证的，故实际上货车的车身固有频率往往偏高，而大大超过了上述理想的频率范围。

2）当悬架刚度一定时，簧载质量越大，则悬架垂直变形越大，而固有频率越低，故空车行驶时的车身固有频率要比满载行驶时要高。簧载质量变化范围越大，则频率变化范围也越大。

为了使簧载质量从相当于汽车空载到满载的范围内变化时，车身固有频率保持不变或变化很小，就需要将悬架刚度做成可变的，即空车时悬架刚度小，而载荷增大时，悬架刚度随之增大。

有些弹性元件本身的刚度就是可变的，如气体弹簧；有些悬架所用的弹性元件的刚度虽然是不变的，但是安装在悬架中后，可使整个悬架具有可变的刚度，例如扭杆弹簧悬架。

汽车悬架可分为两大类：非独立悬架和独立悬架。

① 非独立悬架，如图 10-44a 所示。其结构特点是两侧的车轮由一根整体式车桥相连。车轮连同车桥一起通过弹性悬架与车架（和车身）连接。当一侧车轮因道路不平而发生跳动时，必然引起另一侧车轮在汽车横向平面内发生摆动，故称为非独立悬架。

② 独立悬架，如图 10-44b 所示。其结构特点是车桥断开的，每一侧的车轮可以单独通过弹性悬架与车架（或车身）连接，两侧车轮可以单独跳动，互不影响，故称为独立悬架。

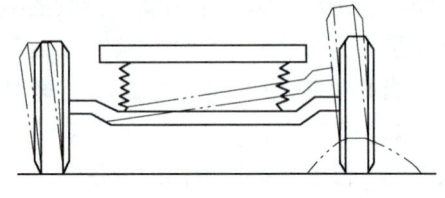

a) 非独立悬架

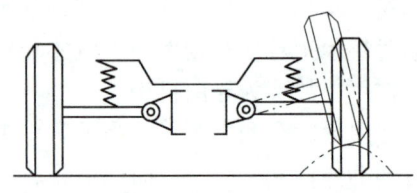

b) 独立悬架

图 10-44　非独立悬架和独立悬架

二、减振器

为加速车架与车身振动的衰减，以改善汽车的行驶平顺性，在大多数汽车的悬架系统内部装有减振器。减振器和弹性元件是并联安装的，如图 10-45 所示。

汽车悬架系统中广泛采用液力减振器。液力减振器的作用原理是，当车架与车桥做往返相对运动而活塞在缸筒内往返移动时，减振器壳体内的油液便反复地从内腔通过一些窄小的孔隙流入另一内腔。此时孔壁与油液间的摩擦及液体分子内摩擦便形成对振动的阻尼力，使车身和车架的振动能量转化为热能被油液和减振器壳体所吸收，然后散发到大气中。减振器阻尼力的大小随车架和车桥（或车轮）相对速度的增减而增减，并且与油液的黏度有关。要求油液的黏度受温度变化的影响尽可能小，而且具有抗氧化、抗气化及对各种金属和非金属零件无腐蚀作用等性能。

减振器的阻尼力越大，振动消除的越快，但却使并联的弹性元件的作用不能充分发挥，同时，过大的阻尼力还可能导致减振器的连接零件及车架损坏。为解决弹性元件与减振器之间的矛盾，对减振器提出如下要求：

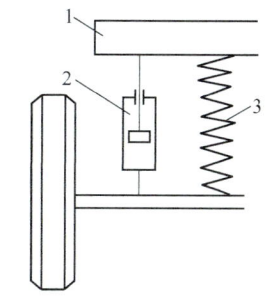

图 10-45　减振器和弹性元件的安装
1—车架　2—减振器　3—弹性元件

1) 在悬架压缩行程（车桥与车架相互移近的行程）内，减振器阻尼力应较小，以便充分利用弹性元件的弹性来缓和冲击。

2) 在悬架伸张行程（车桥与车架相互远离的行程）内，减振器的阻尼力应较大，以达到迅速减振的作用。

3) 当车桥（或车轮）与车架的相对速度较大时，减振器应当能自动加大液流通道截面积，使阻尼力始终保持在一定限度内，以避免承受过大的冲击载荷。

液力减振器按其结构形式不同，可分为筒式和摇臂式两种类型；按其作用方式不同，又可分为双向作用减振器和单向作用减振器两种。

在压缩和伸张两行程内均能起作用的减振器，称为双向作用减振器。另有一种仅在伸张行程内起作用的减振器，称为单向作用减振器。

（一）双向作用筒式减振器

双向作用筒式减振器一般都具有四个阀（图10-46），即压缩阀6、伸张阀4、流通阀8和补偿阀7。流通阀和补偿阀是一般的单向阀，其弹簧很弱，当阀上的油压作用力与弹簧力同向时，阀处于关闭状态，完全不通液流；而当油压作用力与弹簧力反向时，只要有很小的油压，阀便能开启。压缩阀与伸张阀是卸载阀，其弹簧较强，预紧力较大，只有当油压升高到一定程度时，阀才能开启，而当油压降低到一定程度时，阀即自行关闭。

双向作用筒式减振器的工作过程可分为压缩和伸张两个行程。

(1) 压缩行程　当汽车车轮滚上凸起物和滚出凹坑时，车轮移近车架（或车身），减振器受压缩，减振器活塞3下移。活塞下面的腔室（下腔）容积减小，油压升高，油液经流通阀8流到活塞上面的腔室（上腔）。由于上腔被活塞杆占去一部分空间，上腔内增加的容积小于下腔减小的容积，因此还有一部分油液推开压缩阀6，流回储油缸5。这些阀对油液的节流便造成对悬架压缩运动的阻尼力。

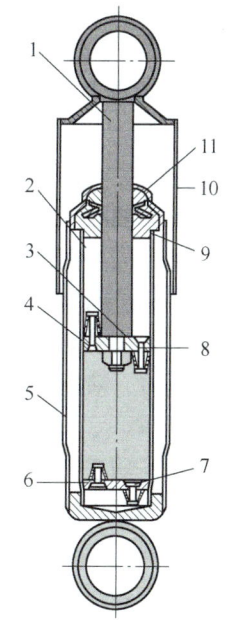

图 10-46　双向作用筒式减振器的结构
1—活塞杆　2—工作缸　3—活塞
4—伸张阀　5—储油缸　6—压缩阀
7—补偿阀　8—流通阀　9—导向座
10—防尘罩　11—油封

（2）伸张行程　当车轮滚进凹坑或滚离凸起时，车轮相对车身移开，减振器受拉伸。此时减振器活塞向上移动。活塞上腔油压升高，流通阀8关闭。上腔内的油液便推开伸张阀4流入下腔。同样，由于活塞杆的存在，自上腔流来的油液还不足以充满下腔所增加的容积，下腔内产生一定的真空度，这时储油缸中的油液便推开补偿阀7流入下腔进行补充。此时，这些阀的节流作用即造成对悬架伸张运动的阻尼力。

压缩阀的节流阻力应设计成随活塞运动速度而变化。例如，当车架或车身振动缓慢（即活塞向下的运动速度低）时，油压不足以克服压缩阀弹簧的预紧力而推开阀门。此时，多余部分的油液便经一些常通的缝隙流回储油腔。当车身振动剧烈，即活塞向下运动的速度高时，则活塞在很短的时间内通过较大的通道流回储油缸。这样，油压和阻尼力都不致超过一定限度，以保证压缩行程中弹性元件的缓冲作用得到充分发挥。

同样，伸张行程中减振器的阻尼力也应设计成随活塞运动速度而变化。当车轮向下运动速度不大（即活塞向上的运动速度不大）时，油液经伸张阀的常通孔隙流入下腔，由于通道截面积很小，便产生较大的阻尼力，从而消耗了振动能量，使振动迅速衰减。当车身振动剧烈时，活塞上移速度增大到使油压足以克服伸张阀弹簧的预紧力时，伸张阀开启，通道截面积增大，使油压和阻尼保持在一定限度以内。这样，可使减振器及悬架系统的某些零件不会因超载而损坏。

由于伸张阀弹簧的刚度和预紧力比压缩阀的大，在同样的油压力作用下，伸张阀及相应的常通缝隙的通道截面积总和小于压缩阀及相应的常通缝隙的通道截面积总和，这就保证了减振器在伸张行程内产生的阻尼力比压缩行程内产生的阻尼力大得多。

（二）新型减振器

1. 充气式减振器

图10-47所示为一种轿车用充气式减振器，其结构特点是在缸筒的下部装有一个浮动活塞5，在浮动活塞与缸筒一端形成密闭气室8中，充有高压（2~3MPa）的氮气。在浮动活塞的上面是减振器油液。浮动活塞上装有的O形密封圈4，把油和气完全分开。工作活塞6上装有随其运动速度大小而改变通道截面积的压缩阀2和伸张阀3。此二阀均由一组厚度相同、直径不等、由大到小而排列的弹簧钢片组成。

当车轮上下跳动时，减振器的工作活塞在油液中做往复运动，使工作活塞的上腔和下腔之间产生油压差，液压油便推开压缩阀或伸张阀而来回流动。由于阀对液压油产生较大的阻尼，使振动衰减。

由于活塞杆的进出而引起的缸筒容积的变化，则由浮动活塞的上下运动来补偿。因此，这种减振器不需储液缸，所以又称为单筒式减振器。

2. 阻力可调式减振器

悬架系统中理想的阻力特性应随使用因素（如道路条件、载荷）的变化而改变，即减振器的阻力应和悬架系统的参数有适当的匹配关系。当悬架系统的某一参数发生变化时，减振器的阻力也应随之而改变，从而保证悬架系统具有良好的振动特性。

图10-48所示为某些高级轿车用阻力可调式减振器的结构。

装有阻力可调式减振器的悬架系统采用了刚度可变的空气弹簧。其工作原理是，当汽车的载荷增加时，空气囊中的气压升高，则气室1内的气压也随之升高，膜片向下移动与弹簧7产生的压力相平衡。与此同时，膜片带动与它相连的柱塞杆6和柱塞5下移，因而使得柱塞相对空心连杆 2 上的节流孔 4 的位置发生变化，结果减小了节流孔的通道截面积，也就是减少了节流孔的流量，从而增加了油液流动阻力。反之，当汽车载荷减小时，柱塞上移，增大了节流孔的通道截面积，从而减小了油液的流动阻力。因此，达到了随着汽车载荷的变化而改变减振器阻力的目的。由于可根据汽车的不同载荷调节悬架的软硬，这种阻力可调式减振器有可能被逐步推广应用。

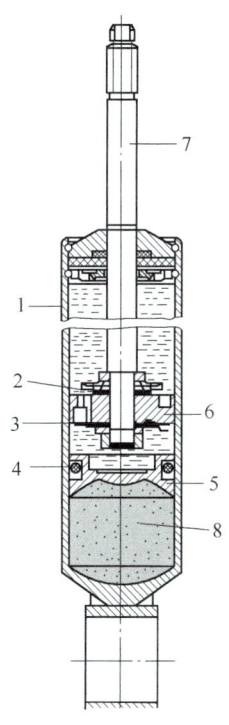

图 10-47　充气式减振器的结构
1—工作缸　2—压缩阀　3—伸张阀
4—O 形密封圈　5—浮动活塞
6—工作活塞　7—活塞杆　8—密闭气室

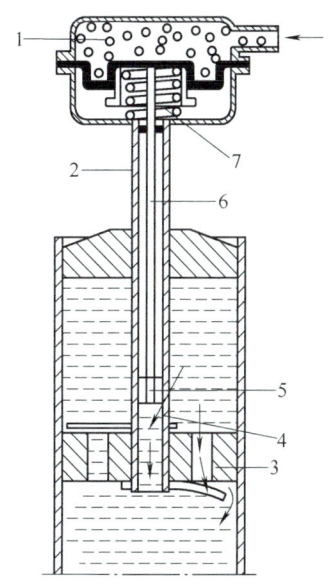

图 10-48　阻力可调式减振器的结构
1—气室　2—空心连杆　3—活塞　4—节流孔
5—柱塞　6—柱塞杆　7—弹簧

三、弹性元件

（一）钢板弹簧

钢板弹簧是汽车悬架中应用最广泛的一种弹性元件。钢板弹簧是由若干片等宽但不等长（厚度相等或不相等）的合金弹簧片组合而成的一根近似等强度的弹性梁，其一般构造如图 10-49 所示。

钢板弹簧的第一片（最长的一片）称为主片，其两端弯成卷耳 1，内装青铜或塑料、橡胶、粉末冶金等制成的衬套，用弹簧钢板销与固定在车架上的支架或吊耳进行铰链连接。钢板弹簧的中部，一般用 U 形螺栓固定在车桥上。

主片卷耳受力严重，是薄弱处。为改善主片卷耳的受力情况，常将第二片末端也弯成卷耳，包在主片卷耳外面（又称为包耳）。为了使得在弹簧变形时各片有相对滑动的可能，在主片卷耳和第二片包耳之间留有较大的空隙。

当钢板弹簧安装在汽车悬架中，所承受的垂直载荷为正向时，各个力的方向和作用点如图 10-49b 中的箭头所示。各弹簧片都受力变形，有向上拱弯的趋势，这时车桥和车架便互相靠近；当车桥和车架互相远离时，钢板弹簧所受的正向垂直载荷和变形便逐渐减小，有时甚至会反向。

中心螺栓 4 用来联接各弹簧片，并保证各片装配时的相对位置。中心螺栓到两端卷耳中心的距离可以相等（称为对称式钢板弹簧，见图 10-49a），也可以不相等（称为非对称式钢板弹簧，见图 10-49b）。联接各片的构件，除中心螺栓外，还有若干个弹簧夹（也称为回弹夹）2，其主要作用是当钢板弹簧反向变形（即反跳）时，使各片不至于分开，以免主片单独承载，此外，还可防止各片横向错动。弹簧夹的两边用铆钉铆接在与之相连的最下面弹簧片的端部。弹簧夹的两边用螺栓 5 联接，在螺栓上有套管 6 顶住弹簧夹的两边，以免将弹簧片夹得过紧。在螺栓套管与弹簧片之间有一定的间隙（不小于 1.5mm），以保证弹簧变形时，各片可以互相滑移。

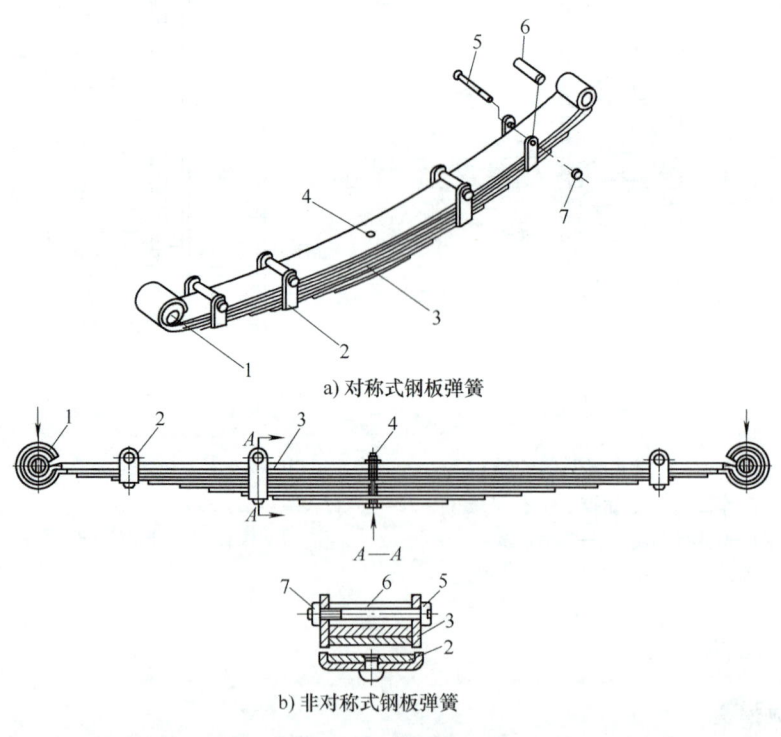

图 10-49 钢板弹簧
1—卷耳 2—弹簧夹 3—钢板弹簧 4—中心螺栓 5—螺栓 6—套管 7—螺母

钢板弹簧在载荷作用下变形时，各片之间因相对滑动而产生摩擦，可促使车架的振动衰减。但各弹簧片间的干摩擦，将使车轮所受冲击在很大程度上传给车架，于是降低了悬架缓和冲击的能力，并使各弹簧片加速磨损。为减少弹簧片的磨损，在装合钢板弹簧时，各片间必须涂上石墨润滑脂，并定期进行保养。为了在使用期间长期储存润滑脂和防止污染，有时将钢板弹簧安装在护套内。

前已述及，钢板弹簧本身还能兼起导向作用，并且由于各片之间的摩擦而起到一定的减振作用。为了保证在弹簧片间产生定值摩擦力以及消除噪声,可在弹簧片之间夹入塑料片。如某些高级轿车(例如红旗 CA7560 型轿车)的后悬架钢板弹簧,即采用这种结构。

目前,越来越多的汽车上采用变截面钢板弹簧。这种少片变截面钢板弹簧是由单片或 2~3 片变厚度断面的弹簧片构成的,如图 10-50 所示,其弹簧片的断面尺寸沿长度方向是变化的,而片宽保持不变。这种少片变截面钢板弹簧克服了钢板弹簧质量大、性能差的缺点。一般地,在两种弹簧寿命相等的情况下,少片变截面钢板弹簧可减少质量 40%~60%。因此,这种弹簧对车辆的轻量化、节约能源和节约合金弹簧钢材大为有利,故应用日渐广泛。例如,东风 EQ1141G 型 8t 货车的前簧和后副簧以及解放 CA1040 系列轻型货车的前后钢板弹簧,均采用了少片变截面钢板弹簧。

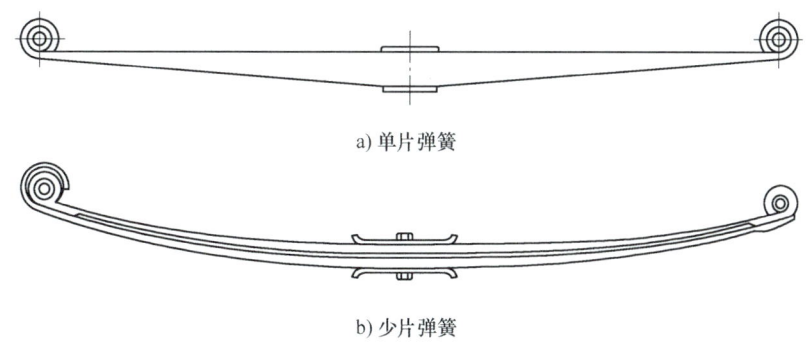

a) 单片弹簧

b) 少片弹簧

图 10-50 单片和少片变截面钢板弹簧

(二)螺旋弹簧

螺旋弹簧广泛应用于独立悬架,特别是前轮独立悬架。然而,在有些轿车的后轮非独立悬架中,其弹性元件也采用螺旋弹簧,如图 10-51 所示。螺旋弹簧和钢板弹簧比较,具有以下优点:无须润滑,不忌污泥;纵向安置空间紧凑;弹簧本身质量小。

螺旋弹簧本身没有减振作用,因此在螺旋弹簧悬架中必须另装减振器。此外,螺旋弹簧只能承受垂直载荷,故必须装设导向机构以传递垂直力以外的各种力和力矩。

图 10-51 螺旋弹簧

螺旋弹簧用弹簧钢棒料卷制而成,可做成等螺距或变螺距的。前者刚度不变,后者刚度是可变的。

(三)气体弹簧

气体弹簧是在一个密封的容器中充入压缩气体(压力 0.5~1MPa),利用气体的可压缩性实现其弹簧作用的。这种弹簧的刚度是可变的,因为作用在弹簧上的载荷增加时,容器内的定量气体受压缩,气压升高,则弹簧的刚度增大;反之,当载荷减小时,容器内的气压下降,刚度减小,故它具有比较理想的变刚度特性。

气体弹簧有空气弹簧和油气弹簧两种。空气弹簧又有囊式图(10-52a)和膜式(图 10-52b)两种类型。

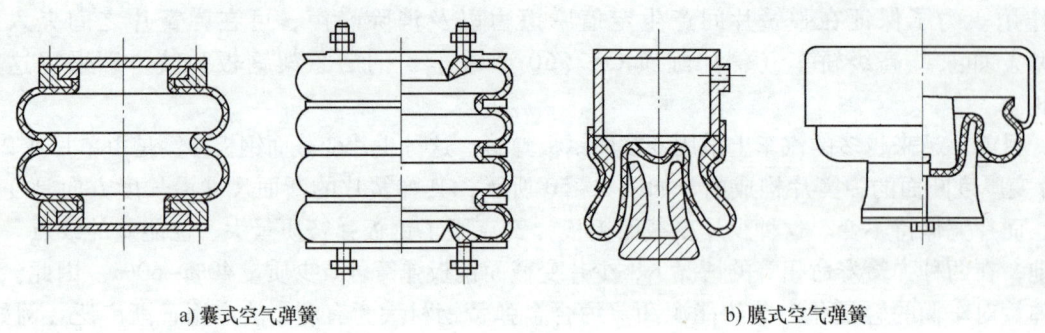

a) 囊式空气弹簧   b) 膜式空气弹簧

图 10-52　空气弹簧

1. 囊式空气弹簧

囊式空气弹簧由夹有帘线的橡胶气囊和密闭在其中的压缩空气组成。气囊的内层用气密性的橡胶制成，而外层则用耐油橡胶制成。气囊一般做成如图 10-52a 左边所示的两节，但也有单节或多节的。节数越多，弹性越好。节与节之间围有钢制的腰环，使中间部分不致有径向扩张，并防止两节之间产生相互摩擦。气囊的上下盖板密闭。

2. 膜式空气弹簧

膜式空气弹簧的密闭气囊由橡胶膜片和金属压制件组成。与囊式空气弹簧相比，其弹性特性曲线比较理想，因其刚度较囊式空气弹簧小，车身固有频率较低，而且尺度较小，在车上便于布置，故多用在轿车上；但是制造较困难，寿命也比较短。

空气弹簧与金属弹簧相比，除具有弹簧刚度随载荷变化而变化，使其振动频率变化很小的特点外，还可通过控制阀（高度阀）自动调节悬架弹簧内的气体压力来实现车身高度的自动调节，以使车身离地高度保持一定。空气弹簧还具有质量小、寿命长等优点。但是，气体弹簧高度较大，在布置上有一定的困难。此外，其密封环节多，容易漏气。空气弹簧和螺旋弹簧一样，只能承受垂直载荷，故空气弹簧悬架中必须设置纵向和横向推力杆等导向机构，还必须装有减振器。

3. 油气弹簧

油气弹簧以气体（一般为惰性气体氮）作为弹性介质，用油液作为传力介质。油气弹簧一般是由气体弹簧和相当于液力减振器的液压缸所组成。

油气弹簧的形式有单气室、双气室以及两级压力式等。图 10-53 所示为单气室油气弹簧的工作原理。

单气室油气弹簧又分为油气分隔式（图 10-53a）和油气不分隔式（10-53b）两种。前者可防止油液乳化，而且便于充气。

（1）单气室油气分隔式油气弹簧　图 10-54 所示为轿车和轻型汽车上用的一种单气室油气分隔式油气弹簧。上下半球室构成的球形气室固装在工作缸 10 上，球形气室的内腔用橡胶油气隔膜 5 隔开，上半球充入高压氮气，下半球室通过减振器阻尼阀 9 与工作缸内腔相通，并充满了工作油液。油气隔膜的作用在于把作为弹性介质的高压氮气和工作油液分开，以避免工作油液乳化，同时

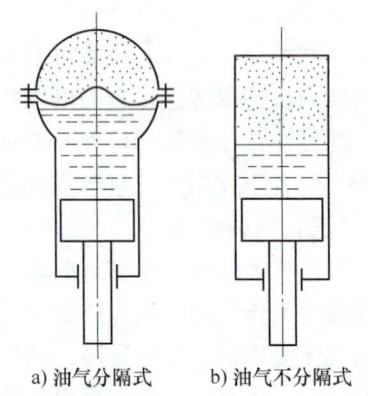

a) 油气分隔式   b) 油气不分隔式

图 10-53　单气室油气弹簧的工作原理

也便于充气和维护。工作缸固定在车上（车架）上，其活塞3与活塞导向缸12连接成一体，悬架活塞杆1的下端与悬架的摆臂（或车桥）相联接。当悬架摆臂（或车桥）与车身（或车桥）相对运动时，活塞和活塞导向缸便在工作缸内上下滑动，而工作油液通过减振器阻尼阀9来回运动，起到减振作用。

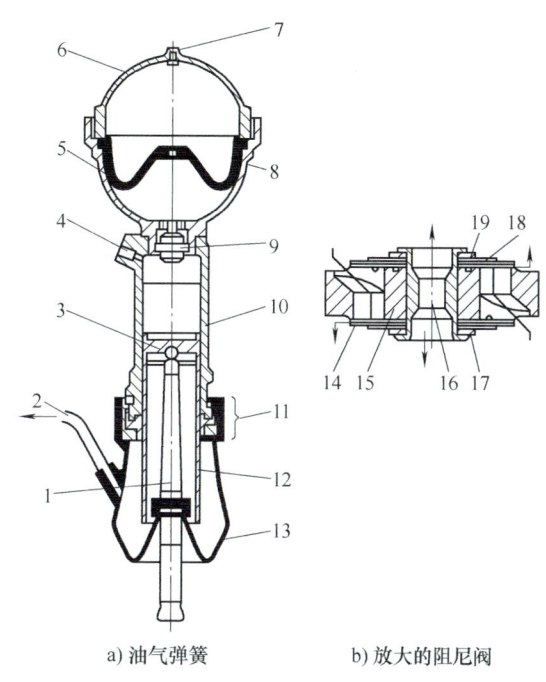

图 10-54　单气室油气分隔式油气弹簧

1—悬架活塞杆　2—油溢出口　3—活塞　4—加油口　5—橡胶油隔膜　6—上半球室　7—充气活塞　8—下半球室　9—减振器阻尼阀　10—工作缸　11—密封装置　12—活塞导向缸　13—防护罩　14—伸张阀　15—阀体　16—油液节流口　17—伸张阀限位挡片　18—压缩阀　19—压缩阀限位挡片

当载荷增加，悬架摆臂（车桥）与车身（车架）之间的距离缩短时，活塞及导向缸上移，使充满工作液的内腔容积减小，迫使工作液经压缩阀18进入球形气室，从而推动油气隔膜向具有一定压力的氮气室移动，使气体容积减小，氮气压力升高。当活塞向上的推力（外界载荷）与氮气压力向下的反作用力相等时，活塞便停止移动。于是，车身（车架）与悬架摆臂（车桥）间的相对位置不再变化。当载荷减小，即推动活塞上移的作用力减小时，油气隔膜在高压氮气作用下向下移动，迫使工作液经伸张阀14流回工作缸内腔，推动活塞向下移动，车身（车架）与悬架摆臂（车桥）之间的距离变长，直到氮气室内的压力通过工作液的传递转化为作用在活塞上的力与外界减小的载荷相等时，活塞才停止移动。

汽车在行驶过程中，油气弹簧所受的载荷是变化的，因此活塞便相应地在工作缸中处于不同的位置。由于氮气充满在密闭的球形气室内，作用在油气隔膜上的载荷较小时，气体弹簧的刚度较小，随着载荷的增加，气体弹簧的刚度变大，故它具有变刚度的特性。可见，油气弹簧是空气弹簧的一种特例，它以氮气作为弹性介质，而在气体弹簧与活塞之间引入油液作为传力介质。

（2）单气室油气不分隔式油气弹簧　图 10-55 所示为某重型自卸汽车前悬架的单气室

油气不分隔式油气弹簧，其工作缸 2 固定在车架上，管形活塞 1 的下端与转向节相连。该油气弹簧不仅是前悬架的弹性元件，而且还兼作转向主销。

管形活塞内腔以及活塞与工作缸壁间形成的环形腔 3 内都充满着工作油液。在管形活塞头的上面有一油层，既可以润滑活塞又可以作为气室的密封。油层上方的空间即为高压气室，其中充满高压氮气。气体和油液之间没有任何隔离装置。

在悬臂压缩行程中，管形活塞在工作缸内向上移动，高压气室内的容积缩小，氮气被进一步压缩。此时油压升高，并迫使一部分油液经管形活塞上的常通孔 4 并推开单向球阀 5 流入容积增大的环形腔 3 内。当载荷减小时（即在伸张行程中），管形活塞向下移动，高压气室内的容积增大，气体压力和油压都下降，环形腔容积缩小，而此时单向球阀关闭，其内部的油液只能经过常通孔返回管形活塞内腔。因此，增加了伸张行程的阻尼力。同时，在这种结构中，它的工作缸盖上还装设了一个伸张行程限制器 6（伸进管形活塞内腔），用以防止活塞与缸体底部撞击或从缸体中脱出。

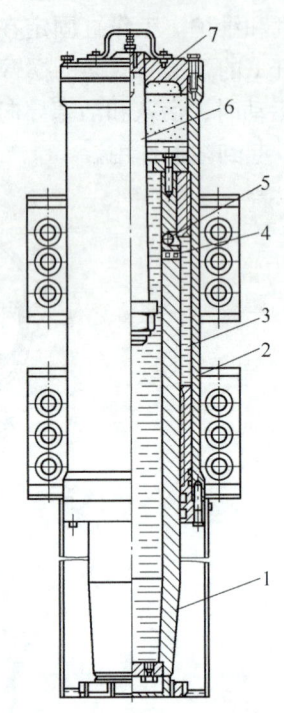

图 10-55 单气室油气不分隔式油气弹簧
1—管形活塞 2—工作缸 3—环形腔 4—常通孔
5—单向球阀 6—伸张行程限制器 7—工作缸盖

单气室油气弹簧的结构简单，工作可靠，加工要求较低，维护也较方便。但是，单气室的油气弹簧在伸张行程中的刚度较低，因而悬架的伸张行程较大，将产生活塞撞击底部，甚至会发生活塞从缸体中拉脱的危险事故。因此，在该油气悬架中，采用增加伸张行程的阻尼，确保油气悬架在伸张行程中安全可靠地工作。

（3）双气室油气弹簧 如图 10-56 所示，双气室油气弹簧比单气室油气弹簧多一个作用力方向相反的反压气室 B 和一个浮动活塞 3。

当弹簧处于压缩行程时，主气室 A 中的主活塞 1 上移，使主气室内的气压升高，弹簧的刚度增大。此时，浮动活塞 3 下面的油液在反压气室的气体压力作用下，经通道 2 流入主气室的活塞下面，补充活塞上移后空出的容积，而反压气室内的压力下降。当弹簧处于伸张行程时，主活塞下移，主气室内的气压降低，主活塞下面的油压受挤压，经通道流回浮动活塞的下面，推动浮动活塞上移，而使反压气室内的气压增高，从而提高了伸张行程的弹簧刚度。这种油气弹簧消除了在伸张行程中活塞与缸体底部发生撞击的可能性。

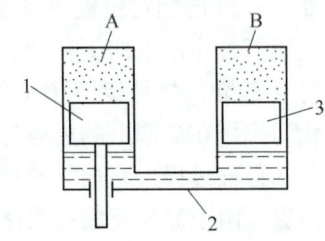

图 10-56 双气室油气弹簧的工作原理
1—主活塞 2—通道 3—浮动活塞
A—主气室 B—反压气室

图 10-57 所示为双气室（带反压气室）的油气弹簧的结构。主工作缸 2 和副工作缸 3 连成一体。主活塞 1 的上腔为主气室，浮动活塞 4 的上腔为反压气室，此二气室皆为油气不分隔式。主活塞在主工作缸中上下移动，其下端与车桥（或车轮）相连，工作缸和车架相连。

在副工作缸下部的阻尼阀体 5 上设有阻尼阀，以保证油气弹簧在压缩和伸张行程中具有不同的阻尼力。

上述单气室和双气室两种油气弹簧的刚度比较小，因而当弹簧载荷变化时，悬架系统的自然振动频率变化幅度较大。如果要保证在汽车空载和满载时悬架都具有较低的自然振动频率，则其结构就会过大而难于在车身下布置，为此需要刚度变化幅度较大的两级压力式油气弹簧。

（4）两级压力式油气弹簧　如图 10-58 所示，在工作活塞 1 的上方设有两个并列气室，但两个并列气室的工作压力不同，主气室 A 的气压与单气室油气弹簧的气压相近，而补偿气室 B 内的气压则较高。因此，两个气室不同时参加工作。其作用相当于钢板弹簧的主簧和副簧的作用。当弹簧载荷较小时，主气室首先参加工作，其中的气压随着载荷继续增加而逐渐升高。当油气弹簧所承受的载荷增加到使主气室的气压稍超过补偿气室内的气压时，补偿气室才参加工作。

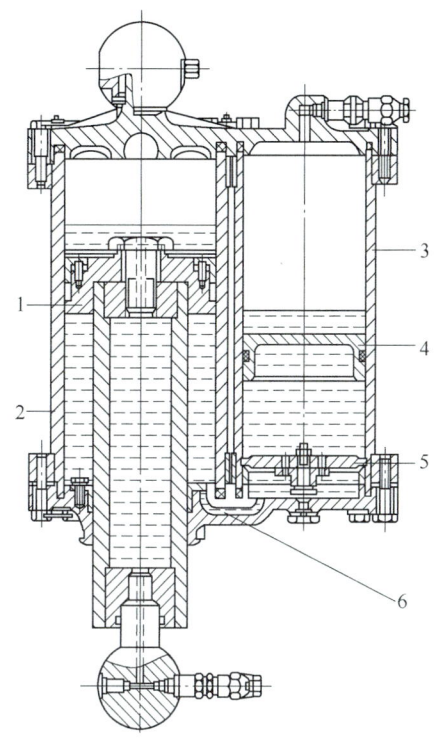

图 10-57　双气室（带反压气室）的油气弹簧的结构
1—主活塞　2—主工作缸　3—副工作缸
4—浮动活塞　5—阻尼阀体　6—通道

此时，如果油气弹簧上的载荷继续增加时，补偿气室和主气室共同工作。这种结构使弹簧刚度的变化更加符合悬架性能的要求，从而保证汽车满载和空载时悬架系统有大致相当的固有频率。

空气弹簧和油气弹簧都同螺旋弹簧一样，只能承受垂直载荷，故空气弹簧悬架中必须设置纵向和横向推力杆等导向机构。空气弹簧悬架中还必须装有减振器。

空气弹簧可以借专门的控制阀（高度阀）自动调节气囊或气室的原始充气压力，以使车身离地高度保持一定。

空气弹簧的质量比任何弹簧的都小，且使用寿命也较长，但高度较大，在布置上有一定困难。此外，其密封环节多，容易漏气。

油气弹簧应用于重型汽车上时，其体积和质量都较钢板弹簧小（质量可减少 50% 以上）。但油气弹簧对气体和油液的密封要求很高，因而对加工和装配的精度要求和对相对滑动的工作表面的表面粗糙度和耐磨性要求都很高。此外，油气弹簧的维护也较麻烦。

（四）橡胶弹簧

橡胶弹簧是利用橡胶本身的弹性来起弹性元件的作用。它可以承受压缩载荷（见图 10-59a）与扭转载荷（见图 10-59b）。其优点是单位质量的储能量较金属弹簧的多，隔声性能好，工作无噪声，不需要润滑。由于橡胶弹簧的内摩擦较大，因此橡胶弹簧具有一定的减振能力。

橡胶弹簧多用作悬架的副簧和缓冲块。

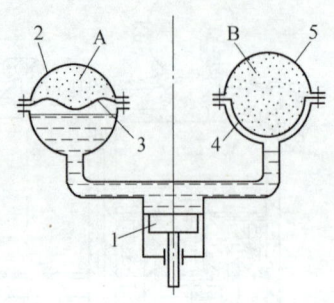 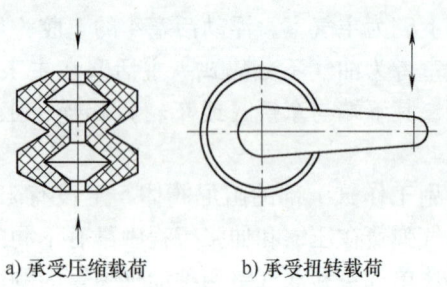

图 10-58 两级压力式油气弹簧的工作原理
1—工作活塞 2—第一级压缩缸
3、4—橡胶油气隔膜 5—第二级压缩缸
A—主气室 B—补偿气室

图 10-59 橡胶弹簧

四、非独立悬架

非独立悬架的结构简单，工作可靠性高，因此被广泛应用于货车的前、后悬架。在少数轿车中，非独立悬架仅用作后悬架。

对于悬架结构，特别是导向机构的结构，随所采用弹性元件的不同而有差异，有时差别还很大。采用螺旋弹簧、气体弹簧时，需要有效的复杂的导向机构。而采用钢板弹簧时，由于钢板弹簧本身可起导向作用，使得悬架结构大为简化，因而在非独立悬架中大多数采用钢板弹簧作为弹性元件。

（一）纵置板簧式非独立悬架

钢板弹簧通常是纵向安置的。图 10-60 所示为解放 CA1091 型汽车的前悬架。前钢板弹簧 2 中部用两个 U 形螺栓固定在前轴的工字梁上。弹簧两端的卷耳孔中压入衬套。前端卷耳用钢板弹簧销 15 与前支架 1 相连，形成固定的铰接支点；而后端卷耳则通过前板簧吊耳销 14 与用铰链挂在吊耳支架 10 上可以自由摆动的吊耳 9 相连接，从而保证了弹簧变形时两卷耳中线间的距离有改变的可能。这种用铰链和吊耳将钢板弹簧两端固定在车架上的结构，是目前广泛采用的一种连接形式。

解放 CA1091 型汽车的钢板弹簧销钻有轴向油道。通过油嘴将锂基润滑油脂加至衬套处，以起到润滑作用。使用时，应注意定期加注润滑脂，以免磨损加剧。

为加速振动的衰减，以改善驾驶人的乘坐舒适性，在货车的前悬架中一般都装有减振器，而货车后悬架不一定安装减振器。

解放 CA1091 型汽车的前悬架装设双向作用式减振器 8，减振器的上下吊环通过橡胶衬套和减振器连接销 13，分别与固定在车架和车桥上、下支架 7、12 相连接。

在前板簧盖板 4 上装有橡胶缓冲块 5，以限制弹簧的最大变形并防止弹簧直接撞击车架。

货车后悬架所承受的载荷因汽车行驶时实际装载质量不同而在很大范围内变化，因而为保持车身固有频率不变或变化很小，后悬架刚度应该是可变的，而且变化幅度应较前悬架要大，一般可采取的措施是在后悬架中加副簧。

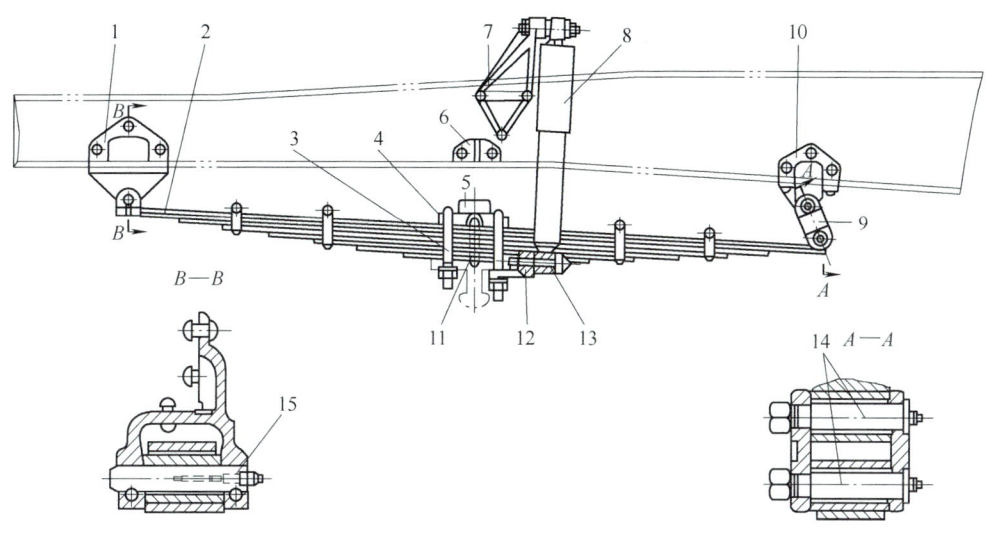

图 10-60 解放 CA1091 型汽车的前悬架
1—钢板弹簧前支架 2—前钢板弹簧 3—U 形螺栓 4—前板簧盖板 5—缓冲块 6—限位块
7—减振器上支架 8—减振器 9—吊耳 10—吊耳支架 11—中心螺栓 12—减振器下支架
13—减振器连接销 14—前板簧吊耳销 15—钢板弹簧销

图 10-61 所示为东风 EQ1090E 型汽车的后悬架。它由主钢板弹簧和副钢板弹簧叠合而成，是中型货车后悬架常用的结构。从受力情况而言，主、副钢板弹簧是并联的。

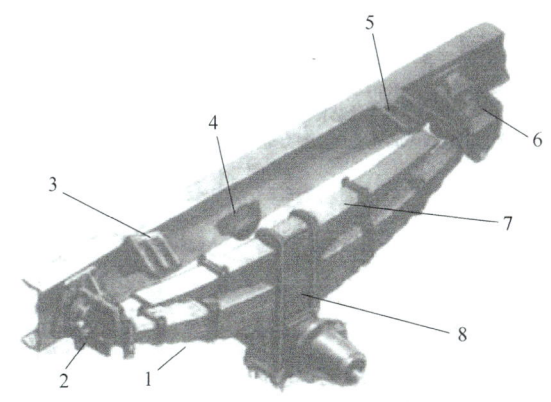

图 10-61 东风 EQ1090E 型汽车的后悬架
1—主钢板弹簧 2—前支架总成 3—副簧前滑板式支座 4—缓冲块总成
5—副簧后滑板式支座 6—吊耳总成 7—副弹簧总成 8—U 形螺栓

当汽车空载或实际装载质量不大时，副簧不承受载荷而由主簧单独工作。在重载荷和满载情况下，车架相对车桥下移，使车架上的副簧滑板式支座与副簧接触，即主、副簧共同参加工作，共同承受载荷而使悬架刚度增大，以保证车身振动频率不致因载荷增大而变化过大。

这种结构悬架的主要缺点是刚度的增加很突然，对汽车行驶平顺性不利。

(二) 螺旋弹簧非独立悬架

螺旋弹簧非独立悬架一般只用作轿车的后悬架，如桑塔纳、捷达、奥迪 100 和红旗 CA7200 型等轿车的后悬架都是这种形式。图 10-62 所示为红旗 CA7220 和奥迪 100 型轿车的后悬架。

两端车轮用一根整体后轴 3 相连，纵向推力杆 1 的一端和车轴固定在一起，另一端头部有孔，里边装有橡胶衬套，联接螺栓穿过橡胶衬套中间的孔和车身连接，并形成铰链点，汽车行驶过程中，整个后轴可以通过纵向推力杆和车身连接的铰链点进行纵向摆动。由于铰链点处的橡胶衬套有一定的厚度和长度，橡胶本身又有弹性，所以后轴在铰链点摆动时，根据受力方向不同，橡胶衬套可以在各个方向产生较小的变形防止运动干涉。

左右两个螺旋弹簧的间距应尽可能大，以提高悬架的横向角刚度。

横向推力杆 5 是用来传递车轴和车身之间的横向作用力及其力矩的，加强杆 4 的作用是加强横向推力杆的安装强度，并可使车身受力均匀。

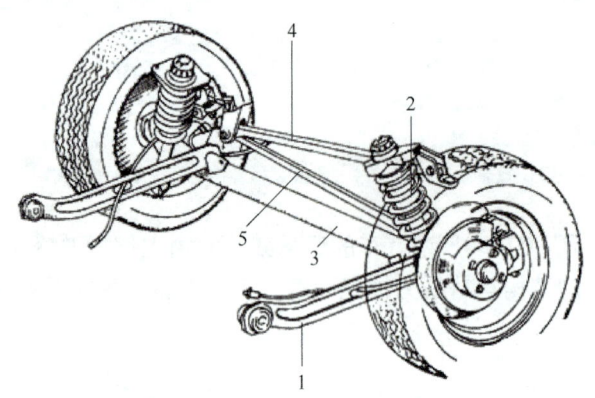

图 10-62 螺旋弹簧非独立悬架
1—纵向推力杆 2—螺旋弹簧和减振器总成 3—后轴 4—加强杆 5—横向推力杆

(三) 空气弹簧非独立悬架

图 10-63 所示为空气弹簧非独立悬架的结构。囊式空气弹簧 5 的上下端分别固定在车架和车桥（或与车桥相连的支架）上，从压缩机 1 产生的压缩空气经油水分离器 10 和压力调节器 9 进入储气筒 8。压力调节器可使储气筒中的压缩空气保持一定的压力。储气罐 6 通过管路与两个（或几个）空气弹簧相通。储气罐和空气弹簧中的空气压力由车身高度调节阀 3 控制，空气弹簧和螺旋弹簧一样只能传递垂直力，其纵向力和横向力及其力矩也是由纵向推力杆和横向推力杆来传递，这种悬架中也装有减振器。

为提高汽车行驶平顺性，希望弹簧尽可能柔软，但如果弹簧太软，在汽车空载和满载时，弹

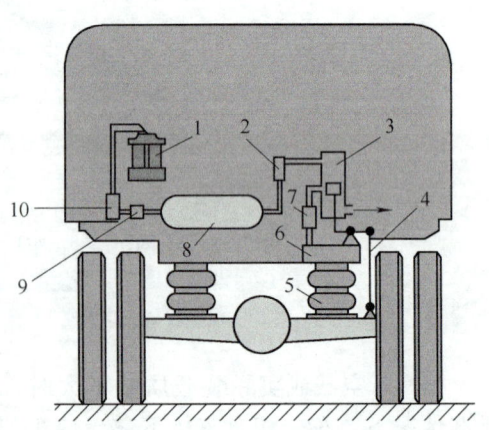

图 10-63 空气弹簧非独立悬架的结构
1—压缩机 2、7—空气滤清器 3—车身高度调节阀
4—控制杆 5—空气弹簧 6—储气罐 8—储气筒
9—压力调节器 10—油水分离器

簧的变形数值会相差很大，空车时车身将被抬得很高，满载时车身则被压得很低，出现经常碰撞缓冲块的现象。不同类型的汽车在使用中对车身高度的变化有不同的要求，对重型矿用车及大型客车而言，要求空车和满载时车身高度相等；对于轿车，要求在较差路面上提高车身以便增大通过能力。也就是说，在保证行驶平顺性的前提下，车身高度与汽车使用要求之间存在着较大的矛盾。为此，应该对车身高度进行调节。

采用空气弹簧悬架时，容易实现车身高度的自动调节。在装有压缩机的汽车上，一般用随载荷不同而改变空气弹簧内的空气压力的方法来达到这个目的。图10-63 所示的车身高度调节阀3即起这个作用。车身高度调节阀固定在车架上，通过控制杆4与车桥相连，高度调节阀阀体内有两个阀：通气源的通气阀和通大气的放气阀，这两个阀均由控制杆操纵。当汽车载荷增加，车桥移近车架时，控制杆上升，通过摇臂机构打开充气阀，压缩空气便进入空气弹簧，使车架和车身升高，直到恢复车身与车桥的原定距离为止；而当载荷减小，车桥远离车架时，控制杆下移，打开放气阀，则空气弹簧内的空气排入大气，车身和车架随即降低至原定数值。

（四）油气弹簧非独立悬架

油气弹簧安装在汽车上，和其他弹簧一样，可以构成独立悬架或非独立悬架。图10-64所示为某矿用自卸汽车油气弹簧非独立悬架的结构。两个油气弹簧1的两端分别固定在前轴的支架2上，左、右两侧各有一根下纵向推力杆11，装在前轴6和纵梁4之间。一根纵向推力杆8安装在前轴的支架9和纵梁4的内侧支架上。上、下两纵向推力杆构成平行四边形，既可传递纵向力，承受制动力引起的反作用力矩，又可保证车轮上下跳动时主销倾角不变，有利于汽车的操纵稳定性，一根横向推力杆3安装在左侧纵梁和前轴右侧的支架上，传递侧向力。在两纵梁下面有缓冲块7，以避免在很大的冲击载荷作用下前轴直接碰撞车架。

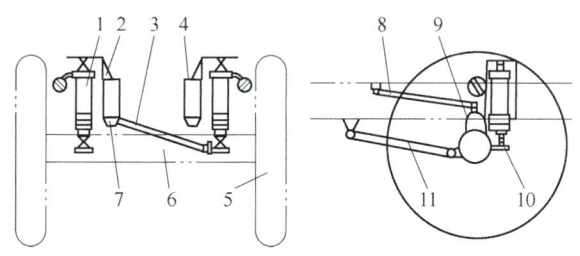

图10-64 某矿用自卸汽车油气弹簧非独立悬架的结构
1—油气弹簧　2、9、10—支架　3—横向推力杆　4—纵梁　5—车轮　6—前轴
7—缓冲块　8—上纵向推力杆　11—下纵向推力杆

重型自卸汽车采用油气弹簧悬架，与钢板弹簧悬架相比，油气弹簧悬架具有变刚度特性，可保证汽车具有良好的行驶平顺性。特别是工地和矿山用车，其道路条件和装卸条件都很恶劣（用大型电铲将矿石从空中往车厢内倾装时，会产生很大的冲击），采用油气弹簧悬架后，可显著地缓和冲击，减少颠簸，从而改善驾驶人的劳动条件和提高平均车速；油气弹簧纵向尺寸小，对整车总布置有利，有的自卸汽车采用了烛式独立悬架，能使转向轮偏转角达45°，大大减小了汽车的转弯半径；改变缸筒工作腔的油量和气室的充气压力，可得到不同的变形刚度特性，从而使油气弹簧的主要部件可以在不同吨位的汽车上通用。因此，油气弹簧悬架

越来越广泛地被用在大型矿用自卸汽车上。

五、独立悬架

非独立悬架已不能满足汽车高速行驶的平顺性和操纵稳定性等方面提出的要求。因此，独立悬架获得了很大的发展。

独立悬架的结构特点是两侧的车轮各自独立地与车架或车身弹性连接（见图 10-65b），因而具有很多优点：

1）在悬架弹性元件一定的变形范围内，两侧车轮可以单独运动而互不影响，这样在不平道路上可减少车架和车身的振动，而且有助于消除转向轮不断偏摆的不良现象。

2）减小了汽车的非簧载质量。在非独立悬架的情况下，整个车桥和车轮都属于非簧载质量部分。在采用独立悬架时，对驱动桥而言，由于主减速器、差速器及外壳固定在车架上，成了簧载质量；对转向轴而言，它仅具有转向主销和转向节，而中部的整体梁不再存在，所以在采用独立悬架时，非簧载质量只

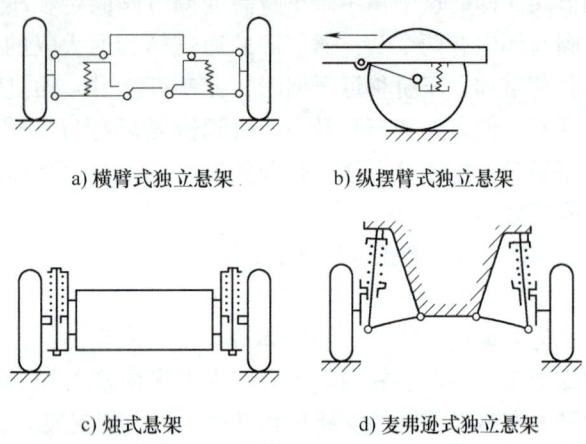

a) 横臂式独立悬架　　b) 纵摆臂式独立悬架

c) 烛式悬架　　d) 麦弗逊式独立悬架

图 10-65　三种基本类型的独立悬架

包括车轮质量和悬架系统中的一部分零件的全部或部分质量，显然比用非独立悬架时的非簧载质量要小得多。在道路条件和车速相同时，非簧载质量越小，则悬架所受到的冲击载荷也越小，故采用独立悬架可以提高汽车的平均行驶速度。

3）采用断开式车桥，发动机总成的位置可以降低和前移，使汽车重心下降，提高了汽车行驶稳定性；同时给予车轮较大的上下运动的空间，因而可以将悬架刚度设计得较小，使车身振动频率降低，以改善行驶平顺性。

以上优点使独立悬架广泛地被应用在现代汽车上，特别是轿车的转向轮普遍采用了独立悬架。但是，独立悬架结构复杂，制造成本高；维修不便；在一般情况下，车轮跳动时，由于车轮外倾角与轮距变化较大，轮胎磨损较严重。

某些具有特殊要求的越野汽车全部车轮采用独立悬架是合理的，因为除上述优点外，全部车轮采用独立悬架可保证汽车在不平道路上行驶时，所有车轮和路面有良好的接触，从而增大牵引力；此外，可增大汽车的离地间隙，因而大大提高了越野汽车的通过性能。

独立悬架中多采用螺旋弹簧和扭杆弹簧作为弹性元件，钢板弹簧和其他形式的弹簧用得较少。

独立悬架的结构类型很多，主要可按车轮运动形式分成三类：

① 车轮在汽车横向平面内摆动的悬架，即横臂式独立悬架，如图 10-65a 所示。

② 车轮在汽车纵向平面内摆动的悬架，即纵摆臂式独立悬架，如图 10-65b 所示。

③ 车轮沿主销移动的悬架，其中包括烛式悬架（见图 10-65c）和麦弗逊式独立悬架（见图 10-65d）。

在有的独立悬架中,车轮是在汽车的斜向平面内摆动的。

(一) 横臂式独立悬架

横臂式独立悬架可分为双横臂式和单横臂式两种。

1. 单横臂式独立悬架

这种独立悬架的特点是当悬架变形时,车轮平面将产生倾斜而改变两侧车轮与路面接触点间的距离,致使轮胎相对地面侧向滑移,破坏轮胎和地面的附着,且使轮胎磨损较严重。此外,这种悬架用于转向轮时,会使主销内侧倾角和车轮外倾角发生较大的变化,对于转向操纵有一定的影响,故目前很少采用。但是,由于其结构简单紧凑、布置方便,在车速不高的重型越野汽车上也有采用的。

图 10-66 所示为戴姆勒-奔驰轿车单横臂式后独立悬架的结构。在这种结构中,后桥半轴套管是断开的,主减速器的右面有一个单铰链 4,半轴可绕其摆动。在主减速器上面安置着起调节车身水平作用的油气弹性元件 2,它和螺旋弹簧 7 一起承受并传递垂直力。作用在车轮上的纵向力主要由推力杆 6 承受。中间支承 3 不仅可以承受侧向力,而且还可以部分地承受纵向力。为避免当车轮上下跳动时运动干涉,其纵向推力杆的前端用球铰链与车身连接。

2. 双横臂式独立悬架

双横臂式独立悬架的两个摆臂长度可以相等,也可以不相等,如图 10-67 所示。

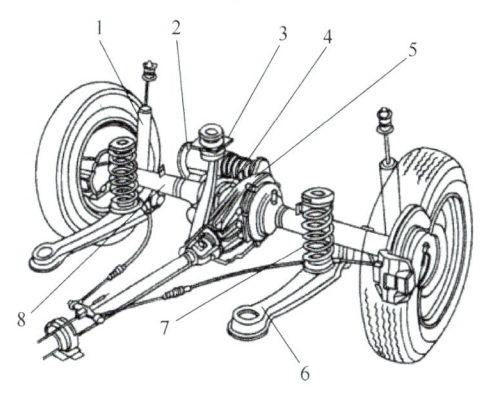
图 10-66 单横臂式后独立悬架的结构
1—减振器 2—油气弹性元件 3—中间支承 4—单铰链
5—主减速器壳 6—纵向推力杆 7—螺旋弹簧 8—半轴套管

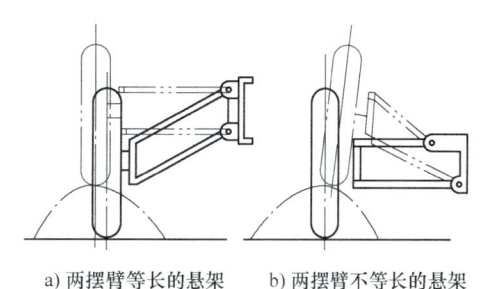
a) 两摆臂等长的悬架　　b) 两摆臂不等长的悬架
图 10-67 双横臂式后独立悬架的结构

在两摆臂等长的悬架(图 10-67a)中,当车轮上下跳动时,车轮平面没有倾斜,但轮距却发生了较大的变化,这将增加车轮侧向滑移的可能性。在两摆臂不等长的悬架(图 10-67b)中,如两摆臂长度选择适当,可以使车轮和主销的角度以及轮距的变化都不太大。较小的轮距变化在轮胎较软时可以由轮胎变形来适应,目前轿车的轮胎可允许的轮距上的改变是在每个车轮上达到 4~5mm 而不致沿路面滑移。因此,不等长的双横臂式独立悬架在轿车前轮上的应用较为广泛。

(二) 纵摆臂式独立悬架

纵摆臂式独立悬架有单纵摆臂式和双纵摆臂式两种,如图 10-68 所示。

1. 单纵摆臂式独立悬架

转向轮采用单纵摆臂式独立悬架时,车轮的上下跳动将使主销的后倾角产生很大变化。

因此，单纵摆臂式独立悬架一般不用于转向轮。

2. 双纵摆臂式独立悬架

这种悬架的两个纵摆臂长度一般做成相等，形成平行四连杆机构。这样，在车轮上下跳动时，主销的后倾角保持不变，故这种形式的悬架适用于转向轮。

双纵摆臂式扭杆弹簧前独立悬架的结构如图10-69所示。转向节和两个等长的纵摆臂1做铰链式连接。在车架的两根管式横梁4内部都装有若干层矩形断面的薄弹簧钢片叠成的扭杆弹簧6。两根扭杆弹簧的内端用螺钉5固定在横梁4的中部，而外端则插入摆臂轴2的矩形孔内。摆臂轴用衬套3支承在管式横梁内。摆臂轴和纵摆臂为刚性连接。另一侧车轮的悬架与之完全相同而且对称。

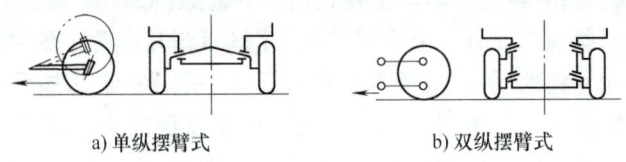

a) 单纵摆臂式　　　　b) 双纵摆臂式

图10-68　纵摆臂式独立悬架的结构

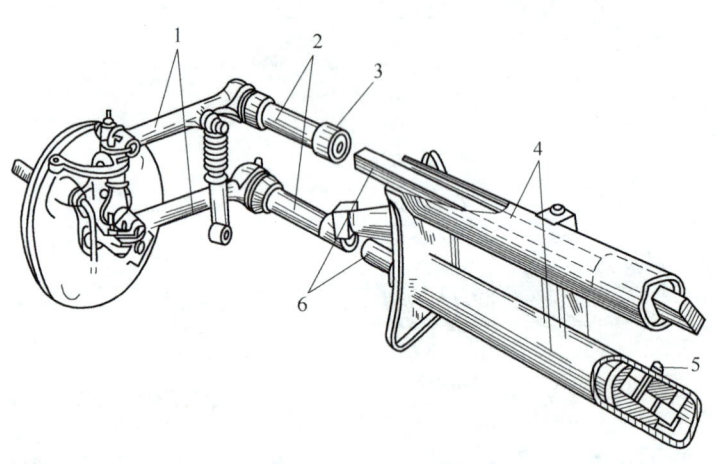

图10-69　双纵摆臂式扭杆弹簧前独立悬架的结构

1—纵摆臂　2—摆臂轴　3—衬套　4—横梁　5—螺钉　6—扭杆弹簧

（三）车轮沿主销轴线移动的悬架

车轮沿主销移动的悬架目前可大致分为两种类型，一类是车轮沿固定不动的主销轴线移动的烛式悬架，另一类是车轮沿摆动的主销轴线移动的麦弗逊式悬架。

1. 烛式悬架

烛式悬架如图10-70所示，主销刚性地固定在悬架上，转向节与套筒4连接在一起。当车轮跳动时，主销的定位角不会发生变化，仅轮距、轴距稍有改变，因此有利于汽车的转向操纵和行驶稳定性。但是这种悬架的侧向力全部由套在主销1上的长套筒4和主销承受，则套筒与主销之间的摩擦阻力大，磨损严重。

2. 麦弗逊式悬架

图10-71所示为某轿车的麦弗逊式悬架。筒式减振器2的上端用螺栓和橡胶垫圈与车身联

接，减振器下端固定在转向节 3 上，而转向节通过球铰链与下摆臂 4 连接。车轮所受的侧向力通过转向节大部分由下摆臂承受，其余部分由减振器承受。因此，这种结构形式的悬架较烛式悬架在一定程度上减少了滑动磨损。

螺旋弹簧 1 套装在筒式减振器的外面。主销的轴线为上下铰链中心的连线。当车轮上下跳动时，因减振器的下支点随下摆臂摆动，故主销轴线的角度是变化的，这说明车轮是沿摆动的主销轴线运动的。因此，这种悬架在变形时，使主销的定位角和轮距都有所变化。然而，如果适当调整杆系的位置，可使车轮的这些定位参数变化极小。该悬架突出的优点是增大了两前轮内侧的空间，便于发动机和其他一些部件的布置，因此多用在前置、前驱动的轿车和微型汽车上。

捷达、桑塔纳和红旗 CA7220 型等轿车的前悬架，都是这种麦弗逊式独立悬架。

（四）横向稳定器

轿车悬架一般都很软，在高速行驶中转向时，车身会产生很大的横向倾斜和纵向角振动。为减少这种横向倾斜，在悬架中加设了横向稳定器。用得最多的是杆式横向稳定器。

杆式横向稳定器在汽车上的安装如图 10-72 所示，横向稳定杆 3 呈扁平的 U 形，横向安装在汽车的前端或后端（也有的轿车前后都有）。稳定杆 3 中部的两端自由地支承在两个橡胶套筒 2 内，而套筒 2 则固定在车架上。横向稳定杆的两侧纵向部分的末端通过支杆 1 与悬架下摆臂上的弹簧支座 4 相连。

当车身只做垂直移动而两侧悬架变形相等时，横向稳定杆在套筒内自由转动，横向稳定杆不起作用。当两侧悬架变形不等而车身相对于路面横向倾斜时，车架的一侧移进弹簧支座，稳定杆的该侧末端就相对车架向上移；而车架的另一侧远离弹簧支座，相应的稳定杆的末端则相对于车架向下移。然而，在车身和车架倾斜时，横向稳定杆的中部对于车架并无相对运动。这样在车身倾斜时，稳定杆的纵向部分在不同方向偏转，于是稳定杆发生偏转。弹性的稳定杆所产生的扭转的内力矩妨碍了悬架弹簧

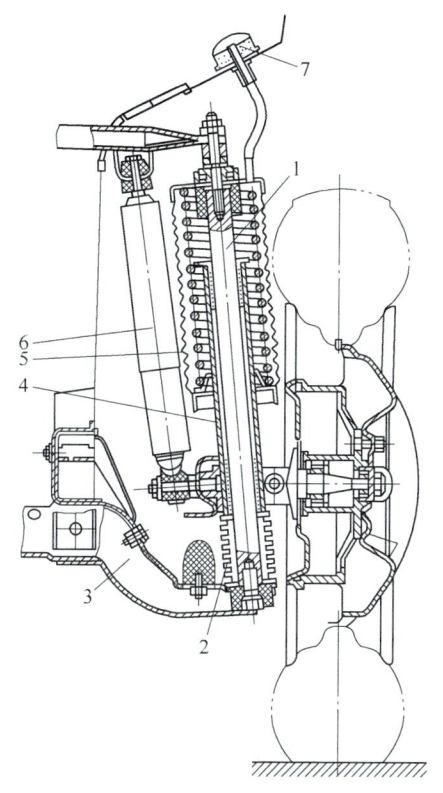

图 10-70 烛式悬架的结构
1—主销 2、5—防尘罩 3—车架
4—套筒 6—减振器 7—通气管

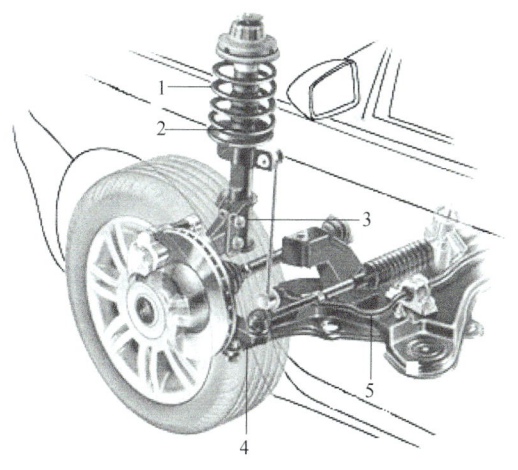

图 10-71 麦弗逊式悬架
1—螺旋弹簧 2—减振器 3—转向节
4—下摆臂 5—横向稳定器

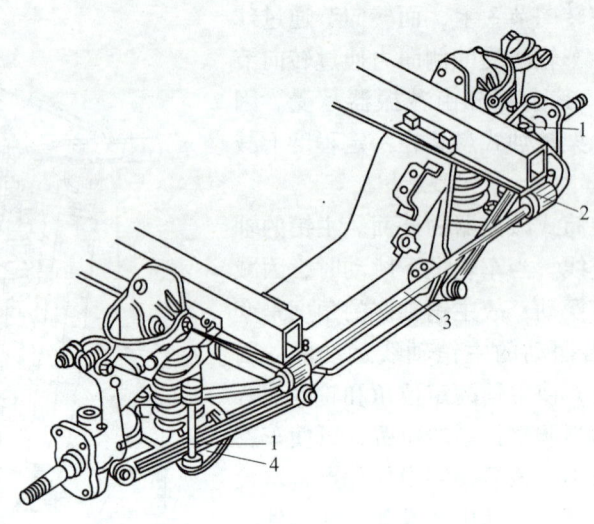

图 10-72 横向稳定器的安装
1—支杆 2—套筒 3—横向稳定杆 4—弹簧支座

的变形,起到了阻止车身倾斜的作用,因而减小了车身的横向倾斜和横向角振动。

考证要点

一、填空题

1. 悬架一般由_____、_____和_____三部分组成。
2. 汽车悬架可分为_____和_____两大类。
3. 钢板弹簧的第一片(最长的一片)称为_____,两端弯成卷耳,包在第一片卷耳的外面,称为_____。
4. 独立悬架按车轮的运动形式分成_____、_____和_____三类。
5. 横向稳定器的作用是_____。
6. 减振器装在_____与_____之间。

二、简答题

1. 汽车悬架的功用是什么?
2. 减振器的作用是什么?对减振器有哪些要求?
3. 双向筒式减振器的工作原理是什么?
4. 独立悬架和非独立悬架的特点是什么?
5. 汽车常用的弹性元件有哪几种?试比较它们的优缺点?

扩展知识

主动悬架和半主动悬架

车辆主动悬架系统是在悬架系统(弹性元件、减振器、导向装置)中附加一个可控制作用力装置,通常由执行机构、测量系统、反馈控制系统和能源系统四部分组成。执行机构的作用是执行控制系统的指令，一般为力发生器或转矩发生器，如液压缸、气缸、伺服电动机和电磁铁等。测量系统的作用是测量系统各状态参数，为控制系统提供依据，包括各种传感器。控制系统的作用是处理数据和发出各种控制指令，其核心部件是电子控制单元。能源系统的作用是为以上各部分提供能量。

主动悬架系统按其是否包含动力源可分为全主动悬架（有源主动悬架）和半主动悬架（无源主动悬架）系统两大类。

全主动悬架就是根据汽车的运动状态和路面状况，适时地调节悬架的刚度和阻尼，使其处于最佳减振状态。半主动悬架不考虑改变悬架的刚度，而只考虑改变悬架的阻尼。

丰田皇冠（Crown）轿车和日产公爵牌轿车等，应用了一种具有多种作用的电子控制复合型空气悬架。这种悬架具有车身高度调节、阻尼力控制和悬架刚度控制的功能。它使用车速传感器、加速踏板开启速度传感器等多种传感器。其性能和结构介于半主动悬架和主动悬架之间，成本低于主动悬架，因而其应用价值较高。

沃尔沃在Volvo740轿车上开发了试验性的主动悬架系统，它采用了计算机控制的液压伺服系统。计算机接收并处理传感器测得的汽车操纵及车身和车轮的状态信息，不仅能控制液压缸的动作，而且还可以根据需要改变悬架的刚度，对各车轮进行单独控制，实现需要的各种运动。在不良路面上进行高速行驶试验时，车身非常平稳，轮胎噪声较小，转向和制动时车身能保持水平。

单元 11　汽车转向系统

任务 11.1　汽车转向系统概述

【知识目标】
1. 了解电子控制动力转向装置及四轮转向。
2. 熟悉转向系统的类型。
3. 掌握机械转向器和动力转向器的结构特点。
4. 能对转向器进行拆装。

【任务描述】
通过之前章节的学习，我们了解了发动机的动力如何传递到驱动车轮，汽车已经可以行驶了，但是在路面上，汽车要能按照驾驶人的意愿转向，这个功能就需要由转向系统来实现。我们现在对汽车转向系统的了解可能仅仅局限于转向盘与转向车轮，这一部分，让我们一起探究汽车到底是如何实现转向的。

一、转向系统的功用

汽车在行驶过程中，需按照驾驶人的意愿经常改变其行驶方向，即所谓的汽车转向。用来改变或恢复汽车行驶方向的专设机构，称为汽车转向系统。汽车转向系统的功用是保证汽车能按照驾驶人的意愿进行转向行驶。

二、转向系统的类型及组成

汽车转向系统根据其转向能源的不同，可以分为机械转向系统和动力转向系统两大类型。

1. 机械转向系统

机械转向系统以驾驶人的体力作为转向能源，其中所有传力件都是机械的。与非独立悬架配合工作的机械转向系统的组成如图 11-1 所示。

当汽车转向时，驾驶人对转向盘施加一个转向力矩，该力矩通过转向轴 3 输入转向齿轮 2，再传递到转向齿条 4，经转向器放大后的力矩和减速后的运动传到转向横拉杆 6 和 8，然后各自传给转向节后带动左右车轮实现转向。其中，转向盘到转向传动轴间的零部件属于转向操纵机构，转向横拉杆到转向节的零部件属于转向传动机构。因此，机械转向系统由转向操纵机构、转向器和转向传动机构三大部分组成。

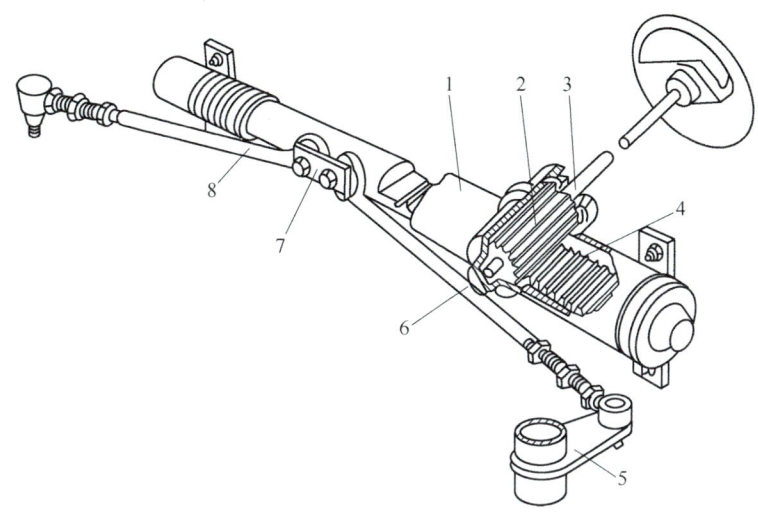

图 11-1　机械转向系统的组成

1—转向器壳体　2—转向齿轮　3—转向轴　4—转向齿条　5—转向节
6—左转向横拉杆　7—拉杆支架　8—右转向横拉杆

转向盘在驾驶室内安放的位置与各个国家的交通法规有关。在一些规定车辆左侧通行的国家使用的汽车上，转向盘安置在驾驶室右侧，这样，驾驶人左方的视野较开阔，有利于两车安全交会。相反，包括我国在内的大多数国家规定车辆右侧通行，相应地将转向盘安置在左侧。

2. 动力转向系统

动力转向系统兼用驾驶人体力和发动机动力作为转向能源，是在机械转向系统基础上加设一套转向助力装置而构成的，动力失效后，仍能用机械转向系统实现转向。

液压助力转向系统的组成如图 11-2 所示，其中属于动力转向装置的部件为：转向助力泵、动力缸、储油罐、回油管。当驾驶人转动转向盘时，由发动机曲轴通过传动带驱动的转向助力泵将油液从储油罐通过油管输送到动力缸的腔里面，利用油压的作用推动动力缸中的活塞实现左右运动，由于液压作用力较大，可以在很大程度上减轻驾驶人的操纵力。

3. 对转向系统的要求

1）工作可靠，其零件应有足够的强度和刚度，以保证汽车行驶的安全性。

2）操纵灵活，以减轻驾驶人的劳动强度和保证安全行驶。汽车直线行驶时，转向盘应稳定，无抖动和摆动现象，转向轮在偶然的因素下发生偏转时，能立即自动回到相应于汽车直线行驶的中间位置。在总体布置上应与行驶系统的运动规律相协调，使驾驶人易于掌握。

3）车轮转向时，车轮应有正确的运动规律，保证车轮在转向时是纯滚动而没有滑动。为此，应有合理的梯形机构。

4）既要尽量减少转向轮受到的道路冲击反传到转向盘上，又要保证驾驶人有一定的路感。因此要求适当地控制转向器的可逆程度。

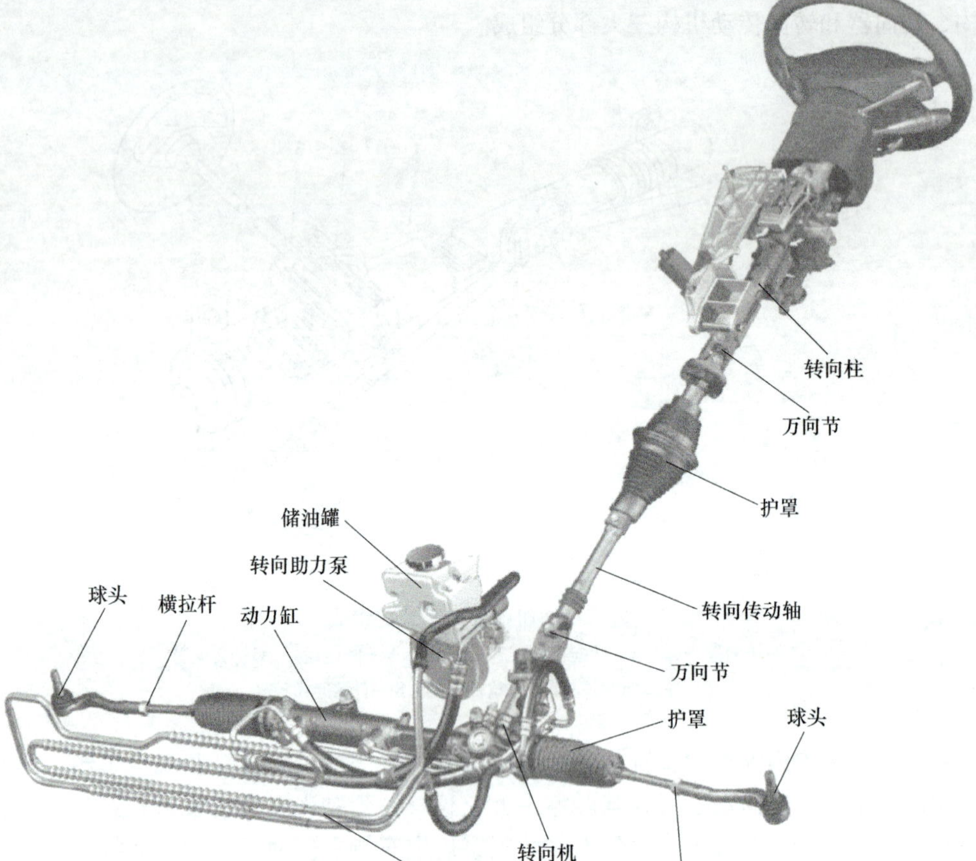

汽车构造（下）

图 11-2　液压助力转向系统的组成

（标注：转向柱、万向节、护罩、转向传动轴、万向节、护罩、球头、横拉杆、转向机、回油管（这样故意弯曲是为了冷却助力泵用的液压油）、动力缸、转向助力泵、储油罐、球头、横拉杆）

5）转向系统的调整应尽量少而简单。

考证要点

一、填空题

1. 汽车转向系统根据其转向能源的不同，可以分为_____和_____两大类型。
2. 机械转向系统由_____、_____和_____三大部分组成。

二、简答题

简单说出对动力转向系统的要求。

任务 11.2　机械转向系统

【知识目标】

1. 掌握转向盘自由行程的概念和合理范围。

2. 掌握转向器的作用及分类。
3. 掌握齿轮齿条式转向器的结构及工作原理。
4. 掌握循环球式转向器的结构及工作原理。
5. 能够独立拆装齿轮齿条式转向器。
6. 能够独立拆装循环球式转向器。

【任务描述】

一天张女士在用车过程中，发现自己的爱车在行驶过程中，在操作转向盘时，发出很大的噪声。让我们一起来学习转向器的结构和工作原理，分析噪声产生的原因，从而帮助她解决这种噪声故障。

一、转向操作机构

汽车转向操作机构包括转向盘、转向轴、转向管柱等。它的作用是将驾驶人的操纵力传给转向器。为了方便不同体形驾驶人操纵及保护驾驶人的安全，现代汽车转向操作机构还带有各种调整机构及安全保护装置。

（一）转向盘的自由行程

单从转向操纵灵敏性而言，最好是转向盘和转向节的运动能同步开始并同步终止，然而，这在实际上是不可能的。因为在整个转向系统中，各传动件之间都必然存在着装配间隙，而且这些间隙将随着零件的磨损而增大。在转向盘转动过程的开始阶段，驾驶人对转向盘所施加的力矩很小，因为只是用来克服转向系统内部的摩擦，使各传动件运动到其间的间隙完全消除，故可以认为这一阶段是转向盘空转阶段。此后，才需要对转向盘施加更大的转向力矩以克服经车轮传到转向节上的转向阻力矩，从而实现使各转向轮偏转的目的。转向盘在空转阶段中的角行程，称为转向盘自由行程，如图 11-3 所示。转向盘自由行程对于缓和路面冲击及避免使驾驶人过度紧张是有利的，但不宜过大，以免过分影响灵敏性。一般说来，转向盘从相应于汽车直线行驶的中间位置向任一方向的自由行程最好不超过 15°。当零件磨损严重到使转向盘自由行程超过 25°时，必须进行调整。

（二）转向操作机构的组成和布置

如图 11-4 所示，转向操作机构主要包括转向盘 1、安全转向柱 2、转向柱转换器和转向角限制器等。在大多数与独立悬架配用的机械转向系统中都设有安全转向柱，如图 11-5 所示。它分为上、下转向柱两段，中间用过渡法兰连接。如果发生撞车，上下法兰上的销和孔脱开，使得转向盘和上转向柱后移，从而有效地保护驾驶人的安全。也有采用可伸缩式转向柱的，上、下两段转向柱套装在一起，在发生碰撞时，上段或下段可缩进，避免对驾驶人造成伤害。

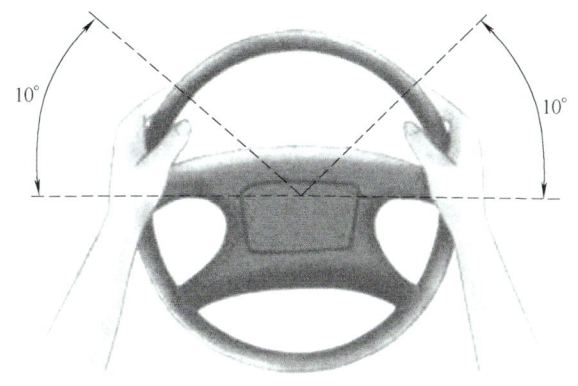

图 11-3 转向盘自由行程

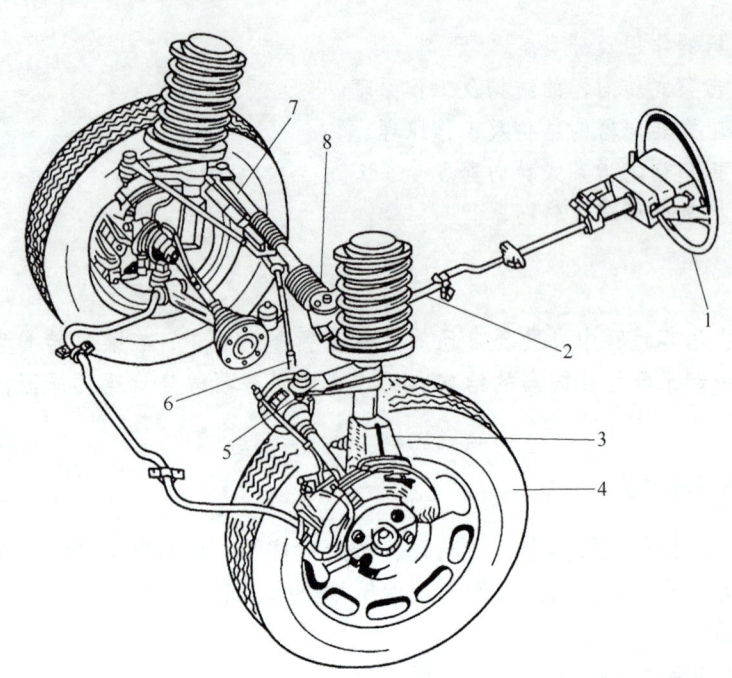

图 11-4 轿车转向系统

1—转向盘 2—安全转向柱 3—转向节 4—车轮 5—转向节臂 6—左、右横拉杆 7—转向减振器 8—转向器

(三) 转向盘

转向盘由轮缘、轮辐、轮毂三部分组成,如图 11-6 所示。轮辐一般为三根辐条(见图 11-6a)或四根辐条(见图 11-6b),也有两根辐条的。转向盘轮毂孔具有细牙内花键,与转向轴的外花键相联接。转向盘内部由成形的金属骨架构成。骨架外面一般包有柔软的合成橡胶或树脂,也有包皮革的(见图 11-6c),这样不仅手感良好,还可防止手心出汗时握转向盘的手打滑。

转向盘上还安装有汽车喇叭按钮及控制转向灯等的开关,以方便驾驶人操作,如图 11-7 所示。

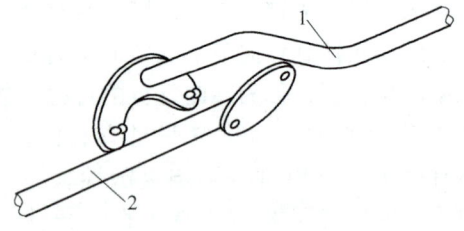

图 11-5 安全转向柱
1—上转向柱 2—下转向柱

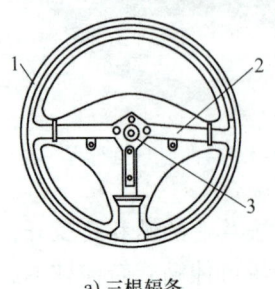
a) 三根辐条

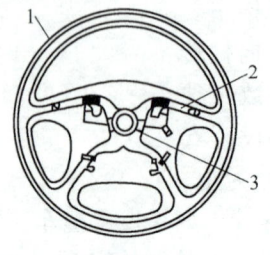
b) 四根辐条

c) 转向盘外观

图 11-6 转向盘的结构
1—轮缘 2—轮辐 3—轮毂

（四）转向轴和转向管柱的吸能装置

现代汽车的转向轴除装有柔性万向节外，有的还装有能改变转向盘工作角度和转向盘高度的机构，以方便不同体形驾驶人的操纵。

（1）转向轴倾斜调整机构　如图 11-8 所示，转向管柱 2 上、下端分别通过倾斜调整支架 7 和下托架 6 与车身相连。锁紧螺栓 5 穿过调整支架 7 上的长孔 3 和转向管柱 2 上的圆孔将调整支架和转向管柱相联。调整时，向下扳动调整手柄 4，缓松锁紧螺栓 5，转向管柱 2 可在调整支架上的长孔中移动，转向管柱以下托架上的枢轴 1 为中心上下移动。确定了合适位置后，向上扳起调整手柄，将转向盘定位。

图 11-7　转向盘实物

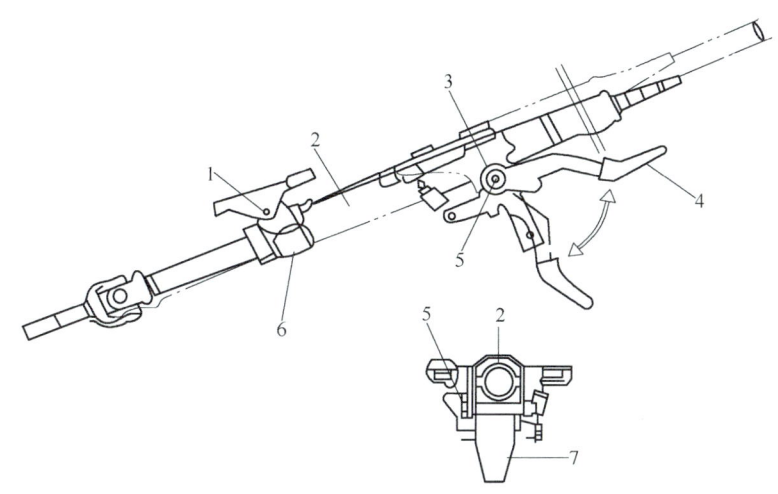

图 11-8　转向轴倾斜调整机构
1—枢轴　2—转向管柱　3—长孔　4—调整手柄　5—锁紧螺栓　6—下托架　7—调整支架

（2）转向轴伸缩机构　如图 11-9 所示，转向轴分为上、下两段，两者通过花键联接，可沿轴向在一定范围内移动而仍保持连接关系。上转向轴 2 由调节螺栓 4 通过楔状限位块 5 夹紧。调整时，推下调节手柄 3，调节螺栓使限位块松开，再轴向移动转向盘，调整到合适的位置后，向上拉起调节手柄固定。

对于轿车除要求装有吸能式转向盘外，还要求转向管柱也必须备有缓和冲击的吸能装置。转向轴和转向管柱的吸能装置有多种形式。其基本结构原理是，当转向轴受到巨大冲击时，转向轴产生轴向位移，使支架或某些支撑件产生塑性变形，而吸收冲击能量。图 11-10 所示为网格状波纹管式转向柱吸能装置。

二、转向器

（一）转向器的传动效率

转向器的输出功率与输入功率之比，称为转向器的传动效率。在由转向轴输入，由转向横拉杆或转向摇臂输出的情况下求得的传动效率，称为正效率。而在传动方向与上述相反时

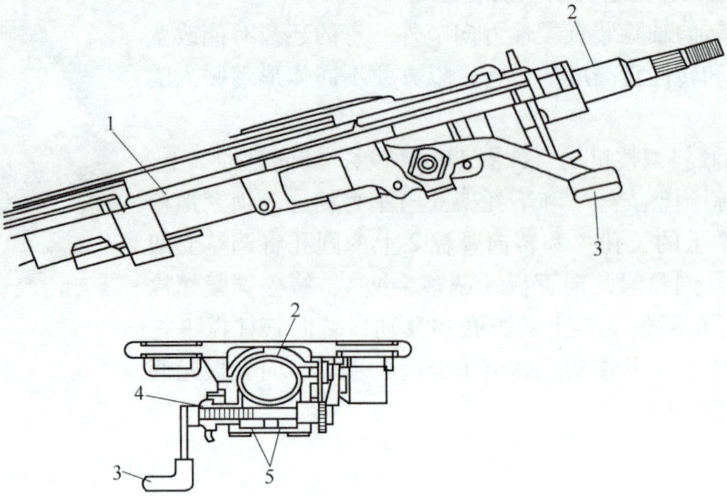

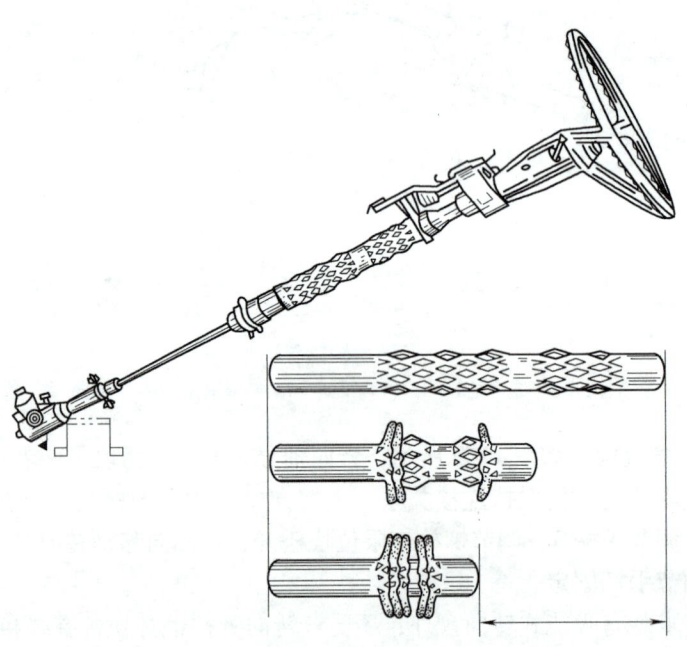

图 11-9 转向轴伸缩机构

1—下转向轴 2—上转向轴 3—调节手柄 4—调节螺栓 5—楔状限位块

图 11-10 网格状波纹管式转向柱吸能装置

求得的传动效率称为逆效率。显然，转向器的正效率越高，转向操纵越轻便灵活。

逆效率很高的转向器称为可逆式转向器。可逆式转向器很容易将路面反力传到转向轴和转向盘上，有利于汽车转向结束后转向轮和转向盘的自动回正，但也能将较差路面对车轮的冲击传到转向盘上，发生"打手"情况。经常行驶在良好路面上的汽车，多采用可逆式转向器。装有液压转向助力器的重型汽车，由于液体具有良好的阻尼减振和缓和冲击作用，因此也多采用可逆式转向器。

逆效率很低的转向器称为不可逆式转向器。不平路面对转向轮的冲击载荷输入到这种转向器，即由其中各传动零件（主要是传动副）承受，而不会传到转向盘上。路面作用于转向轮上的回正力矩同样也不能传到转向盘。这就使得转向轮自动回正成为不可能。此外，道路的转向阻力矩也不能反馈到转向盘上，使得驾驶人不能得到路面反馈信息，丧失"路感"，无法据此调节转向力矩。

逆效率略高于不可逆式转向器的转向器称为极限可逆式转向器。其反向传力性能介于可逆式和不可逆式转向器之间，驾驶人有一定的路感，转向轮也可实现自动回正，而且只有路面冲击很大时，才能部分地传到转向盘。中型以上的越野车和工矿自卸汽车一般采用极限可逆式转向器。

（二）机械式转向器

转向器是转向系统中的减速增矩装置，并可改变转向力矩的传动方向。目前应用广泛、技术成熟的机械式转向器有循环球式转向器、齿轮齿条式转向器和蜗杆曲柄指销式转向器等几种。

1. 循环球式转向器

图 11-11 所示为循环球式转向器。它有两级传动副：第一级为螺杆螺母传动副；第二级是齿条齿扇传动副。通过转向盘和转向轴 12 带动转向螺杆 3 转动时，转向螺母 4 不能转动只能轴向移动，转向螺母 4 外侧的下平面上加工成齿条，与齿扇轴上的齿扇啮合，并驱动齿扇轴 15 转动。

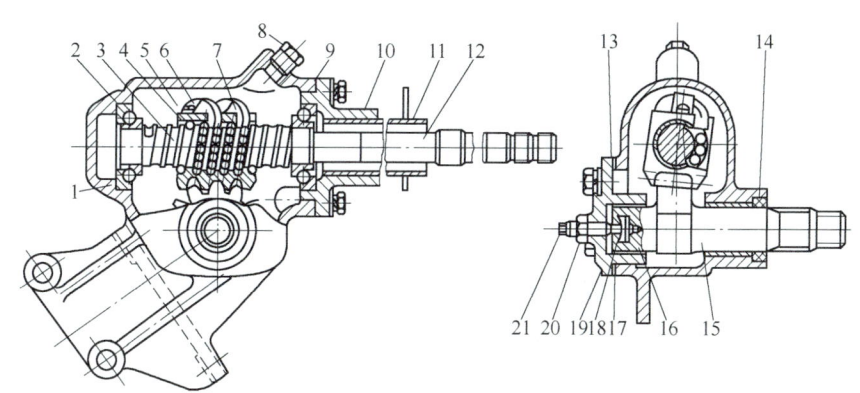

图 11-11　循环球式转向器

1—转向器壳体　2—推力角接触球轴承　3—转向螺杆　4—转向螺母　5—钢球　6—钢球导向卡
7—钢球导管　8—六角头锥形螺塞　9—调整垫片　10—上盖　11—转向管柱　12—转向轴
13—转向器侧盖衬垫　14—油封　15—齿扇轴　16—摇臂轴衬套　17—垫片
18—孔用弹性挡圈　19—侧盖　20—螺母　21—调整螺钉

为了减小转向螺杆与转向螺母之间的摩擦，两者之间的螺纹以沿螺旋槽滚动的钢球取代，以实现滑动摩擦转变为滚动摩擦。转向螺杆转动时，通道钢球将力传给转向螺母，转向螺母即沿轴向移动。同时，在螺杆与螺母两者和钢球间的摩擦力偶作用下，所有钢球便在螺旋管状通道内滚动，形成"球流"。钢球在管状通道内绕行一周半后，流出螺母而进入导管的一端，再由导管另一端流回螺旋管状通道。因此，在转向器工作时，钢球只在封闭通道内循环，而不致脱落。循环球式转向器工作原理如图11-12所示。

循环球式转向器中有两处配合需要加以调整：

1）支承转向螺杆的轴承2为一对推力角接触球轴承，其预紧度可通过调整垫片9加以调整。

2）齿条齿扇啮合间隙，齿扇的齿是变厚度的，沿轴向移动齿扇轴15，即可调整齿条齿扇的啮合间隙。调整螺钉21旋装在侧盖19上。齿扇轴内侧端部有切槽，调整螺钉的圆柱形端头嵌入此切槽中。将调整螺钉旋入，啮合间隙减小；反之，啮合间隙增大。

循环球式转向器正传动效率很高，可达90%~95%，故操纵轻便，使用寿命长，工作平稳可靠，但其逆效率也很高，容易将路面冲击力传到转向盘。不过，对于前轴轴载质量不大而又经常在平坦路面上行驶的轻、中型汽车而言，影响不大。因此，循环球式转向器广泛应用于各类各级汽车中。

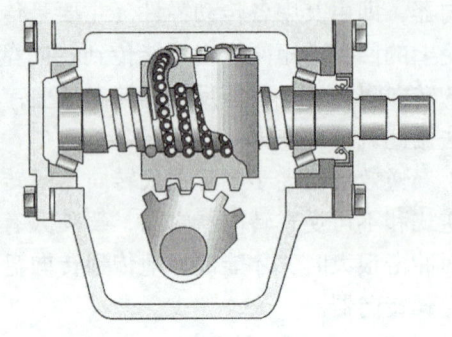

图11-12 循环球式转向器的工作原理

2. 齿轮齿条式转向器

与独立悬架配用的机械转向系统多采用齿轮齿条式转向器，如图11-13所示。当转向柱带动齿轮2旋转时，则齿轮又带动齿条1运动。转向盘转动一圈，齿条移动一定距离。齿轮齿条式转向器的使用，使转向系重量轻、制造容易且成本低、刚度大，使汽车具有良好的操纵稳定性。转向器磨损后出现间隙，可通过调整螺钉4进行调整。

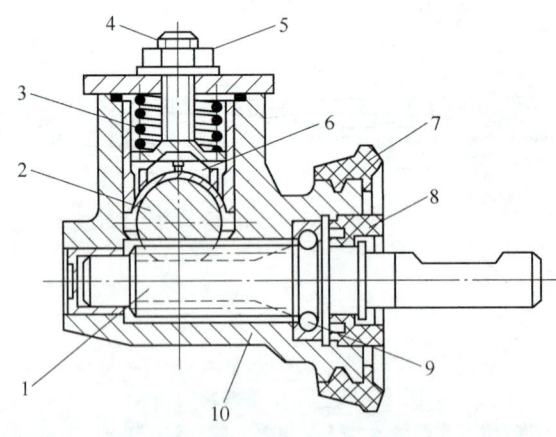

图11-13 齿轮齿条式转向器

1—齿条 2—齿轮 3—弹簧 4—调整螺钉 5—螺母 6—压板 7—防尘罩 8—油封 9—轴承 10—壳体

图11-14所示为红旗CA7220型轿车齿轮齿条式转向器的布置。在转向齿条的中部用螺栓与转向拉杆的托架10联接，转向左、右横拉杆11、9的外端与转向节臂相连。当转动转向盘时，转向齿轮转动，使与之啮合的转向齿条沿轴向移动，从而使左、右横拉杆带动左、右转向节转动，使转向轮偏转，实现汽车转向。为了避免转向轮摆振，在该结构中装有转向减振器。

由此可知，采用齿轮齿条式转向器省略了转向摇臂和转向直拉杆，使转向传动机构简化。

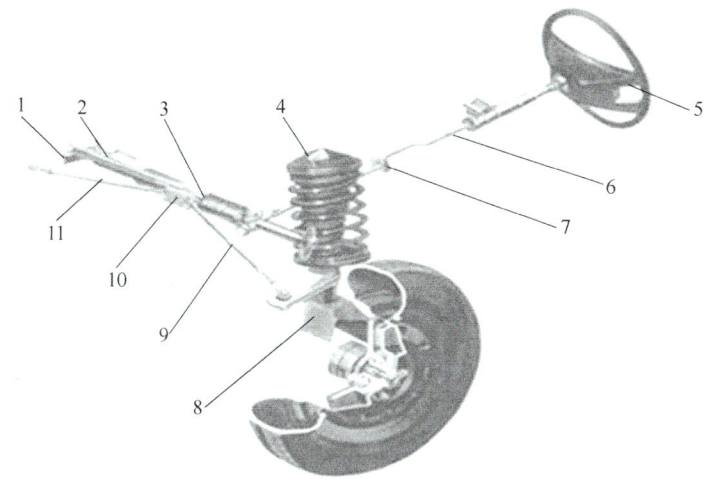

图 11-14　红旗 CA7220 型轿车齿轮齿条式转向器的布置
1—转向减振器　2—支架转向管柱　3—转向器　4—悬架总成　5—转向盘　6—转向轴
7—柔性万向节　8—转向节　9—右横拉杆　10—托架　11—左横拉杆

同时由于齿轮齿条式转向器具有结构简单、紧凑，质量轻，刚性大，转向灵敏，制造容易，成本低，正、逆效率都高以及便于布置等优点，而且特别适合与烛式和麦弗逊式悬架配用，因此，目前它在轿车和微型、轻型货车上得到了广泛的应用。齿轮齿条实物如图 11-15 所示。

3. 蜗杆曲柄指销式转向器

图 11-16 所示为东风 EQ1090E 型汽车的蜗杆曲柄指销式转向器。图 11-17 所示为蜗杆曲柄指销式转向器的工作原理。

转向蜗杆 3 通过角接触球轴承 2、9 支承在壳体上，轴承预紧力由调整螺塞 7 在外部调整，调整后用锁紧螺母 8 锁紧。蜗杆上梯形截面螺纹与两个锥形指销啮合，其啮合间隙通过侧盖 16 上的调整螺钉 17 在外部调整，调整后用螺母 18 锁紧。两个指销 13 通过双列圆锥滚子轴承 14 支承在摇臂轴 11 内端的曲柄上。其预紧力在装配时由螺母 15 调整。

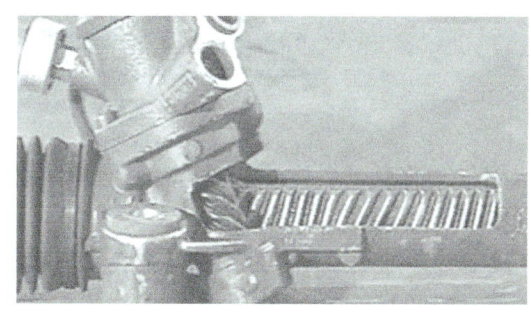

图 11-15　齿轮齿条实物

蜗杆曲柄双指销式转向器在中间及附近位置时，其两指销均与蜗杆啮合，故每个指销较单指销式转向器的指销所承受载荷的力较小，因而其工作寿命较长。当摇臂轴转角相当大时，一个指销与蜗杆脱离啮合，另一指销仍保持啮合，因此，蜗杆曲柄双指销式转向器摇臂转角较单指销式大。蜗杆曲柄但双指销式转向器结构较复杂，对蜗杆的加工精度要求也较高。

三、转向传动机构

（一）转向传动机构的功用

转向传动机构的功用是将转向器输出的力和运动传到转向桥两侧的转向节，使两侧转向轮偏转，并使两转向轮偏转角按一定关系变化，以保证汽车转向时车轮与地面的相对滑动尽

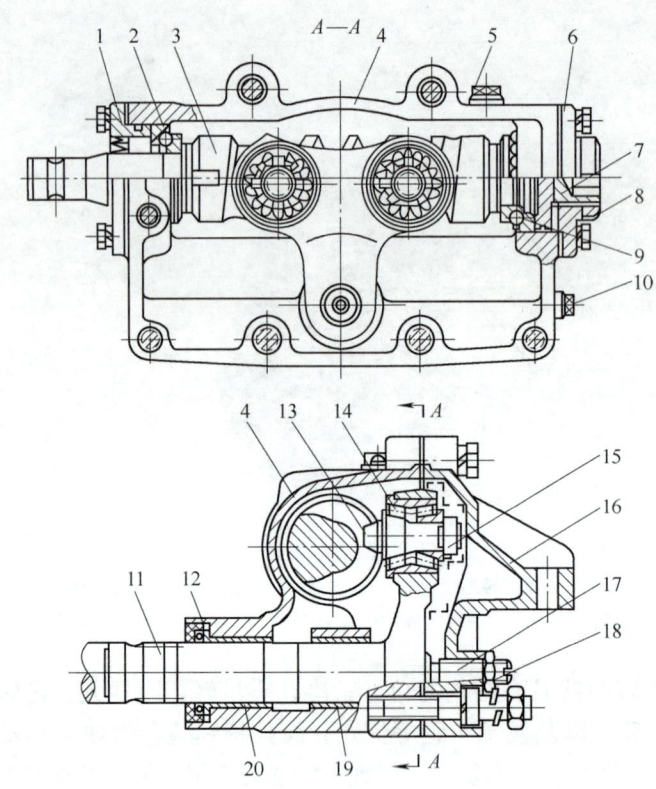

图 11-16　东风 EQ1090E 型汽车的蜗杆曲柄指销式转向器
1—上盖　2、9—角接触球轴承　3—转向蜗杆　4—转向器壳体　5—加油螺塞　6—下盖　7—调整螺塞
8、15、18—螺母　10—放油螺塞　11—摇臂轴　12—油封　13—指销　14—双列圆锥滚子轴承
16—侧盖　17—调整螺钉　19、20—衬套

可能小。转向传动机构的组成和布置因转向器位置和转向轮悬架类型不同而异。

（二）与非独立悬架配用的转向传动机构

1. 组成与布置

如图 11-18 所示，转向传动机构主要由转向摇臂 2、转向直拉杆 3、转向节臂 4、转向梯形臂 5 和转向横拉杆 6 等组成。由转向器输出的力矩经上述各组件传到两轮的转向节，并由转向梯形臂和转向横拉杆组成的转向梯形机构保证左右两转向轮的偏转角接近满足转向运动关系。

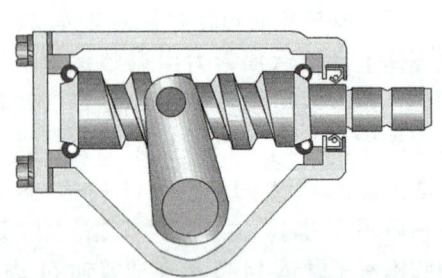

图 11-17　蜗杆曲柄指销式
转向器的工作原理

在前桥仅为转向桥的情况下，转向梯形机构一般布置在前桥之后（见图 11-18a）。当转向轮处于与汽车直线行驶相应的中间位置时，梯形臂与横拉杆在与道路平行的平面内的交角 $\theta >$ 90°。在发动机位置较低或转向桥兼作驱动桥的情况下，为避免运动干涉，往往将转向梯形机构布置在前桥之前。此时，上述交角 $\theta < 90°$（见图 11-18b）。若转向摇臂不是在汽车纵向平面内前后摆动，而是在与道路平行的平面内左右摆动，则可将转向直拉杆 3 横置，并借球头销直接带动转向横拉杆 6，使两侧梯形臂转动（见图 11-18c）。

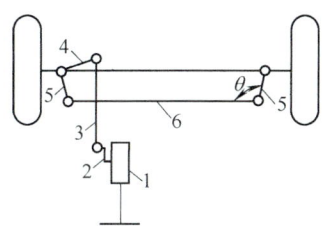
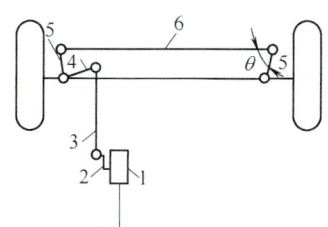
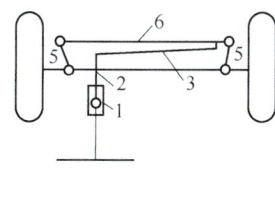

a) 前桥仅为转向桥　　　　　　b) 发动机位置较低或　　　　　c) 转向摇臂左右摆动
　　　　　　　　　　　　　　　转向桥兼作驱动桥

图 11-18　与非独立悬架配用的转向传动机构
1—转向器　2—转向摇臂　3—转向直拉杆　4—转向节臂　5—转向梯形臂　6—转向横拉杆

2. 转向传动机构零部件结构

（1）转向摇臂　其功用是把转向器输出的力和运动传给直拉杆。转向摇臂和摇臂轴的典型结构如图 11-19 所示。转向摇臂 2 上端有带细齿花键的锥孔，与转向器的输出端转向摇臂轴 4 利用花键 1 联接。摇臂轴外端面和转向摇臂上端孔的外端面刻有短线等装配标志，以保证正确装配，当转向摇臂轴在中间位置时，汽车处于直线行驶状态。转向摇臂下端通过球头销 3 与直拉杆联接。球头销球面经过强化和硬化处理。

（2）转向直拉杆　转向直拉杆的功用是将转向摇臂传来的力和运动传给转向梯形臂或转向节臂，其结构如图 11-20 所示。

直拉杆体 9 是一段两端扩大的钢管。直拉杆前端是球头销，后端是球头销座，分别与转向节臂、转向摇臂球形销相联，以保证三者在相对的空间运动中不发生干涉。前、后球形铰链结构中都有压缩弹簧，以补偿机械磨损，并具有缓和经车轮和转向节传来的路面冲击作用。弹簧预紧力可用端部螺塞 4 调节。

（3）转向横拉杆　如图 11-21 所示，转向横拉杆总成由横拉杆体 2 与旋装在两端的接头 1 组成。横拉杆体用钢管或钢钎制成，它的两端切制有正、反螺纹与横拉杆接头连接。由于横拉杆体两端是正反螺纹，所以当放松夹紧螺栓 3 时，旋转横拉杆体即可改变转向横拉杆的有效长度，以调整前轮的前束值。前束值

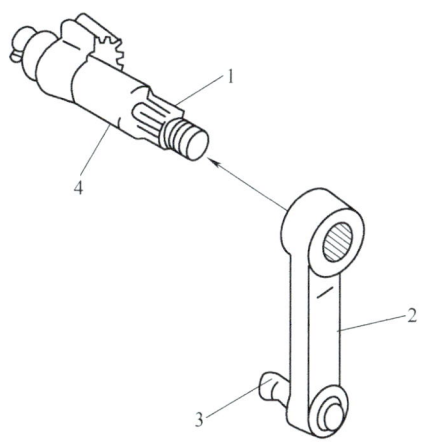

图 11-19　转向摇臂和摇臂轴的典型结构
1—带锥度的细齿花键　2—转向摇臂
3—球头销　4—摇臂轴

调妥后应将夹紧螺栓拧紧。在横拉杆接头上装有球头销等零件组成球形铰接，分别与两侧的转向梯形臂相联接。球头销的球头部分夹紧在球头销座 9 内。上、下球头销座常用尼龙或聚甲醛制成，具有较好的耐磨性。弹簧座 12 将球头销座压在球头上，这样在球头和球头销座磨损时能自动消除间隙，既可减小转向盘的自由行程，也可防止左、右两球头中心距发生改变。球头销上部设有防尘罩 8，以防尘土侵入。

有些越野汽车转向传动机构的横拉杆，由于转向驱动桥主减速器尺寸的限制，前置式横拉杆的中部必须弯曲，因而就不能通过它本身的转动来调整前轮前束。通常在横拉杆的一端

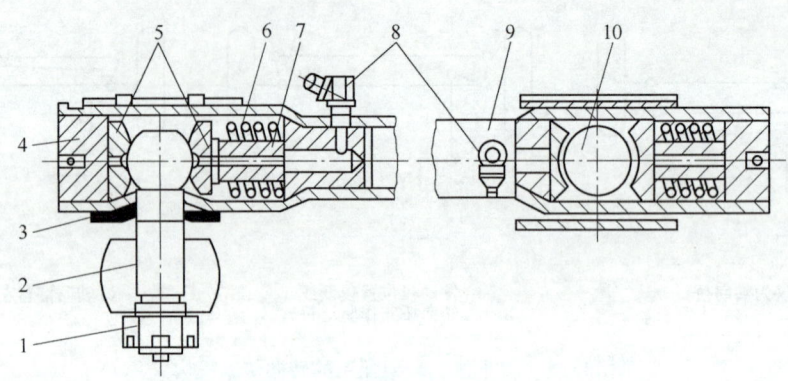

图 11-20　转向直拉杆的结构

1—螺母　2—球头销　3—橡胶防尘垫　4—端部螺塞　5—球头销座　6—压缩弹簧
7—弹簧座　8—油嘴　9—直拉杆体　10—转向摇臂球头销

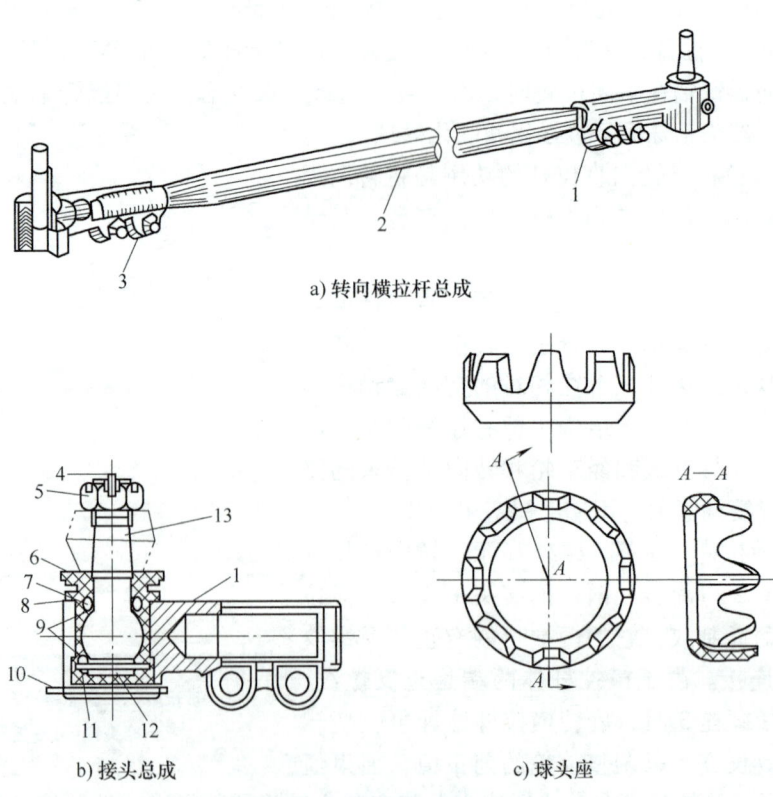

a) 转向横拉杆总成

b) 接头总成　　c) 球头座

图 11-21　转向横拉杆的结构（1）

1—横拉杆接头　2—横拉杆体　3—夹紧螺栓　4—开口销　5—槽形螺母
6—防尘垫座　7—防尘垫　8—防尘罩　9—球头销座　10—限位销
11—螺塞　12—弹簧座　13—球头销

附加一个可调的短接杆，或将横拉杆的两端用螺纹联接的接头制成叉形，用直销和梯形臂联接，如图 11-22 所示。若需改变横拉杆的长度，需将接头销拔下，转动叉形接头来进行调整。

因每次转动接头只能是旋转 180°或 360°才能将接头销装复，所以两端接头的螺纹有粗牙和细牙之分，用来互相补偿，以保证获得所需的长度。

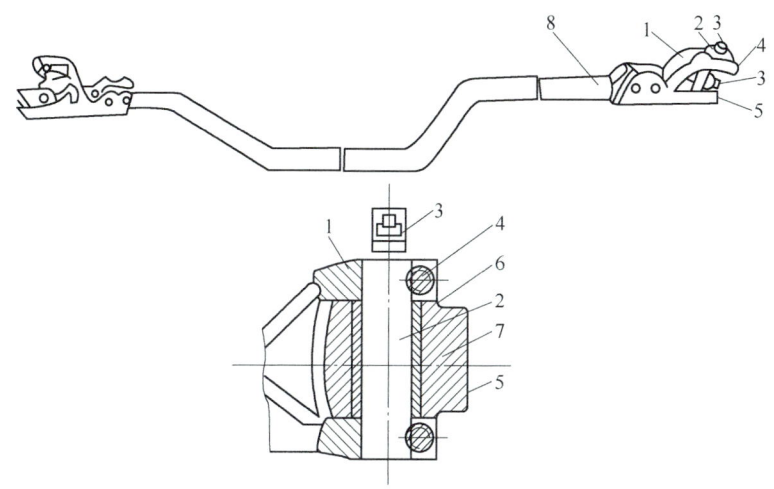

图 11-22 转向横拉杆的结构（2）

1—横拉杆接头 2—横拉杆体 3—夹紧螺栓 4—开口销 5—槽形螺母 6—防尘垫座 7—防尘垫 8—防尘套

（三）与独立悬架配用的转向传动机构

当转向轮独立悬挂时，每个转向轮分别与车架做独立运动，因而转向桥是断开的。与此相应，转向传动机构中的转向梯形也必须是断开式的，分成几段。

图 11-23 所示为几种与独立悬架配用的转向传动机构。其中图 11-23a 所示为与循环球式转向器配用的转向机构布置方案，图 11-23b 所示为与齿轮齿条式转向器配用的转向机构布置方案。

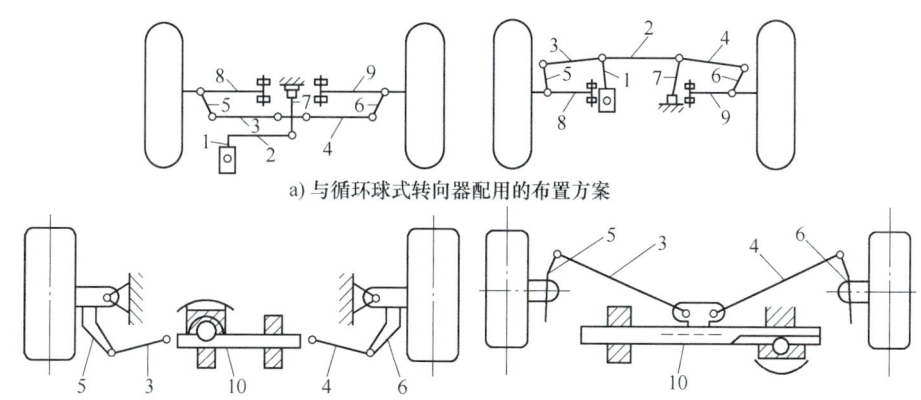

a）与循环球式转向器配用的布置方案

b）与齿轮齿条式转向器配用的布置方案

图 11-23 几种与独立悬架配用的转向传动机构

1—转向摇臂 2—转向直拉杆 3—左转向横拉杆 4—右转向横拉杆 5—左梯形臂 6—右梯形臂 7—摇杆 8—悬架左摆臂 9—悬架右摆臂 10—齿轮齿条式转向器

红旗 CA7560 型轿车的转向传动机构即采用了图 11-24 所示的结构方案。摇杆 3 前端固定在车架横梁中部,后端借球头销与转向直拉杆1和左、右横拉杆6、5联接。左、右横拉杆外端用球头销分别与左、右梯形臂7、4铰接,故能随同侧车轮相对车架和摇杆在横向平面内上、下摆动。转向直拉杆1与转向摇臂球头销2相联。球头座两背面各装一个压缩弹簧,用于分别吸收由横拉杆5和6传来的两个方向上的路面冲击,并自动消除球头与座之间的间隙。

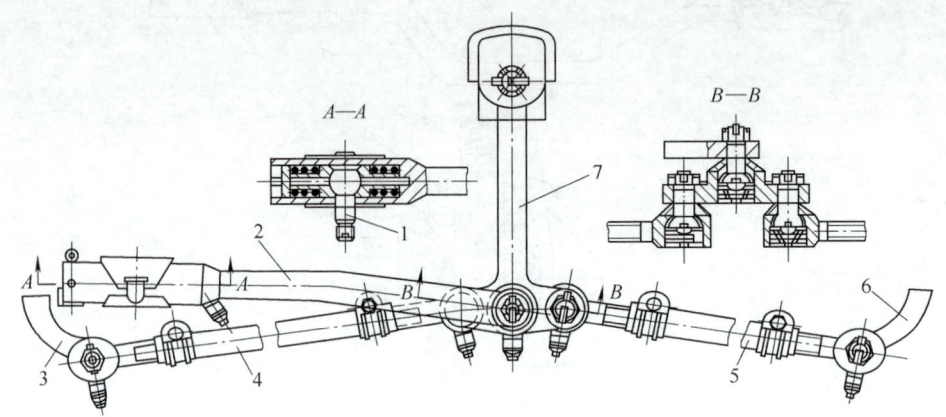

图 11-24　红旗 CA7560 型轿车的转向传动机构

1—转向直拉杆　2—转向摇臂球头销　3—摇杆　4—右梯形臂　5—右转向横拉杆　6—左转向横拉杆　7—左梯形臂

考证要点

一、填空题

1. 转向盘主要由＿＿＿＿、＿＿＿＿和＿＿＿＿组成。
2. 转向器有＿＿＿＿、＿＿＿＿和＿＿＿＿等几种。
3. 循环球式转向器主要由两级传动副组成,第一级＿＿＿＿,第二级＿＿＿＿。

二、简答题

简述转向传动机构的作用。

任务11.3　液压转向系统

【知识目标】

1. 了解动力转向装置的类型。
2. 了解齿轮齿条式整体式动力转向器的工作原理。
3. 了解循环球式整体式动力转向器的工作原理。

【情境导入】

罗先生平时很喜欢自驾出游,有一次在他外出自驾游的过程中,他感觉到自己的爱车在转向时,打转向盘比平时要沉得多,他非常苦恼。现在让我们学习一下动力转向装置的工作原理,来帮他分析一下哪里出现了问题。

一、动力转向装置的类型

动力转向装置用以将发动机输出的部分机械能转化为压力能(液压能或气压能),并在驾驶人控制下,对转向传动装置或转向器中某一传动件施加不同方向的液压或气压作用力,以辅助驾驶人施力。动力转向装置由机械转向器、转向动力缸和转向控制阀三部分组成。按不同分类方式有以下几种:

(一)按传能介质不同来分

按传能介质不同,转向助力装置有气压式和液压式两种。气压转向助力装置主要应用于一部分前轴最大轴载质量为3~7t并采用气压制动系统的货车和客车。装载质量特大的货车不宜采用气压转向助力装置,因为气压系统的工作压力较低(一般不高于0.7MPa),用于这种重型汽车上时,其部件尺寸将过于庞大。液压转向助力装置的工作压力可高达10MPa以上,故其部件尺寸很小。液压系统工作时无噪声,工作滞后时间短,而且能吸收来自不平路面的冲击。因此,液压转向助力装置已在各类、各级汽车上获得广泛应用。本节所讨论的转向助力装置也只限于液压式。

(二)按所用转向控制阀来分

按所用转向控制阀来分,有滑阀式(见图11-25)和转阀式(见图11-26)两种。

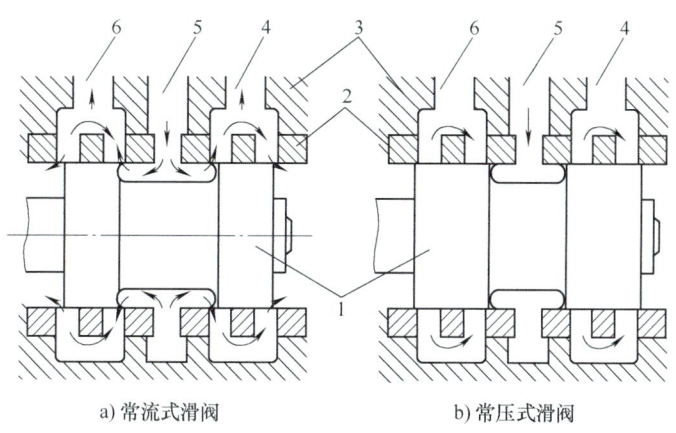

a)常流式滑阀　　　　　　　　　b)常压式滑阀

图 11-25　滑阀式转向控制阀的工作原理
1—阀体　2—阀套　3—壳体　4、6—通动力缸左、右腔的通道　5—通液压泵输出管路的通道

阀体沿轴向移动来控制油液流量的转向控制阀,称为滑阀式转向控制阀,如图11-25所示。其中图11-25a所示为常流式滑阀,图11-25b所示为常压式滑阀。常流式与常压式转向控制阀的不同之处在于:当汽车转向盘处于中间位置时,常压式液压系统中的工作管路保持高压,而常流式则只在转向时管路提供高压。常流式的优点是结构简单、液压泵寿命长、消耗功率少,广泛应用于各种汽车。常压式的优点在于有蓄能器积蓄液压能,可以使用较小的液压泵,并可以在液压泵不运转的情况下保持一定的转向助力能力,一些重型汽车上采用这种结构。

对于常流式滑阀,当阀体1处于中间位置时,其两个凸棱边与阀套环槽形成四条缝隙。中间的两条缝隙分别与动力缸两腔的油道相通,而两边的两条缝隙与回油道相通。当阀体向右移动很小的一个距离时,右凸棱将右外侧的缝隙堵住,左凸棱将中间的左缝隙堵住,则来自液压泵的高压油经通道5和中间的右缝隙流入通道4,继而进入动力缸的一个腔;而动力缸另一腔的低压油被活塞推出,经由通道6和左凸棱外侧的缝隙流回储油罐。

阀体绕其轴线转动来控制油液流量的转向控制阀,称为转阀式转向控制阀,如图11-26所示。阀套2上有四个互相连通的进油口P,与液压泵6动力油路接通;四个互相连通的出油孔A,与动力缸1左腔L相通;四个互相连通的出油口B,与动力缸1的右腔R相通。阀芯3的内腔与低压回油路O相通。阀芯与阀套的相对位置不同,油路的流通情况不同。

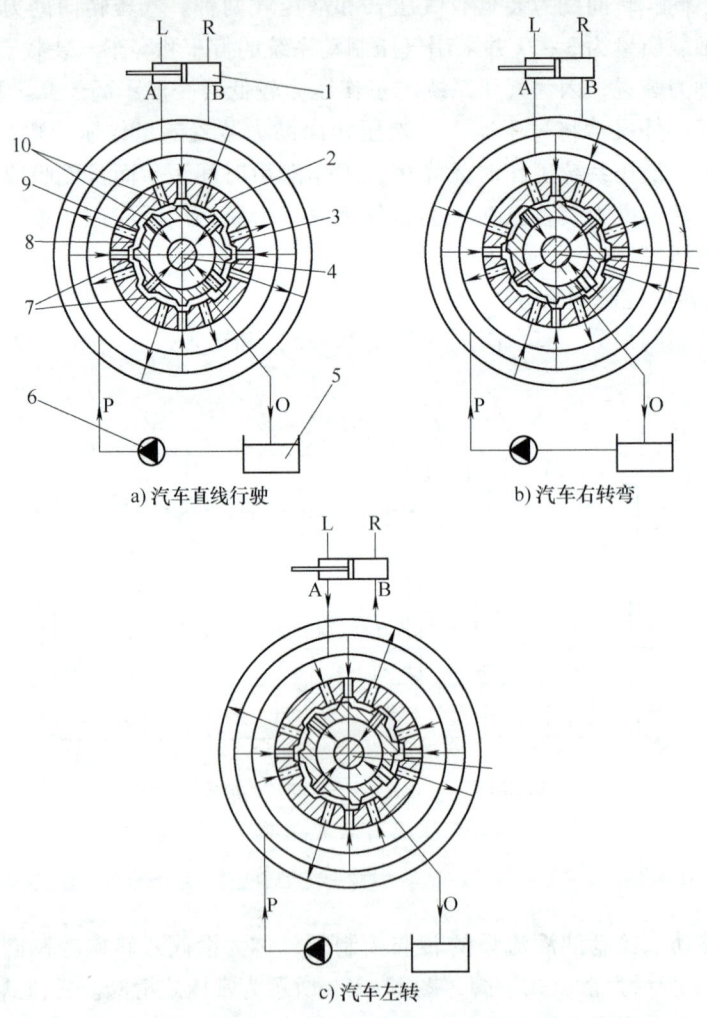

图11-26 转阀式转向控制阀的工作原理
1—动力缸 2—阀套 3—阀芯 4—扭杆 5—储油罐 6—液压泵 7、9—纵槽 8、10—槽肩

汽车直线行驶转向盘处于中间位置时,阀芯和阀套的相对位置如图11-26a所示。P、O、A、B四油路相通,此时转向泵卸荷,动力缸R、L两腔无压力,无助力作用。

当汽车右转弯时,阀芯向右转动很小位置,如图11-26b所示,高压油沿P→A→动力缸左腔L,动力缸右腔R→B→O流动,产生助力;当汽车左转弯时,阀芯向左移动很小位置,如图 11-26c 所示，高压油沿 P→B→动力缸右腔 R，动力缸左腔 L→A→O 流动，产生相反方向助力。

（三）按动力缸、控制阀及转向器的相对位置来分

按动力缸、控制阀及转向器的相对位置来分，有整体式、半整体式和转向助力器三种。在图 11-27a 中，机械转向器 9 和转向动力缸 10 设计成一体，并与转向控制阀 8 组装在一起。这种三合一的部件，称为整体式动力转向器。另一种方案是，只将转向控制阀同机械转向器组合成一个部件，该部件称为半整体式动力转向器，转向动力缸则作为独立的部件（见图 11-27b）。第三种方案是将机械转向器作为独立部件，而将转向控制阀和转向动力缸组合成一个部件，称为转向助力器，如图 11-27c 所示。

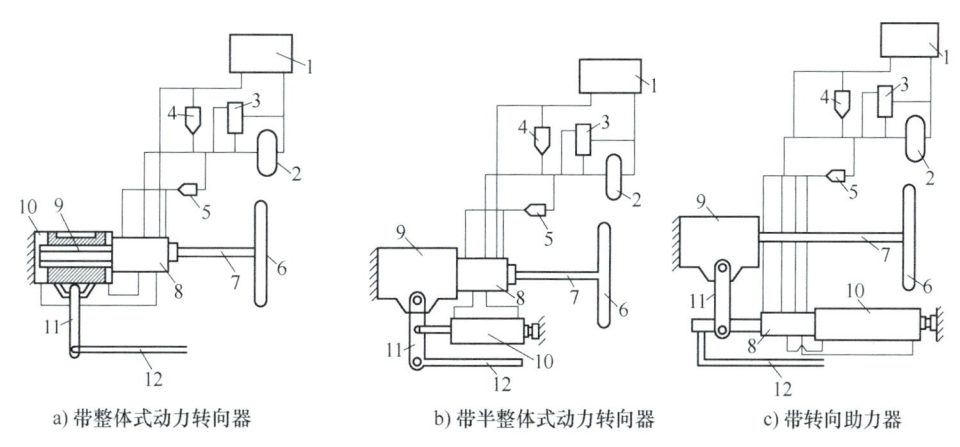

图 11-27 常流式液压转向助力装置结构布置方案

1—转向油罐 2—转向液压泵 3—流量控制阀 4—溢流阀 5—单向阀 6—转向盘 7—转向轴
8—转向控制阀 9—机械转向器 10—转向动力缸 11—转向摇臂 12—转向直拉杆

二、整体式动力转向装置

（一）齿轮齿条式整体动力转向器

目前，国产轿车上都采用了转阀式的整体式动力转向器。图 11-28 所示为捷达轿车整体式动力转向器的转向助力装置。

如图 11-28a 所示，控制阀与齿轮齿条式机械转向器和转向动力缸设计成一体，组成整体式动力转向器。其转向动力缸活塞 12 与转向齿条 10 制成一体。活塞 12 将转向动力缸 13 分成左右两腔。扭杆 4 的前端用销 18 与阀芯 2 相连，后端用销 15 与转向齿轮连接，转向阀套 1 与转向齿轮 11 制成一体，因而转向轴可通过扭杆带动转向齿轮转动。

转向控制阀处于中间位置时（见图 11-28a），由转向油罐 7、转向液压泵（叶片泵）8、流量控制阀（带溢流阀）9 组成的供能装置输出的油液，流入转阀进油口 P（图 11-28c）进入阀腔。由于转阀处于中间位置，它使动力缸的两腔相通，则油液经回油管路 6 流回转向油罐 7。故转向动力缸完全不起作用，该转向助力装置为常流式转阀整体式动力转向器。

其工作原理是：以向右转动转向盘为例，如图 11-28b 所示，当刚开始向右转动转向盘时，转向轴连同阀芯被顺时针转动，因为受到转向节臂传来的路面转向阻力，动力缸活塞和

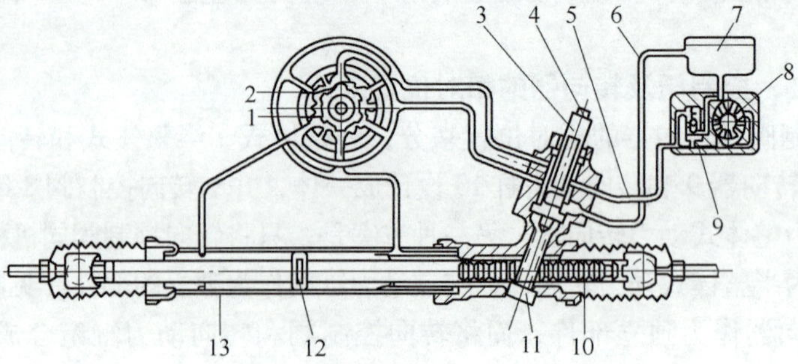

汽车构造（下）

a) 汽车直线行驶时

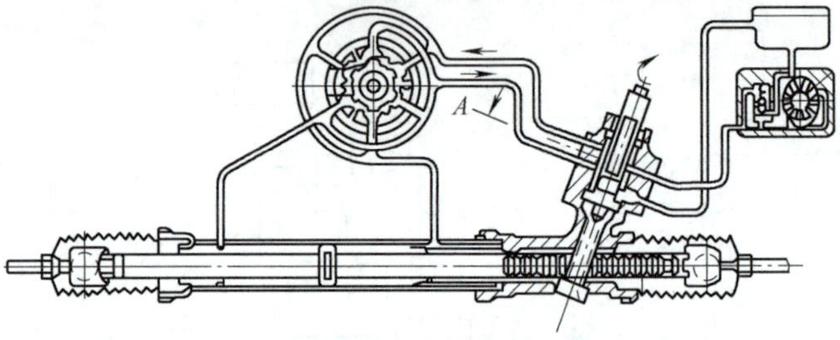

b) 汽车向右转弯行驶时

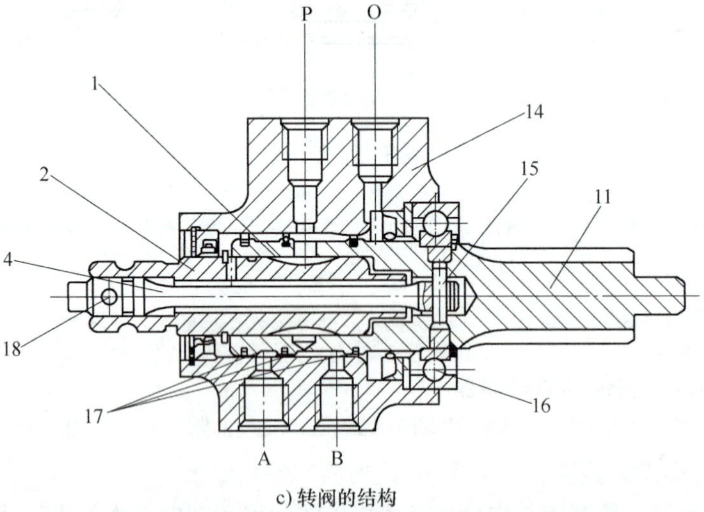

c) 转阀的结构

图 11-28 捷达轿车整体式动力转向器的转向助力装置
1—阀套 2—阀芯 3—转向轴 4—扭杆 5—进油管路 6—回油管路 7—转向油罐 8—转向液压泵（叶片泵）
9—流量控制阀（带溢流阀） 10—转向齿条 11—转向齿轮 12—动力缸活塞
13—转向动力缸 14—阀体 15、18—销 16—轴承 17—密封圈
A—通动力缸左腔油道 B—通动力缸右腔油道 P—通液压泵输出管路的油道 O—通低压回油油道

转向齿条暂时都不能运动，所以转向齿轮暂时也不能随转向轴转动。这样，由转向轴传到转向齿轮的转矩只能使扭杆4产生少许扭转变形，使转向轴（即阀芯）得以相对转向齿轮（即阀套）转过不大的角度，从而转阀使动力缸左腔成为高压的进油腔，右腔则成为低压的回油腔。作用在动力缸活塞上向右的液压作用力，帮助转向齿轮迫使转向齿条开始右移，转向轮

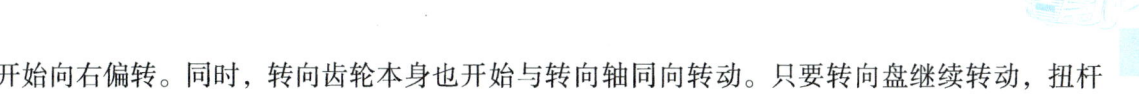

开始向右偏转。同时，转向齿轮本身也开始与转向轴同向转动。只要转向盘继续转动，扭杆的扭转变形便一直保持不变，转向控制阀所处的右转向位置也不变。

一旦转向盘停止转动，动力缸暂时还继续工作，导致转向齿轮继续转动，扭杆的扭转变形减小，直到扭杆恢复自由状态，控制阀（转阀）回到中间位置，动力缸停止工作为止。此时，转向盘即停驻在某一位置上而不动，则车轮转角也就保持一定。

在车辆转向过程中，若转向盘转动的速度过快，阀体与阀芯的相对角位移量也变大，动力缸两腔压力差增大，转向助力也随之增大，车轮偏转的速度也很快；若转向盘转动速度变慢，助力减小，车轮偏转的速度也慢；转向盘不动，转向轮也转到某一相应的位置不动，这称之为转向控制阀的"渐进随动原理"。转向后回正时，若驾驶人放松转向盘，阀芯回到中间位置，失去助力作用，此时，车轮在回正力矩的作用下回位。若驾驶人同时逆时针回转转向盘，动力转向器反向助力，帮助车轮回正。

若汽车行驶偶遇外界阻力使车轮发生偏转，则阻力矩通过转向传动机构、转向齿条齿轮作用在阀套上，使阀套阀芯产生相对角位移，动力缸产生与车轮偏转方向相反的助力作用。在此力的作用下，车轮迅速回正，保证了汽车直线行驶的稳定性。

一旦液压助力装置失效，助力缸不起作用，驾驶人须转动转向盘以较大的角度，使扭杆产生更大变形，传递更大的转矩，以驱动转向齿轮旋转。此时，该动力转向器变成机械转向器。驾驶人需施加更大的力，转向盘的自由行程更大。

（二）循环球式整体液压动力转向器

图 11-29 所示为中型货车所采用的循环球式整体式动力转向器，控制阀也为转阀式，机械转向器为循环球-齿条齿扇式。转向螺杆 8 的前端用销 10 与扭杆 1 联接，后端制成圆筒形，其内圆面上加工有油道，并用轴承 14 支承在转向器前端盖 4 上。扭杆的前端用销 3 与转阀阀芯 2 联接。阀芯 2 与转阀阀体 5 用销 7 联成一体。阀芯 2 用花键与转向轴联接。转向器壳体 11，同时也是转向动力缸的缸体。转向螺母 9 也是动力缸的活塞，其上加工有齿条，与摇臂轴 13 上的齿扇相啮合。转向螺母的后端用密封圈 12 将动力缸分成前后两腔。其工作原理与前述的轿车的整体式动力转向器相同。

（三）转向液压泵

转向液压泵是动力转向中的主要能源，其作用是将发动机输入的机械能转化为液压能向外输出。转向液压泵有齿轮式、转子式和叶片式等数种。图 11-30 所示为叶片式液压泵的结构，它主要由定子 1、转子 2 及叶片 3 等件组成。定子具有圆柱形内表面，转子上均布径向切槽。矩形叶片安装在转子槽内，并可在槽内滑动。矩形叶片两端与配油盘端面滑动配合，形成由转子外表面、定子内表面、叶片和配油盘组成的密封工作容积。转子和定子不同心，有一个偏心距。当转子旋转时，叶片靠自身的离心力紧贴定子的内表面，并在转子槽内做往复运动，使上述工作容积由小到大及由大到小不断变化。工作容积增大时，产生真空吸力将工作液从油罐中吸入工作腔；工作容积变小时，产生油压并将油液压出。

叶片式液压泵是容积式液压泵，其输出油量随转子转速升高而增大，输出的油压取决于动力转向系统的负荷。为了限制发动机转速较高时输出油量过大，油温升高，以及限制输出油压，防止由于油压过高损坏机件、破坏油封，通常在泵的进出油道之间设有流量控制阀 6 和限压阀 7。

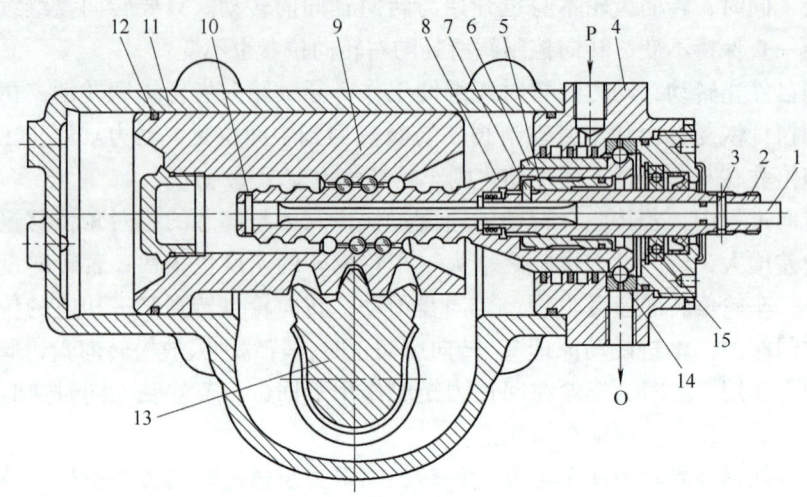

图 11-29 中型货车所采用的循环球式整体式动力转向器
1—扭杆 2—阀芯 3、7、10—销 4—转向器前端盖 5—转阀阀体 6—转阀阀套 8—转向螺杆
9—转向螺母 11—转向器壳体 12—密封圈 13—齿扇轴（摇臂轴） 14、15—轴承
P—转阀进油道 O—转阀回油道

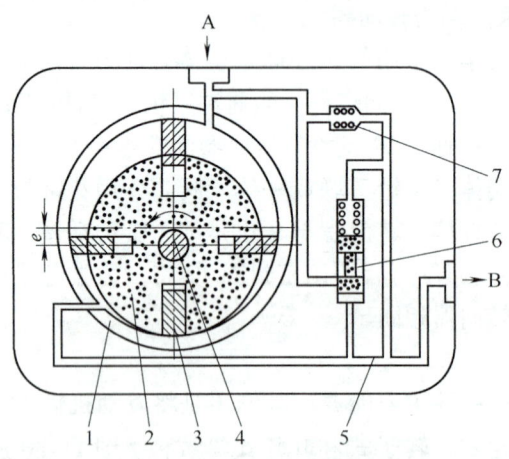

图 11-30 叶片式转向液压泵的结构
1—定子 2—转子 3—叶片 4—转子轴 5—节流孔 6—流量控制阀 7—限压阀
A—进油口 B—出油口

考证要点

一、填空题

1. 动力转向装置由_____、_____和_____三大部分组成。
2. 转向液压泵有_____、_____和_____等数种。
3. 按所用转向控制阀来分，转向助力装置有_____和_____两种。

二、简答题

简述滑阀工作原理。

任务 11.4 电动助力转向系统

【知识目标】

1. 了解电动助力转向系统的结构。
2. 了解电动助力转向系统的工作原理。

【情境导入】

通过前面几个任务的学习，我们已经了解了转向系统的大部分内容，在科技迅速发展的今天，汽车的控制系统也在不断地升级完善，今天让我们一起来学习电动助力转向系统的特点。

电动助力转向系统（Electric Power Aided Steering，EPAS）是一种直接依靠电动机提供辅助转矩的动力转向系统，是为了满足人们对驾驶轻便性的要求而产生的。它可以根据不同的使用工况控制电动机提供不同的辅助动力，这也符合当前电控技术与汽车技术相结合的趋势。

电动助力转向系统主要包括机械式转向器、转矩传感器、减速机构、离合器、电动机、电子控制单元（ECU）和车速传感器等。图 11-31 所示为电动助力转向系统的工作原理。转矩传感器 1 通过扭杆连接在转向轴 2 中间。当转向轴转动时，转矩传感器开始工作，把两段转向轴在扭杆作用下产生的相对转角转变成电信号传给电子控制单元（ECU）7，电子控制单元根据车速传感器和转矩传感器的信号决定电动机 6 的旋转方向和助力电流的大小，并将指令传递给电动机，通过离合器 5 和减速机构 3 将辅助动力施加到转向系统（转向轴）中，从而完成实时控制的助力转向。它可以方便地实现在不同车速下提供不同的助力效果，保证汽车在低速转向行驶时轻便灵活，高速转向行驶时稳定可靠。

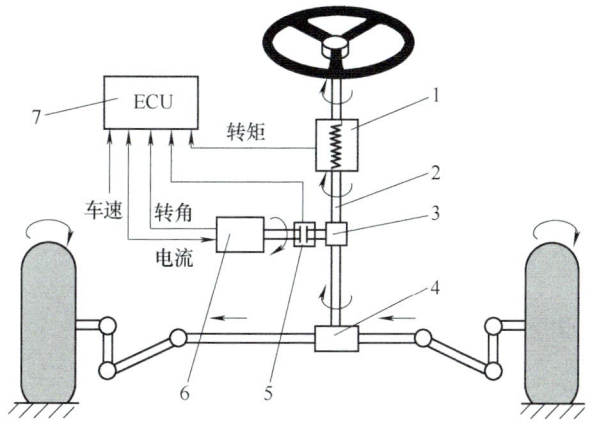

图 11-31 电动助力转向系统的工作原理

1—转矩传感器 2—转向轴 3—减速机构 4—齿轮齿条式转向器 5—离合器 6—电动机 7—电子控制单元（ECU）

电动助力转向系统与传统的液压助力转向系统相比较，具有以下优点：

1）节省动力。电动助力转向系统控制电路的设计是使电动机只在需要时才工作，而省去了不断工作的液压泵。

2）节省空间。电动助力转向系统的电动机和减速机构都集成在转向柱或者转向器壳体中，此外也省略了液压泵和辅助管路。

3）质量小。电动助力转向系统仅仅在机械转向系统的基础上增加了一套电动机和减速机构。

4）因为部件更少且不需要充入液体或滤清空气，所以更加容易集成。

但是，由于使用了电动机和减速机构等部件，增加了转向系统的成本；另外，减速机构、电动机等部件产生的摩擦力和惯性力可能会影响转向特性，或者改变转向盘的自动回正作用以及它的阻尼特性等。因此，电动助力转向系统正确匹配整车性能至关重要。

由此可见，电动助力转向系统尤其适合使用在对空间、重量要求更高的使用小排量发动机的微型汽车上，其工作原理如图 11-32 所示。

图 11-32　电动助力转向系统的工作原理

考证要点

一、填空题

1. 电动助力转向系统主要包括机械式转向器、＿＿＿＿＿＿、减速机构、＿＿＿＿＿＿、电动机、电子控制单元（ECU）和＿＿＿＿＿＿等。

2. 电动助力转向系统是一种直接依靠＿＿＿＿＿＿提供辅助转矩的动力转向系统。

二、简答题

电动助力转向的优点是什么？

扩展知识

自动泊车系统

自动泊车系统就是不用人工干预，自动停车入位的系统。自动泊车系统在国外很常见，

目前国内有大众途安、帕萨特、大众CC、斯柯达昊锐、丰田皇冠、奔驰、宝马和雷克萨斯LS等车型配备了这种系统。

自动泊车系统可以使汽车自动地进入正确的停靠车位，该系统包括：环境数据采集系统、中央处理器和车辆策略控制系统。其中环境数据采集系统包括图像采集系统和车载距离探测系统。可采集图像数据及周围物体距车身的距离数据，通过数据线传输给中央处理器；中央处理器可将采集到的数据分析处理后，得出汽车的当前位置、目标位置以及周围的环境参数，依据上述参数做出自动泊车策略，并将其转换成电信号；车辆策略控制系统接收电信号后，依据指令做出汽车的行驶如角度、方向及动力控制方面的操控。

自动泊车系统的工作原理是：车辆周围的雷达探头测量车身与周围物体之间的距离和角度，然后通过车载电脑计算出操作流程，配合车速调整转向盘的转动，驾驶人只需要控制车速即可。

单元 12　汽车制动系统

任务 12.1　汽车制动系统概述

【知识目标】
1. 了解制动防抱死系统的组成。
2. 掌握制动器的类型。
3. 掌握制动器的工作原理及结构特点。
4. 掌握制动器的调整过程。
5. 能对盘式制动器进行拆装。

【任务描述】
汽车在路面上行驶时，经常需要根据路况的不同适时地减速甚至停车。当我们将车停止在倾斜的路面上时，也需要能将车辆可靠地驻停，那么汽车制动系统是如何来实现这些作用的呢？这一部分，我们一起来学习制动系统。

一、制动系统的功用

制动系统的功用是使行驶中的车辆按照驾驶人的要求进行强制减速甚至停车，使已停驶的汽车在各种道路条件下稳定驻车，使下坡行驶的汽车速度保持稳定。对汽车起制动作用的是作用在汽车上，方向与汽车行驶方向相反的外力。运行中的汽车所受到的滚动阻力、坡道阻力、空气阻力、加速阻力等的方向，都与汽车的行驶方向相反，但是这些力的大小都是随机的且很难控制。因此，汽车上必须装设一系列专门装置，以便驾驶人能根据道路和交通等情况，使外界对汽车某些部分（主要是车轮）施加一定的力，对汽车进行一定程度的强制制动。这种可控制的对汽车进行制动的外力称为制动力。制动力是由专门装置产生的，这一系列的专门装置组成了制动系统。汽车行驶的安全性，在很大程度上取决于汽车制动装置工作的可靠性。

二、制动系统的类型

（一）按功用分类

1）行车制动装置是行车时，驾驶人常使用的制动装置，它一般用脚操纵，能产生较大的制动力。

2）驻车制动装置是驾驶人在停车时使用的制动装置，它一般用手操纵，主要用于停车后防止汽车滑溜。它的制动器可装在变速器或分动器之后的传动轴上，称为中央制动装置。也可利用后桥车轮制动器兼作驻车制动器，此种形式称为复合式制动器。

上述两套制动装置是各种汽车应具备的基本制动装置。

3）第二制动系统是当行车制动系统失效时仍然能够保证汽车实现减速或停车的装置。

4）辅助制动系统是在汽车下长坡时用以稳定车速的装置。经常行驶在山区道路上的汽车，如果仅靠行车制动系统在连续下长坡时稳定车速，可能会导致车轮制动器过热而降低制动效能，甚至制动效能完全失效。

（二）按制动系统的制动能源分类

（1）人力制动系统　仅靠驾驶人施加于制动踏板或手柄上的力作为制动的动力源，其中又分为液压式和机械式两种。机械式仅用于驻车制动。

（2）伺服制动系统　兼用人力和发动机动力进行制动的制动系统。

（3）动力制动系统　利用发动机的动力作为制动的动力源，由驾驶人通过制动踏板或手柄控制制动时刻与制动强度。其中按传力介质不同又分为气压式、液压式、真空助力-液压式、空气助力-液压式。

（三）按制动系统使用的能源分类

按制动系统使用的能源可分为：以驾驶人的体力作为唯一制动能源的人力制动系统；依靠发动机动力形成的气压或液压形式的势能进行制动的动力制动系统；兼用人力和发动机动力进行制动的伺服制动系统等。按照制动能量的传输方式制动系统又可分为机械式、液压式、气压式和电磁式等。

（四）按制动系统使用的回路分类

按制动系统使用的回路可分为：传动装置采用单一的气压或液压回路的单回路制动系统；行车制动系统的气压或液压管路分属于两个彼此隔绝的回路的双回路制动系统。在单回路制动系统中，只要有一处损坏而漏气（油），整个系统即行失效。我国规定所有汽车必须采用双回路制动系统。在双回路制动系统中，即使其中一个回路失效，也能利用另一回路获得一定的制动力。

三、制动系统的工作原理及组成

（一）制动系统的工作原理

各种类型的制动系统（见图 12-1）都是采用摩擦来实现减速的。这里我们用一种简单的液压制动系统来说明其工作原理，如图 12-2 所示。

制动踏板 13 通常安装在驾驶室里，踩下踏板可使推杆 12 的一端移动，推杆的另一端支承在制动主缸活塞 1 上，制动主缸活塞安装在制动主缸 2 里。制动主缸 2、油管 3 以及制动轮缸 4 里充满了制动液。制动轮缸固定在制动底板 9 上，制动底板用螺钉与转向节凸缘（前轮）或桥壳凸缘（后轮）固定在一起。制动鼓 6 固

图 12-1　制动系统

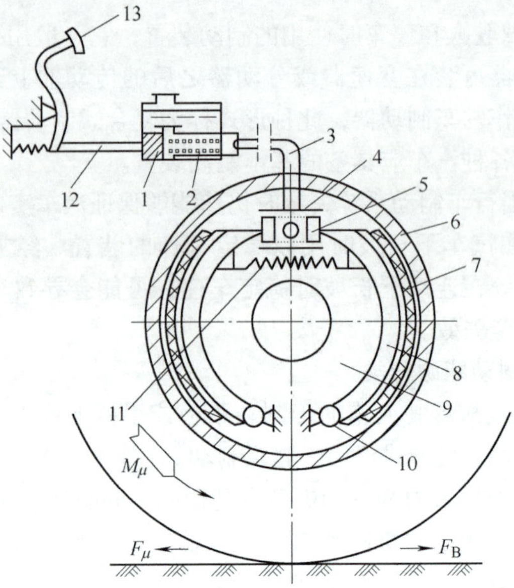

图 12-2 制动系统的工作原理

1—制动主缸活塞 2—制动主缸 3—油管 4—制动轮缸 5—制动轮缸活塞 6—制动鼓 7—摩擦衬片
8—制动蹄 9—制动底板 10—支承销 11—制动蹄回位弹簧 12—推杆 13—制动踏板

定在轮毂上,和车轮一起旋转。因此制动时制动鼓减速甚至停止旋转,即为制动车轮,使车轮停止旋转而使汽车制动。制动蹄8上铆有摩擦衬片7,蹄的下端松套在支承销10上,制动蹄上端用回位弹簧11拉紧压靠在制动轮缸活塞5上,支承销固定在制动底板9上。制动蹄可在轮缸活塞的推力作用下,绕支承销转动压靠到制动鼓上,蹄、鼓接触产生摩擦力,使车轮停止旋转产生制动,使汽车减速或停车。

制动系统不工作时,制动鼓的内圆柱面与制动蹄摩擦衬片的外圆柱面之间保持一定的间隙,使车轮和制动鼓可以自由旋转。

制动时,驾驶人踩下制动踏板13,推杆12将推动主缸活塞移动,迫使制动液经管路进入制动轮缸4,推动轮缸活塞5移动,驱动两制动蹄8张开,与制动鼓6贴合压紧。此时,不旋转的制动蹄对旋转的制动鼓将产生一个摩擦力矩 M_μ,其方向与车轮的旋转方向相反,大小取决于制动轮缸的张力、摩擦因数和制动鼓及制动蹄的尺寸。制动鼓将该力矩 M_μ 传到车轮后,由于车轮与路面间有附着作用,车轮即对路面作用一个向前的周缘力 F_B。与此相反,路面会给车轮一个向后的反作用力 F_μ。它的大小等于 M_μ 与车轮半径之比值,方向与汽车行驶方向相反,这个力就是车轮受到的制动力 F_μ。各轮上制动力之和就是汽车受到的总制动力。制动力由车轮经车桥和悬架传给车架及车身,迫使整个汽车产生一定的减速度,甚至停车。制动力越大,则汽车减速度也越大。放松制动踏板,制动蹄在回位弹簧11的作用下向中央收拢,制动蹄与制动鼓的间隙又恢复,因而制动解除。由制动鼓6、带摩擦衬片7的制动蹄部件产生的阻碍汽车运动的制动力 F_μ 不仅取决于制动力矩 M_μ,还取决于轮胎与路面间的附着条件。如果无附着作用,则制动系统不可能产生汽车制动的作用。一般在讨论制动系统的结构问题时,都假定具备良好的附着条件。

（二）制动系统的组成

制动系统是由制动器和制动驱动机构组成的。制动器是指产生阻碍车辆运动或运动趋势的力（制动力）的部件，其中也包括辅助制动系统中的缓速装置。制动驱动机构包括供能装置、控制装置、传动装置、制动力调节装置以及报警装置、压力保护装置等。控制装置产生制动动作并控制制动效果。传统轿车制动系统的组成如图12-3所示。

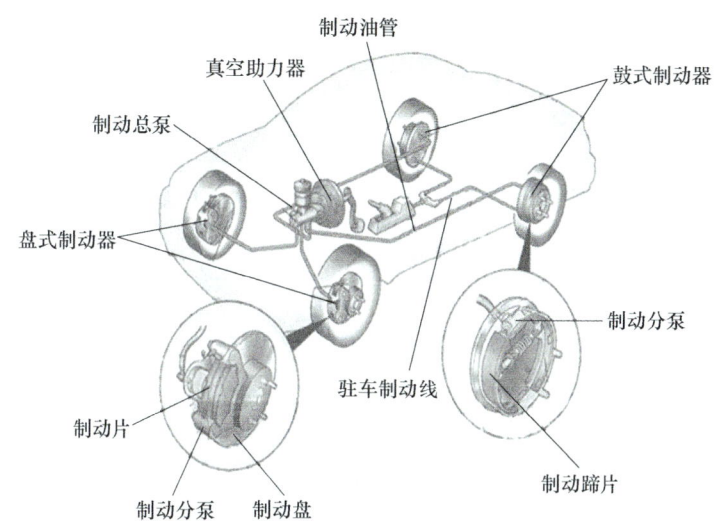

图12-3 传统轿车制动系统的组成

四、对制动系统的要求

为了保证汽车能在行驶安全的条件下发挥出高速行驶的能力，制动系统必须满足以下要求。

（一）具有良好的制动效能

制动效能的评价指标有制动距离、制动减速度、制动力及制动时间。良好的制动效能可以有效地保证行车安全，充分发挥汽车的动力性。制动效能可以用制动试验仪来检验。在实际使用过程中，路上试验常以制动距离来间接衡量整车的制动效能。制动距离是以某一速度开始紧急制动（例如30km/h或50km/h），从驾驶人踩上制动踏板起，直到停车为止汽车所走过的距离。室内试验通常是使用反力式制动试验台进行试验，测试制动性能。

（二）具有良好的制动效能恒定性

制动效能的指标是指在冷制动情况下，即制动器工作温度在100℃以下时讨论的。汽车下长坡制动及汽车高速制动时，制动器工作温度常在300℃以上，有时高达600~700℃。这时制动器的摩擦力矩显著下降，汽车的制动效能显著降低，这种现象称为制动效能的热衰退。例如，要达到的要求为，以一定的车速连续制动15次，每次制动减速度为$3m/s^2$，最后的制动效能，不得低于规定的冷制动情况下制动效能的60%。

汽车涉水后，由于制动器被水浸湿，制动效能也会降低，这种现象称为制动效能的水衰退。为了保证行车安全，汽车涉水后应踩几次制动踏板，使制动蹄和制动鼓发生摩擦，用摩擦产生的热使制动器迅速干燥，恢复原有的制动效能。

(三) 具有良好的制动方向稳定性

制动过程中，维持原来的直线行驶的能力及按预定弯道行驶的能力，称为汽车制动时的方向稳定性。汽车制动方向稳定性差，如制动时跑偏或侧滑，汽车将失去控制，常常引起严重的车祸。其中后轴侧滑最危险，严重时能使汽车掉头 180°。

(四) 操纵轻便

操纵制动系统所需的力不应过大，以减小驾驶疲劳。对于人力液压制动系统最大踏板力规定为：轿车不大于 500N，货车不大于 700N。对于制动踏板行程，商用车不大于 150mm，乘用车不大于 120mm。

(五) 具有良好的制动平顺性

要求制动力矩既能迅速而平稳地增加，又能迅速而彻底地解除。另外，对于挂车的制动系统，除了要求具有上述的良好性能外，还要求挂车的制动作用时间应略早于主车，避免在制动时挂车撞击主车，影响制动时的方向稳定性。

任务 12.2　车轮制动器

【知识目标】

1. 掌握鼓式制动器的组成与分类。
2. 掌握盘式制动器的组成与分类。
3. 能独立拆装鼓式制动器。
4. 能独立拆装并检修盘式制动器。

【任务描述】

李先生在行车过程中，听到自己的爱车发出很刺耳的噪声，停车检查后，发现自己的后轮制动盘磨损严重，制动盘上出现了沟槽，他赶紧拨打了 4S 店的救援电话。现在让我们通过本任务，来帮帮他解决问题。

一、鼓式制动器

目前，各类汽车上均采用摩擦式制动器。摩擦式制动器通过固定元件对旋转元件施加制动力矩，使其旋转角速度降低，依靠车轮与路面的附着作用产生制动力，达到减速的目的。

按旋转元件形状的不同，汽车制动器可分为鼓式和盘式两大类。鼓式制动器的摩擦副中的旋转元件为制动鼓，其工作表面为圆柱面；盘式制动器的旋转元件为制动盘，以两端面为工作表面。

按旋转元件安装位置，汽车制动器有中央制动器和车轮制动器两类。旋转元件固装在传动系统传动轴上的制动器称为中央制动器。中央制动器一般只用于驻车制动和缓速制动。车轮制动器一般用于行车制动，也可兼用于第二制动（或应急制动）和驻车制动。

鼓式制动器按工作表面分为内张型和外束型两种。前者的制动鼓以内圆柱面为工作表面，在现代汽车上使用广泛；后者制动鼓的工作表面则是外圆柱面，目前只有极少数汽车将其用作驻车制动器。内张型鼓式制动器都采用带摩擦衬片的制动蹄作为固定元件，如图 12-4 所示。位于制动鼓内部的制动蹄在一端承受促动力时，可绕其另一端的支点向外旋转，压靠到制动鼓内圆面（旋转元件）上，产生摩擦力矩（制动力矩）。对制动蹄端加力使制动蹄转动的装置称为制动蹄促动装置。图12-3所示的制动器以液压制动轮缸作为制动蹄促动装置，故称为轮缸式制动器。此外，还有用凸轮促动装置的凸轮制动器和用楔促动装置的楔式制动器等。轮缸式制动器工作原理如图12-2所示。

根据制动器的前、后制动蹄在制动时受力的不同，轮缸式制动器可分为简单非平衡式（领从蹄式）、平衡式（双领蹄式和双向双领蹄式）和自增力式三种类型。这里我们只介绍前两种。

1. 领从蹄式制动器

图12-5所示为北京BJ2020N型汽车的后轮制动器，即为领从蹄式制动器。它由旋转部分、固定部分、促动装置和定位调整装置组成。作为旋转部分的制动鼓18多用灰铸铁制成，通过螺栓固

图12-4 鼓式制动器

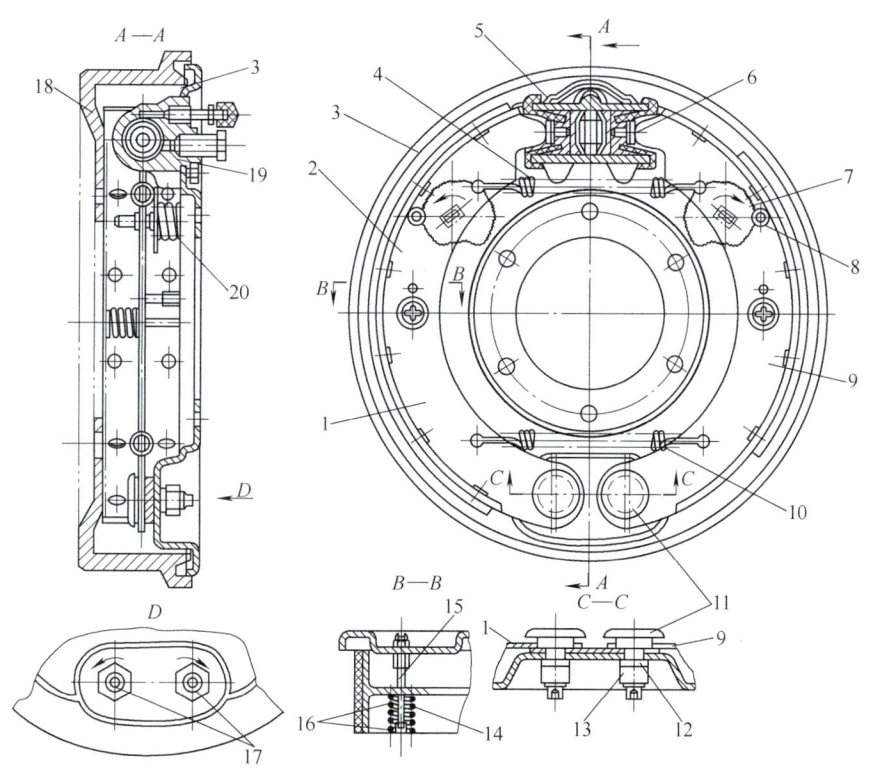

图12-5 领从蹄式制动器

1—前制动蹄 2—摩擦片 3—制动底板 4、10—制动蹄回位弹簧 5—制动轮缸活塞 6—活塞顶块 7—调整凸轮
8—调整凸轮锁销 9—后制动蹄 11—支承销 12—弹簧垫圈 13、17—螺母 14—制动蹄限位弹簧
15—制动蹄限位杆 16—弹簧盘 18—制动鼓 19—制动轮缸 20—调整凸轮压紧弹簧

装在轮毂的凸缘上，随车轮一同旋转。制动鼓的边缘有一个用于检查蹄与鼓间隙的检查孔。作为固定部分零件装配基体的制动底板3，用螺栓与后驱动桥壳半轴套管上的凸缘联接（若是前轮制动器，制动底板则应与前桥转向节的凸缘联接）。两制动蹄1和9下端的孔分别同两支承销11上的偏心轴颈做间隙配合。制动蹄的外圆面上，用埋头铆钉铆接着摩擦片2。铆钉头顶端埋入深度约为新摩擦片厚度的1/2。为了提高摩擦片的利用率，有些轻型车采用了树脂胶黏结剂将其与蹄黏结。作为制动蹄促动装置的制动轮缸19，也用螺钉固定在制动底板上，因而在结构上它又成为制动器不可分割的组成部分。两制动蹄上端松嵌入压合在制动轮缸活塞5上顶块6的直槽中，并由回位弹簧4和10拉拢。定位调整装置用来保持和调整制动蹄和制动鼓正确的相对位置。调整凸轮7安装在制动底板上，与焊接在腹板上的调整凸轮锁销8紧靠，在回位弹簧4和10的作用下，保持凸轮的正确位置和蹄鼓间隙。制动蹄限位杆15借螺纹旋装在制动底板上。制动蹄限位弹簧14使制动蹄腹板紧靠着制动蹄限位杆15中部的台肩，借以防止制动蹄的轴向窜动。

制动时，两制动蹄在轮缸中液压的作用下，各自绕其支承销偏心轴颈的轴线向外旋转，紧压到制动鼓上。解除制动时，撤除液压，两蹄便在回位弹簧4和10的作用下回位。

假设汽车前进时制动鼓旋转方向如图中箭头所示（制动鼓逆时针旋转）。沿箭头方向看去，前制动蹄1的支承点在其前端，轮缸所施加的促动力作用于其后端，故制动蹄张开时的旋转方向与制动鼓的旋转方向相同。具有这种属性的制动蹄称为领蹄。反之，后制动蹄9张开时的旋转方向与制动鼓的旋转方向相反，称为从蹄。当汽车后退时，制动鼓旋转方向相反，蹄1变为从蹄，蹄9则为领蹄。这种制动鼓正向和反向旋转时都有一个领蹄和一个从蹄的制动器称为领从蹄式制动器。

同时，由于轮缸中的两活塞直径相同，都可在轮缸内轴向浮动。因此，制动时轮缸对两制动蹄所施加的促动力相等，也称为等促动力制动器。受力情况如图12-6所示。

制动时，领蹄1和从蹄4在相等的促动力F_S的作用下，分别绕各自的支承点（支承销2和3）旋转紧压在制动鼓5上。制动鼓即对两制动蹄分别作用着微元法向反力的等效合力（简称法向反力）F_{N1}和F_{N2}以及相应的微元切向反力的等效合力（简称切向反力）F_{T1}和F_{T2}。这些力的作用点和方向如图12-6所示。两蹄上的这些力分别为各自支点的支反力F_{S1}和F_{S2}所平衡。由图可见，领蹄上的切向反力F_{T1}所造成的绕支点的力矩与促动力F_S所造成的绕同一支点的力矩是同向的，所以切向反力F_{T1}的作用结果是使领蹄1在制动鼓上压得更紧，即力F_{N1}变得更大，从而力F_{T1}也更大，这表明领蹄具有"增势"作用。与此相反，切向反力F_{T2}则使从蹄2有放松制动鼓，即有使F_{N2}和F_{T2}本身减小的趋势，故从蹄具有"减势"作用。

虽然领蹄和从蹄所受促动力相等，但前、后两制动鼓所受法向反力F_{N1}和F_{N2}却不相等，且$F_{N1} > F_{N2}$。相应地$F_{T1} > F_{T2}$。故两制动蹄对制动鼓所施加的制动力矩不相等。一般说来，领蹄制动力矩约为从蹄制动力矩的2～2.5倍。倒车制动时，虽然蹄4变成领蹄，蹄1变成从蹄，但整个制动器的制动效能

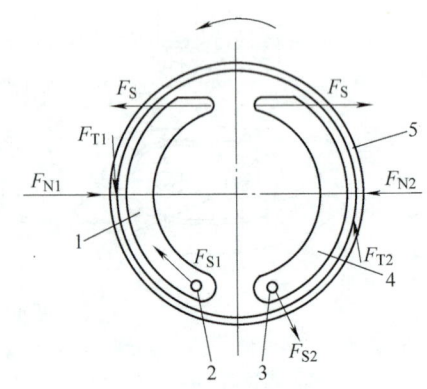

图12-6 领从蹄式制动器制动蹄的受力情况
1—领蹄 2、3—支承销 4—从蹄 5—制动鼓

还是同前进制动时一样。制动鼓所受来自两蹄的法向力不互相平衡的制动器，属于非平衡式制动器。

显然，由于领蹄和从蹄所受法向反力不等，在两蹄摩擦片工作面积相等的情况下，领蹄摩擦片上的单位压力较大，因而磨损较严重。为了使领蹄和从蹄的摩擦片寿命相近，有些领从蹄式制动器的领蹄摩擦片设计得较大，但是这样将使得两蹄摩擦片不能互换，从而增加了零件种数和制造成本。

此外，领从蹄式制动器的制动鼓所受到的来自两蹄的法向力（F_{N1}和F_{N2}）也不平衡，此二法向力之和只能由车轮的轮毂轴承的反力来平衡，这就对轮毂轴承造成了附加径向载荷，使其寿命有所缩短。

桑塔纳2000型轿车的后轮制动器也是领从蹄式制动器，如图12-7所示。其结构特点在于制动蹄采用了浮式支承。制动蹄7与18的上、下支承面均加工成弧形，下方支承在固定于制动底板上的止挡板20上。轮缸活塞通过支承块对制动蹄的上端施加促动力。这种支承结构可使整个制动蹄沿支承平面有一定的浮动量，制动蹄可以自动定心，保证能够与制动鼓全面接触。这种结构的另一特点是，该行车制动器可兼作驻车制动器，因此在制动器中还装设了驻车制动机械传动装置。

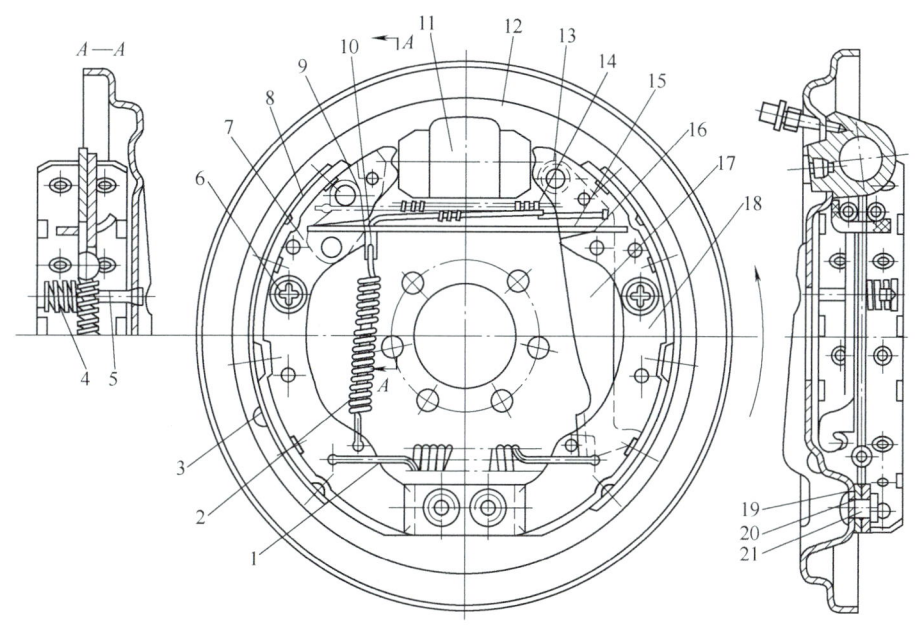

图12-7 桑塔纳2000型轿车的后轮制动器

1、2、14、15—回位拉簧 3—检测孔 4—压簧 5—夹紧销 6—弹簧座 7—带楔形支承的制动蹄 8—摩擦衬片 9—楔形支承 10—楔形块 11—制动分泵（轮缸） 12—制动底板 13—销轴 16—压杆 17—驻车制动拉杆 18—带有杠杆的制动蹄 19—支架 20—止挡板 21—铆钉

2. 单向双领蹄式和双向双领蹄式制动器

北京BJ2020N型汽车前轮制动器采用了单向双领蹄式制动器，如图12-8所示。两制动蹄各用一个单活塞式制动轮缸2，而且两套制动蹄、轮缸、支承销和调整凸轮等，在制动底板上

的布置是中心对称的,以代替领从蹄式制动器中的轴对称布置。两个轮缸可借轮缸连接油管13联通,使其中油压相等。这样,在前进制动时,两蹄都是领蹄,制动器的效能因而得到提高。但是,在倒车制动时,两蹄都将变成从蹄。单向作用的双领蹄式制动器前进时制动效能好,倒车时制动效能低,但两蹄片的受力相同,磨损均等,且蹄片作用于鼓的力量是平衡的。

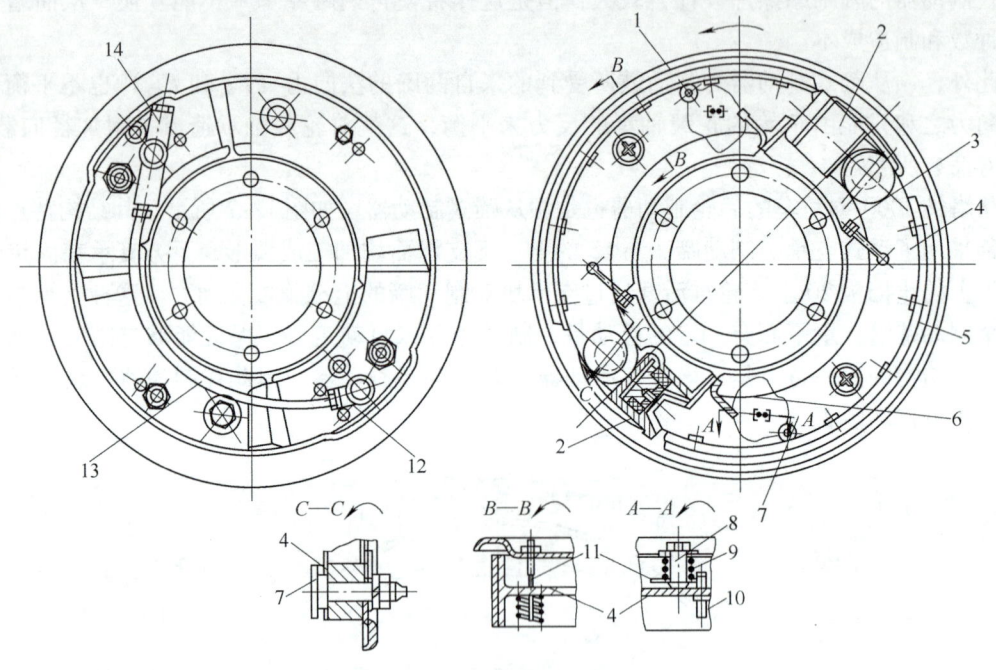

图 12-8 单向双领蹄式制动器

1—制动底板 2—制动轮缸 3—制动蹄回位弹簧 4—制动蹄 5—摩擦片 6—调整凸轮 7—支承销 8—调整凸轮轴 9—弹簧 10—调整凸轮锁销 11—制动蹄限位杆 12、14—油管接头 13—轮缸连接油管

当轿车的后轮制动器为领从蹄式、前轮制动器采用双领蹄式时,易于达到合理的前、后轮制动力的匹配,而且前、后制动器中多数零件具有同样的尺寸。由于双领蹄式制动器在汽车倒车时制动效能大大下降,且不便安装驻车制动器,故不用作后轮制动器。

若将左、右两侧车轮的双领蹄式制动器对调安装,便都成为在制动鼓正向旋转时两蹄均为从蹄的"双从蹄式"制动器。显然,双从蹄式制动器的前进制动效能低于双领蹄式和领从蹄式制动器。但其效能对摩擦因数变化的敏感程度较小,即具有良好的制动效能稳定性。

红旗 CA7560 型轿车的前后轮制动器采用了双向双领蹄式制动器,如图 12-9 所示。制动底板 3 上所有的固定元件,如制动蹄、双向制动轮缸、回位弹簧等都是对称布置的。两制动蹄的两端都是采用浮式支承,且支点的轴向位置也是浮动的。这样,制动蹄的两端既是支承点,也是张开力的作用点。支承点、张开力作用点随制动鼓旋转方向的不同能相互转换,可使汽车前进或倒车时均可得到相同且较高的制动效能。

领蹄、双向双领蹄、双从蹄式制动器的固定元件布置都是中心对称的,如果间隙调整正确,则其制动鼓所受两蹄施加的两个法向合力能互相平衡,不会对轮毂轴承造成附加径向载荷。因此,这三种制动器都属于平衡式制动器。

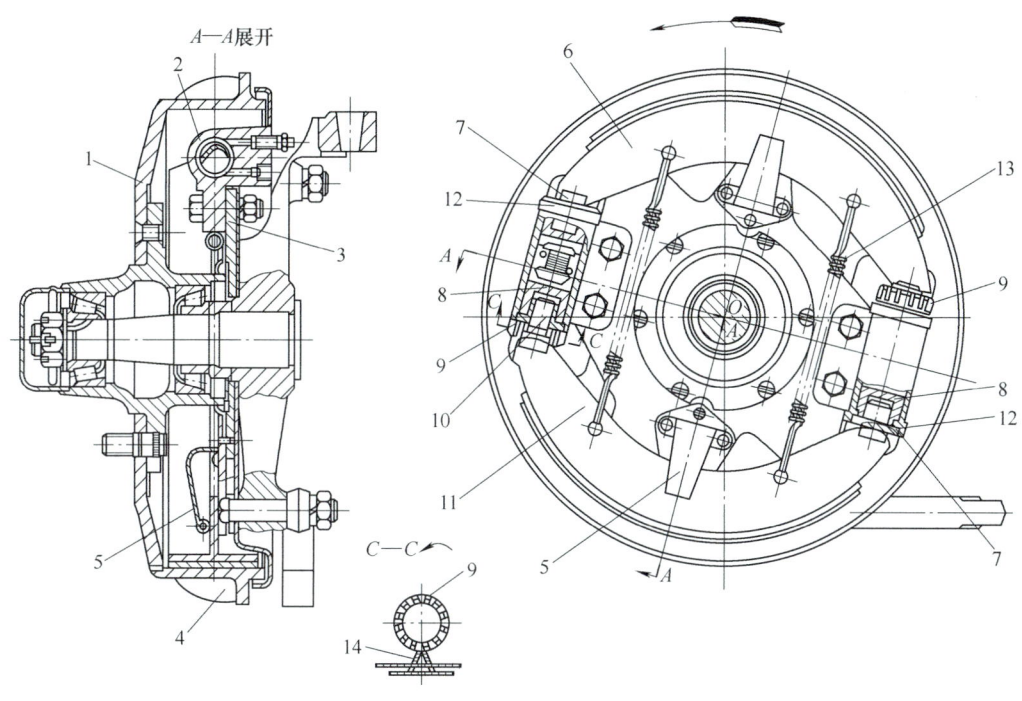

图 12-9 双向双领蹄式制动器

1—制动鼓 2—制动轮缸 3—制动底板 4—制动鼓散热肋片 5—制动蹄限位片 6—上制动蹄 7—支座
8—轮缸活塞 9—调整螺母 10—可调支座 11—下制动蹄 12—防护套 13—回位弹簧 14—锁片

二、盘式制动器

盘式制动器由旋转元件（制动盘）和固定元件（制动钳）组成。制动盘是摩擦副中的旋转件，以金属圆盘的端面为工作面。制动钳是由装在横跨制动盘两侧的钳形支架中的制动块和促动装置组成。制动块是由工作面积不大的摩擦块和金属背板组成。按摩擦副中固定元件的结构分，盘式制动器有钳盘式和全盘式两大类。全盘式制动器制动盘的全部工作面可同时与摩擦片接触。全盘式制动器主要用于重型汽车。钳盘式制动器又可分为固定钳盘式和浮动钳盘式两种。钳盘式制动器由工作面积不大的摩擦块与其金属背板组成制动块；每个制动器中有 2~4 块制动块，这些制动块及其促动装置都装在横跨制动盘两侧的夹钳形支架中，称为制动钳。钳盘式制动器散热性能强，热稳定性好；轿车和轻型货车广泛采用这种制动器。

1. 固定钳盘式制动器

固定钳盘式制动器的结构如图 12-10 所示。制动盘 9 固定在轮毂 10 上。制动钳 6 固定在车桥的

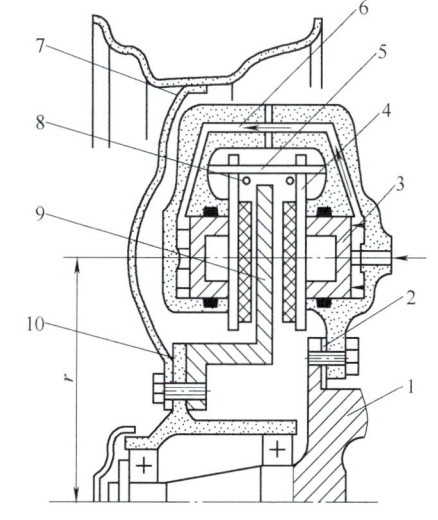

图 12-10 固定钳盘式制动器的结构

1—转向节凸缘 2—调整垫片 3—活塞 4—制动块
5—导向支承销 6—制动钳 7—车轮 8—回位弹簧
9—制动盘 10—轮毂 r—制动盘摩擦半径

转向节凸缘 1 上,既不能旋转也不能沿制动盘轴线方向移动。制动钳内装有两个制动轮缸活塞 3,分别压住制动盘两侧的制动块 4。当驾驶人踩下制动踏板使汽车制动时,制动轮缸的液压上升,活塞被微量顶出,使两侧的制动块同时夹紧制动盘产生制动。

固定钳盘式制动器存在的缺点如下:

1)液压缸较多,使制动钳结构复杂。

2)液压缸分置于制动盘两侧,必须用跨越制动盘的钳内油道或外部油管来联通,这必然使得制动钳的尺寸过大,难以安装在现代化轿车的轮辋内。

3)热负荷大时,液压缸(特别是外侧液压缸)和跨越制动盘的油管或油道中的制动液容易受热气化。

4)若要兼用于驻车制动器,则必须加装一个机械促动的驻车制动钳。

这些缺点使得固定钳盘式制动器难以适应现代汽车的使用要求,因此,大部分汽车均采用了浮动钳盘式制动器。

2. 浮动钳盘式制动器

图 12-11 所示为浮动钳盘式制动器的工作原理。它只在制动盘 4 的内侧设置液压缸,外侧的制动块附装在钳体 1 上。制动钳支架 3 固定在转向节上,制动钳体 1 与支架 3 可沿装在制动钳支架上的导向销 2 轴向滑动。制动时,活塞 8 在液压力 F_{P1} 作用下,将活动制动块 6(带摩擦块磨损报警装置)推向制动盘 4。与此同时,作用在制动钳体 1 上的反作用力 F_{P2} 推动制动钳体沿导向销 2 向右移动,使固定在制动钳体上的制动块 5 压靠到制动盘上。于是制动盘两侧的摩擦块在 F_{P1} 和 F_{P2} 力的作用下夹紧制动盘,使之在制动盘上产生与运动方向相反的制动力矩,促使汽车制动。

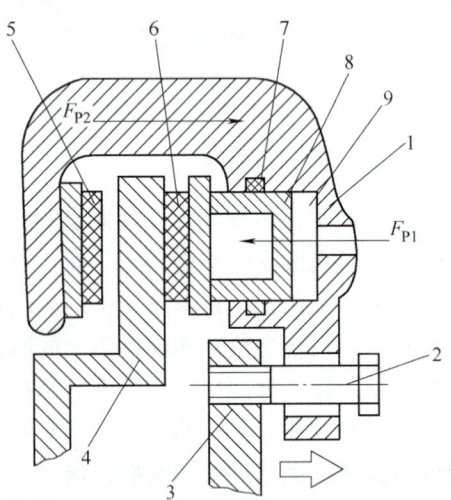

图 12-11 浮动钳盘式制动器的工作原理
1—制动钳体 2—导向销 3—制动钳支架
4—制动盘 5—固定制动块 6—活动制动块
7—活塞密封圈 8—活塞 9—液压缸

图 12-12 所示为红旗 CA7220 型轿车的前轮浮动钳盘式制动器。制动钳由制动钳体 1 用紧固螺栓 2 与制动钳导向销 3 联接,导向销插入制动钳支架的孔中做间隙配合,制动钳体 1 可沿导向销 3 做轴向相对移动(浮动),因而称为浮动钳盘式制动器。制动钳体的活塞腔与活塞 12 组成制动轮缸,制动块 10 与 7 布置在活塞底部的制动盘 6 的两侧。制动盘 6 内侧的制动块 10 和外侧的制动块 7 用止动弹簧卡在制动钳支架 5 上,可以轴向移动但不能上下窜动。制动盘有 4 个安装孔,以 4 个螺栓与前轮毂联接,制动盘随车轮做旋转运动。当汽车进行制动时,制动液从制动钳体 1 的进油孔进入分泵活塞 12 的顶部,活塞在制动液的压力作用下推向制动块 10,使制动块压向制动盘,由于壳体的浮动运动,同时也消除了制动块 7 与制动盘的间隙,两制动块即紧紧地将制动盘夹住而实现了制动。

制动器在工作过程中随着摩擦副的逐渐磨损,制动间隙会逐渐增大,则活塞将相对于密封圈滑移,从而实现间隙的自动调整。当内摩擦块磨损到许用的最小厚度时,报警开关 16 便接通电路对驾驶人发出报警信号。

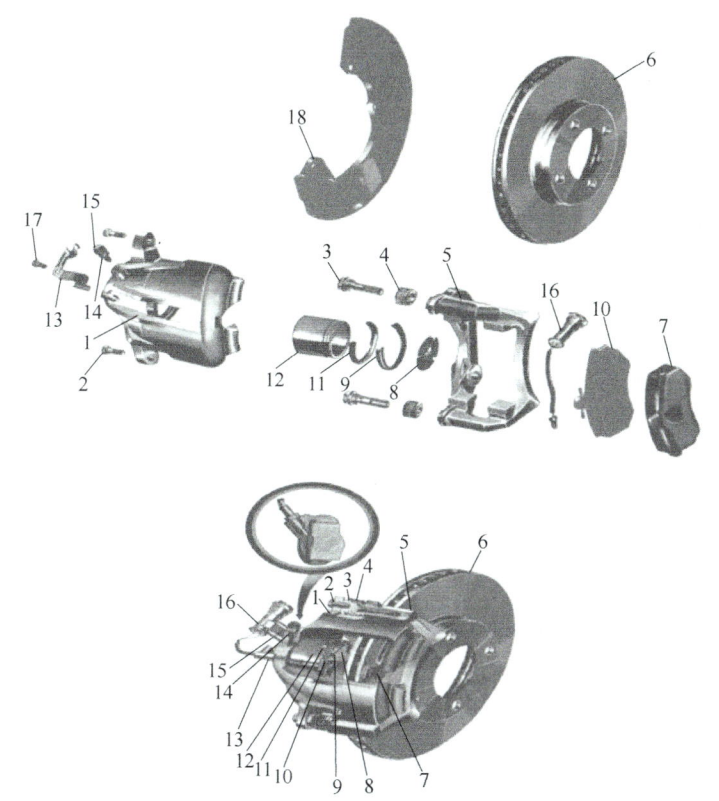

图 12-12　红旗 CA7220 型轿车的前轮浮动钳盘式制动器
1—制动钳体　2—紧固螺栓　3—制动钳导向销　4—折叠防护套　5—制动钳支架　6—制动盘　7—外制动块
8—消声片　9—防尘罩　10—内制动块　11—橡胶密封圈　12—活塞　13—电线导向夹　14—放气螺钉帽
15—放气螺钉　16—摩擦块磨损报警开关　17—紧固螺栓　18—挡尘盘

与固定钳盘式制动器相比，浮动钳盘式制动器的单侧液压缸结构不需要跨越制动盘的油道，因此不仅轴向和径向尺寸较小，有可能布置得更接近车轮轮毂，而且制动液受热汽化的机会较少。

3. 盘式制动器与鼓式制动器的比较

盘式制动器与鼓式制动器相比，有如下优点：

1）一般无摩擦助势作用，因而制动器效能受摩擦因数的影响较小，即效能较稳定。

2）在输出制动力矩相同的情况下，尺寸和质量一般较小。

3）浸水后效能降低不大，而且只需经一两次制动即可恢复正常。

4）制动盘厚度方向的热膨胀量小，不会像制动鼓热膨胀那样使制动器间隙明显增加而导致制动踏板行程过大。

5）容易实现间隙自动调整，其他维修作业也比较简便。

盘式制动器的不足之处有：

1）制动效能较低，故用于液压制动系统时所需制动促动管路压力较高，一般要用伺服装置。

2）兼用于驻车制动器时，需要加装的驻车制动传动装置较鼓式制动器复杂，因而在后轮上的应用受到限制。目前，盘式制动器已广泛应用于轿车，但除了在一些高级轿车上用于全部车轮外，一般只用作前轮制动器，而后轮采用鼓式制动器，以获得汽车在较高车速下制动的方向稳定性。

考证要点

一、填空题

1. 按旋转元件形状的不同，汽车制动器可分为_____和_____两大类。鼓式制动器的摩擦副中的旋转元件为_____，其工作表面为圆柱面；盘式制动器的旋转元件为盘状的制动盘，以两端面为工作表面。
2. 制动效能的评价指标有_____、_____、_____及制动时间。
3. 盘式制动器由旋转元件_____和固定元件_____组成。

二、简答题

1. 什么是制动力？制动力是如何产生的？
2. 什么是汽车制动系统？制动系统又是如何分类的？
3. 什么是摩擦制动器？它是如何分类的？各自的结构特点如何？
4. 轮缸式制动器有哪几种形式？
5. 什么是制动器间隙？其大小对制动性能有何影响？怎样检查和调整？
6. 什么是双领蹄式制动器？其结构特点如何？
7. 为什么中央制动器不宜用于应急制动？
8. 汽车为什么要安装防抱死制动装置？

扩展知识

主动制动/城市安全系统

主动制动功能是指车辆在非自适应巡航的情况下正常行驶，如车辆遇到突发危险情况时能自身主动产生制动效果让车辆减速从而提高行车安全性的一种技术。但是目前各个汽车厂商对这项技术的命名并不统一，例如丰田的预碰撞安全系统称为 Pre-Collision System（PCS），本田的称为 Collision Mitigation Brake System（CMBS）以及奔驰的称为 pre-safe system 等。

城市安全系统（City Safety）是由沃尔沃汽车公司推出的防撞技术。城市安全系统作为一项最新的主动安全技术，它能够帮助驾驶人避免城市交通常见的低速行驶时的追尾事故。沃尔沃汽车公司估计这项技术能够避免一半的追尾碰撞事故，也可以最大程度避免损失。

统计数据表明，75% 的追尾事故都发生在大约 30km/h 的速度下，而沃尔沃汽车公司的这项城市安全系统，正是这种情况的最佳解决方案：当车辆的速度达到 30km/h 时，这套系统就会自动启动，通过前风窗玻璃上的光学雷达系统监视交通状况，尤其是车头前 6m 内的情况。当前车制动、停止或者有其他障碍物时，这套系统首先会自动在制动系统上加力，以帮助驾驶人在做出动作前缩短制动距离；此外它还可以通过调整转向盘，来改变车辆行驶路径，以避开障碍物。当然，如果距离障碍物已经很近，这套系统会自动紧急制动而无须驾驶人的操作。

据沃尔沃汽车公司表示，该系统的分析计算速度达到每秒 50 次，可以根据距离和车速等方面准确地分析出，需要在什么时候制动才能够避免事故的发生。而且这套系统在白天和夜间都可以正常使用，不过和其他一些雷达装置一样，在有雾、下雨和下雪的天气都会受到一定限制。

任务12.3　ABS、ASR 与 ESP

【知识目标】

1. 了解 ABS 的作用与工作原理。
2. 了解 ESP 的作用与工作原理。
3. 了解 ASR 的作用与工作原理。
4. 能对 ABS 的简单故障进行排除。

【任务描述】

很多人在购车时，都会看车的参数里是否配置 ABS、ASR、ESP 等，小李也不例外，今天小李在 4S 店详细地咨询了销售人员这些系统的具体作用，有没有必要多花一点钱购买标配这些系统的车呢？让我们一起来学习这一部分，解决小李的问题。

一、防抱死制动

当车轮抱死滑移时，车轮与路面间的侧向附着力将完全消失。如果是前轮（转向轮）制动到抱死滑移而后轮还在滚动，汽车将失去转向能力。如果是后轮制动到抱死滑移而前轮还在滚动，即使受到不大的侧向干扰力，汽车也将产生侧滑（或甩尾）现象。这些都极易造成严重交通事故。因此，汽车在制动时不希望车轮制动到抱死滑移，而是希望车轮制动到边滚边滑的滑转状态。汽车车轮的滑移率在 15%～20% 时，轮胎与路面间有最大的纵向附着系数 φ_z，而侧向附着系数也较大，如图 12-13 所示。所以，为了充分发挥轮胎与路面间的这种潜在附着能力，目前多数中高级轿车、大客车和重型货车上装备了防抱死制动系统（Antilock Braking System，ABS）。

（一）ABS 的基本组成

汽车 ABS 的主要功能是汽车在进行紧急制动和在易滑的路面上进行常规制动时，迅速而又精确地检测出各车轮的滑移量，通过电子控制器的分析、运算和控制，适时并恰当地调节制动器的液压或气压，减小车轮的滑移率，确保制动时汽车的方向稳定性、制动可靠性和行驶安全性。

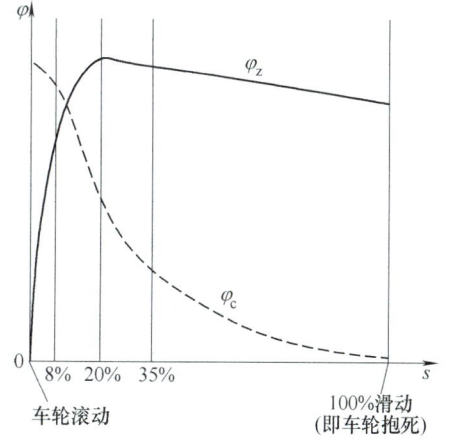

图 12-13　φ-s 曲线
φ_z—路面纵向附着系数　φ_c—路面侧向附着系数

汽车制动系统随车型的不同而不同，ABS 也一样，因此 ABS 的类型较多，但通常主要由车轮转速传感器、电子控制单元（ECU）、制动压力调节装置等组成。在不同的 ABS 中，ECU 的内部结构和控制逻辑可能不尽相同，制动压力调节装置的结构形式和工作原理也往往不同。ABS 的组成如图 12-14 所示。其工作原理如图 12-15 所示。

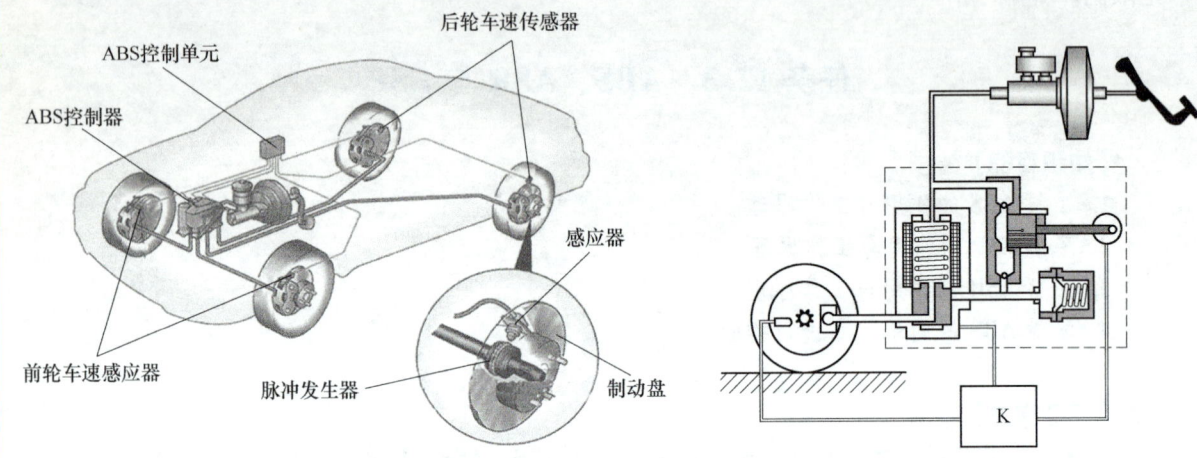

图 12-14　ABS 的组成　　　　　　　　图 12-15　ABS 的工作原理

（二）ABS 的分类

ABS 根据其对制动压力的控制方式可分为机械式和电子式。目前大多数的 ABS 都是电子控制式。目前流行的 ABS 可按以下分类：

1. 根据制动压力调节装置的布置分类

将制动压力调节装置和制动主缸组成总成的 ABS 称为整体式 ABS，如图 12-16 所示。它主要由制动主缸、制动助力器（液压助力）、制动压力调节装置、电动泵总成及压力调节回路等组成。电动泵总成为回路提供高压，同时也用于主动助力。

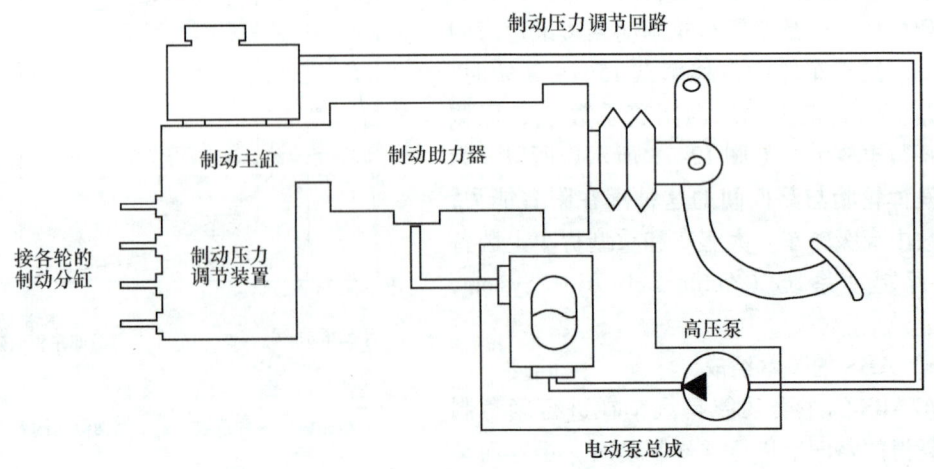

图 12-16　整体式 ABS 的组成原理

具有独立的制动压力调节装置和独立的制动主缸的 ABS 称为分置式 ABS，如图 12-17 所示。它主要由带助力器（真空或液压助力）的制动主缸及分置的压力调节装置等组成。制动主缸产生的制动压力通过制动管路分配给各个车轮的制动器，压力调节装置独立地调节各个车轮制动器的制动压力，而不受制动踏板上作用力大小的影响。

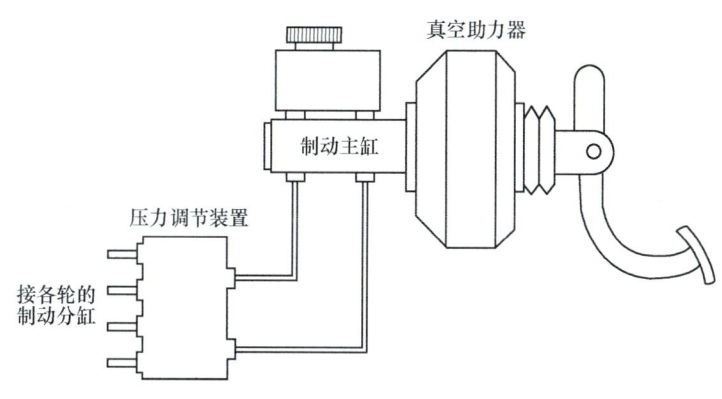

图 12-17　分置式 ABS 的组成原理

2. 根据管路的布置方式分类

根据 ABS 制动管路布置方式的不同进行分类，可分成单通道、双通道、三通道或四通道的两轮系统和四轮系统。

（1）两轮 ABS　该系统仅对后轮提供防抱死制动性能，对前轮不提供防抱死制动性能。两轮 ABS 常见于轻型货车，如图 12-18 所示。

两轮 ABS 可以是单通道或双通道。在单通道系统中，同时调节左、右两侧的后车轮制动器，控制滑移。单通道系统依靠放在中央的 ABS 转速传感器的输入信号，该转速传感器通常位于差速器齿圈上、变速器上或分动箱上。双通道两轮 ABS 相互独立地调节每个后轮的液压力。在每个车轮上都装有转速传感器，根据转速传感器传来的速度信号来控制压力调节。

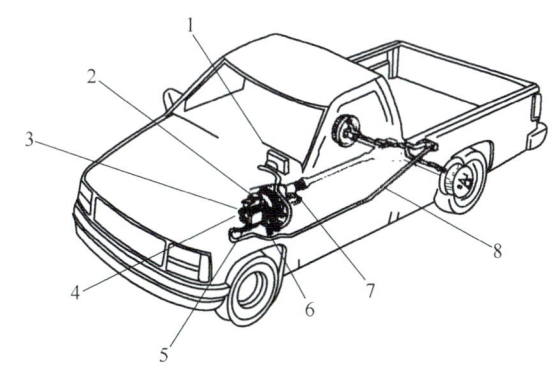

图 12-18　两轮 ABS
1—制动警告灯　2—储液器　3—制动主缸　4—控制阀　5—组合阀
6—ECU　7—车轮轮速传感器（变速器上）　8—后制动通道

（2）对角分路式系统　该系统用两个转速传感器检测所有四个车轮提供的转速。一个传感器输入控制右前轮，另一个传感器输入控制左前轮。对应后轮的制动压力同时由其位于对角线上的前轮控制着。例如，右后轮与左前轮接受同一传输指令，左后轮与右前轮接受同一指令。这种系统比两轮系统要好，因为它可提供制动时的转向控制。

（3）前/后轮分路式系统　这种系统如图 12-19 所示，这种系统具有三通道回路。对每个前轮有单独的液压回路，对后轮有一条液压回路。

（4）全轮（四轮）系统　全轮系统是最有效的 ABS，如图 12-20 所示，它是四路系统，

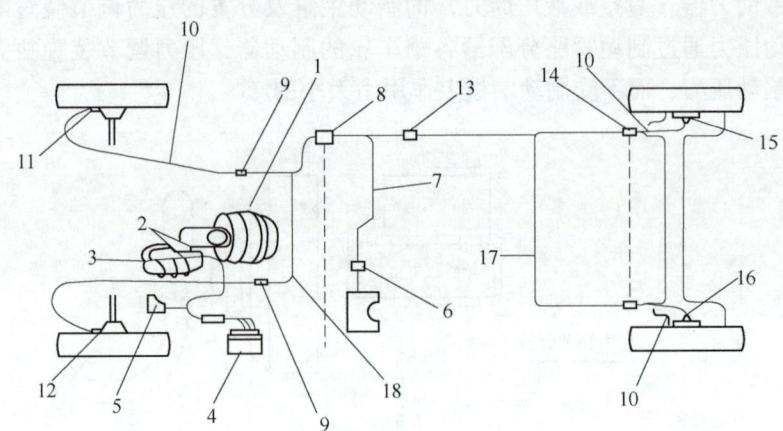

图 12-19　前/后轮分路式 ABS

1—制动主缸　2—调压电磁阀　3—ABS 液压调节器总成　4—电子制动控制模块　5—ABS 继电器　6—灯驱动模块
7—仪表板接头　8—前照灯至仪表板接头　9—前照灯至前轮转速传感器　10—ABS 跨接线束
11—右前轮转速传感器　12—左前轮转速传感器　13—至仪表板接头插座
14—后插座穿通接头　15—右后轮转速传感器　16—左后轮转速传感器
17—配线壳体　18—前照灯导线

每个车轮都有转速传感器监控。ABS 电子控制单元以连续的信息保证每个车轮接受正确的制动力来保持防抱死控制和转向控制。

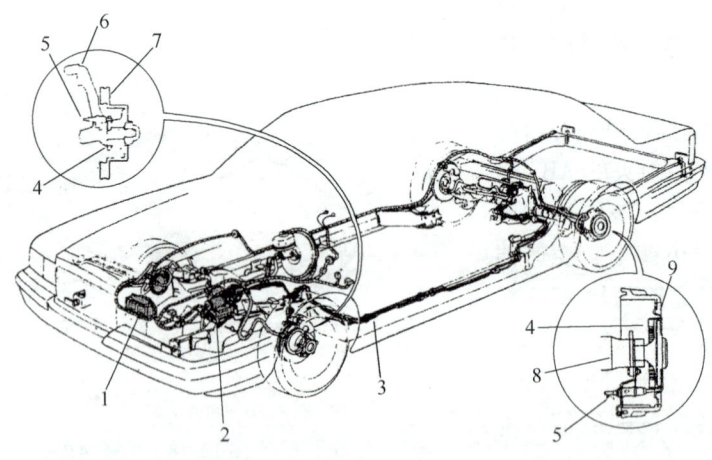

图 12-20　全轮 ABS

1—用于 ABS/ETC 的扩展模块　2—液压控制装置　3—制动管　4—防抱死传感器感应环
5—防抱死传感器　6—前转向节　7—制动盘　8—后轴　9—后制动鼓

(三) 车轮转速传感器和加速度传感器

车轮转速传感器也叫车轮速度传感器或轮速传感器,它可以产生与车轮转速成正比的交流信号。车轮转速传感器将车轮的转速信号传给 ABS 中的 ECU,ECU 经过计算决定是否开始或精确地进行防抱死控制。因此,车轮转速传感器是非常重要的。

1. 电磁感应式车轮转速传感器

目前大多数车轮转速传感器基本上都是电磁感应式转速传感器,它是一种由磁通量变化而产生感应电动势的装置。

车轮转速传感器由电磁感应传感头和齿圈两部分组成。传感头是一个静止部件,通常由永久性磁芯、电磁线圈和磁极等构成。用于感测非驱动车轮转速的传感头都安装在车轮附近不随车轮转动的部件上,如制动底板、转向节、半轴套管等。用于感测驱动车轮转速的传感头通常也安装在车轮处,但有些车型则安装在主减速器上或变速器中。齿圈是一个运动部件,一般安装在随车轮一起转动的部件上,如半轴、轮毂、制动盘等,图12-21 所示为车轮转速传感器在驱动车轮和非驱动车轮上的一种安装形式。

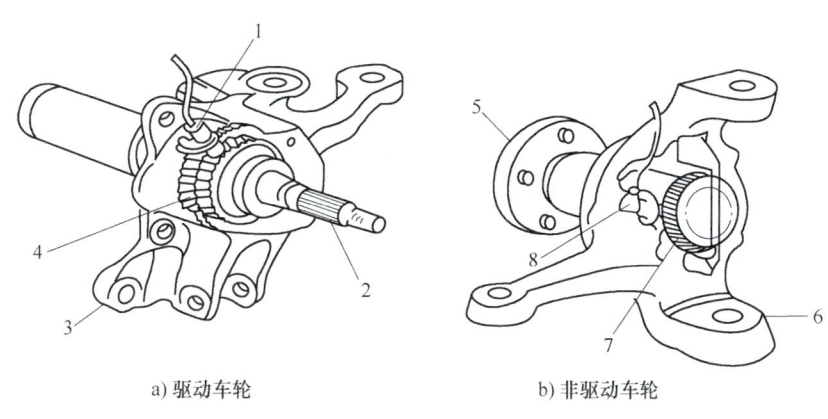

a) 驱动车轮　　　　　　　　　　b) 非驱动车轮

图 12-21　车轮转速传感器在车轮上的安装

1、8—电磁感应式传感器　2—半轴　3—悬架支承　4、7—齿圈　5—轮毂　6—转向节

传感头与齿圈之间的间隙很小,通常只有 0.5~1mm,多数车轮转速传感器的间隙是不可调的。设置在车轮处的转速传感器感应的是相应车轮的转速。

一些后轮驱动的汽车只在主减速器中或变速器中安装一个电磁感应式传感器,如图12-22 所示。传感器安装在主减速器壳体上或变速器壳体上,齿圈安装在主减速器输入轴上(或直接利用主减速器齿轮)或变速器输出轴上。转速传感器安装在传动系统中,感测的是两后轮的平均转速,因此只适用于对两后轮一同进行控制的 ABS。由于转速传感器被封闭在主减速器或变速器的壳体中,所以有利于保护转速传感器,也可以减少转速传感器的数量。

传感器齿圈是由磁阻较小的材料制成,齿圈上齿数的多少与汽车的车型、ABS 的 ECU 有关,如福特系列车型有 104 个齿(用 35 端子的计算机芯片)、90 个齿(天蝎座车型)和 50 个齿(用 32 端子的计算机芯片),而博世公司的则有 100 个齿。

电磁感应式车轮转速传感器的工作原理如图 12-23 所示。当齿圈的齿隙与传感头的永久性磁芯端部相对时,磁芯端部与齿圈之间的空隙最大,传感头的永久性磁芯所产生的磁力线就不容易通过齿圈,感应线圈周围的磁场较弱(见图12-23a);而当齿圈的齿顶与传感头的磁芯端部相对时,磁芯端部与齿圈之间的空隙最小,传感头永久性磁芯所产生的磁力线就容易通过齿圈,感应线圈周围的磁场就较强(见图12-23b);当齿圈随车轮旋转时,齿圈的齿顶和齿隙就交替地与传感器磁芯端部相对,传感器感应线圈周围的磁场随之发生强弱交替变化,使在永久磁芯上的线圈中就会产生一交变电压。交变电压的频率与齿圈的齿数和转速成正比,因此转速传感器输出的交变电压频率将与相应车轮的转速成正比。另一方面,车轮转速也会影响转速传感器输出交变电压的幅值(见图 12-23c)。

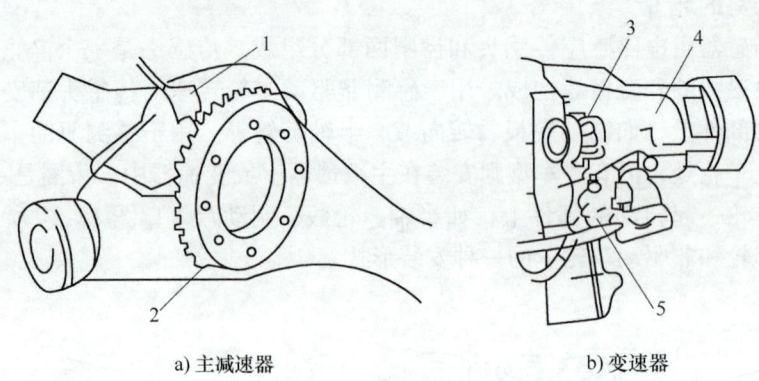

a) 主减速器　　　　　　　　　b) 变速器

图 12-22　车轮转速传感器在传动系统中的安装位置
1、5—传感器　2、3—齿圈　4—变速器

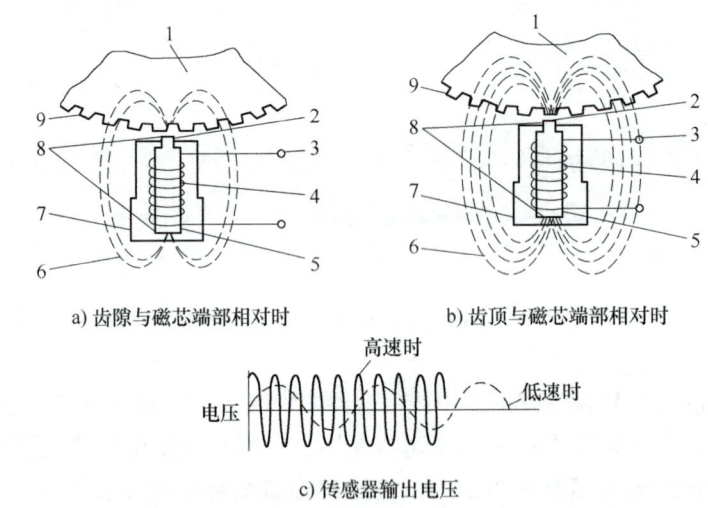

a) 齿隙与磁芯端部相对时　　　b) 齿顶与磁芯端部相对时

c) 传感器输出电压

图 12-23　电磁感应式车轮转速传感器的工作原理
1—齿圈　2—磁芯端部　3—感应线圈引线　4—感应线圈　5—永久性磁芯　6—磁力线
7—电磁感应式传感器　8—磁极　9—齿圈齿顶

电磁感应式车轮转速传感器，根据磁芯端部的结构形状，可分为凿式和柱式等，其结构如图 12-24 所示，但它们的基本工作原理都是相同的。只是由于结构形式的不同，传感头与齿圈的相对安装方式也有区别，如图 12-25 所示。

电磁感应式车轮转速传感器具有结构简单、成本低的优点，但也存在以下缺点：

1) 电磁感应式轮速传感器向 ABS 的 ECU 输送的电压信号的强弱是随转速的变化而变化的，信号幅值一般在 1~15V 的范围内变化。当车速很低时，传感器输出的电压信号若低于 1V，则 ECU 无法检测到如此弱的信号，ABS 也就无法正常工作。

2) 电磁感应式轮速传感器频率响应较低。当车轮转速过高时，传感器的频率响应跟不上，容易产生错误信号。

电磁感应式轮速传感器的抗电磁波干扰能力较差，尤其在输出信号幅值较小时。

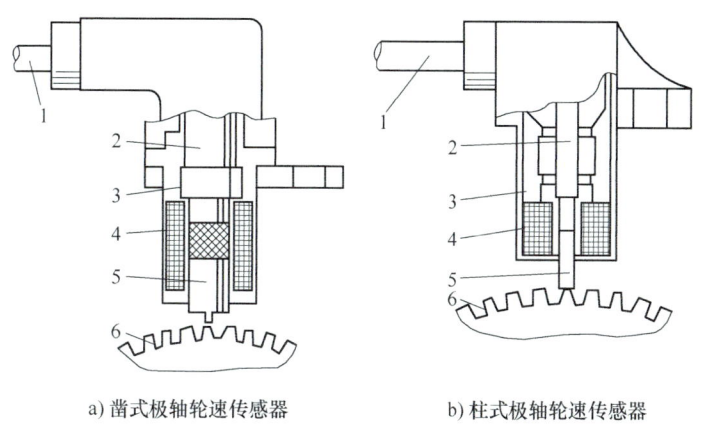

a) 凿式极轴轮速传感器　　b) 柱式极轴轮速传感器

图 12-24　电磁感应式车轮转速传感器的结构

1—电缆　2—永久磁体　3—外壳　4—感应线圈　5—极轴　6—齿圈

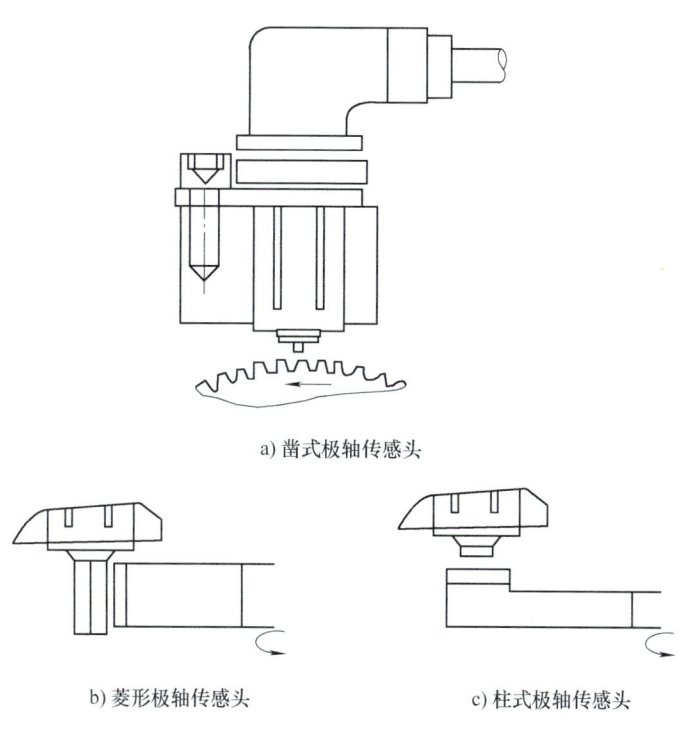

a) 凿式极轴传感头

b) 菱形极轴传感头　　　　c) 柱式极轴传感头

图 12-25　电磁感应式车轮转速传感器的传感头与齿圈的相对安装方式

2. 霍尔式车轮转速传感器

各类 ABS 的速度控制范围一般为 15~160km/h，今后对速度控制范围的要求会更大，将达到 8~260km/h 甚至更大。电磁感应式车轮转速传感器很难适应这种发展要求，取而代之的将是霍尔式车轮转速传感器。霍尔式车轮转速传感器主要具有以下优点：

1）输出的电压信号强弱不随转速的变化而变化。在汽车电源电压为 12V 的条件下，信号的幅值保持在 11.5~12V 不变，即使车速很低时也不变。

2）传感器频率响应高达 20kHz，用于 ABS 中，相当于车速为 100km/h 时所检测的信号频率，因此不会出现高速时频率响应跟不上的问题。

3）霍尔式车轮转速传感器输出的电压信号强弱不随转速的变化而变化，而且幅值较高。因此抗电磁波干扰能力较强。

霍尔式车轮转速传感器也是由传感头和齿圈组成的。传感头由永久磁体、霍尔元件和电子电路等组成，如图 12-26 所示。霍尔式车轮转速传感器电子电路框图如图 12-27 所示，永久磁体的磁力线穿过霍尔元件通向齿圈，齿圈相当于一个集磁器。当齿圈位于图 12-26a 所示位置时，穿过霍尔元件的磁力线分散，磁场相对较弱；当齿圈位于图 12-26b 所示位置时，穿过霍尔元件的磁力线集中，磁场相对较强。随着齿圈的转动，穿过霍尔元件的磁场线密度发生变化，从而产生霍尔电压的变化，霍尔元件输出一个毫伏级的准正弦波电压，此电压信号由电子电路转换成标准的脉冲电压信号后输入 ECU 中。

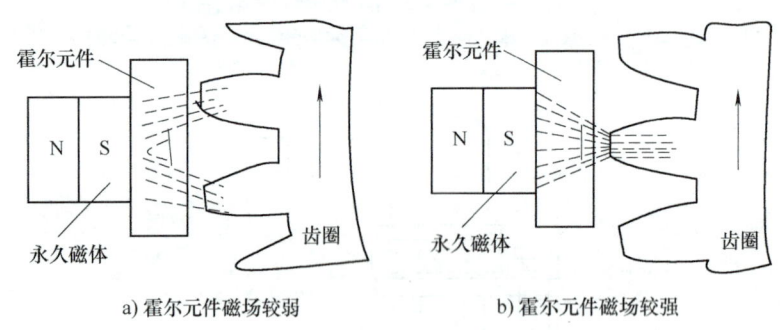

a）霍尔元件磁场较弱　　　　b）霍尔元件磁场较强

图 12-26　霍尔式车轮转速传感器磁路分布

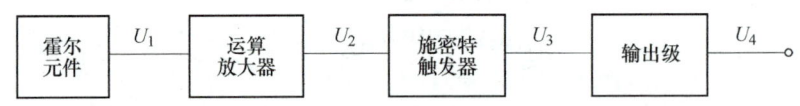

图 12-27　霍尔式车轮转速传感器电子电路框图

将霍尔元件输出的毫伏级的准正弦波电压首先经运算放大器放大为伏级电压信号，然后送往施密特触发器转换成标准的脉冲信号，再送到输出级放大后输出给 ECU。电子线路中的各级波形如图 12-28 所示，电子电路原理如图 12-29 所示，其工作电压为 8～15V，负载电流为 100kA，工作频率为 20kHz，输出信号电压幅值为 7～14V。

3. 加速度传感器

在某些 ABS 中，为了获得汽车的纵向或侧向加速度，在汽车的车身上安装有加速度传感器。加速度传感器通常是利用偶合变压原理获得加速度信号，其工作原理如图 12-30 所示。

当汽车在正常行驶时，线性可调差接变压器的铁心处于中间位置，变压器二次绕组两端产生了两个相位相反、大小相等的电动势，此时变压器的输出电压为零。当汽车制动时，在惯性力的作用下，线性可调差接变压器的铁心移动，使变压器的二次绕组两端产生的电动势，一端电动势增大，另一端电动势减小，就使变压器有输出电压，此电压经解调电路处理后，向 ABS 中的 ECU 输出。

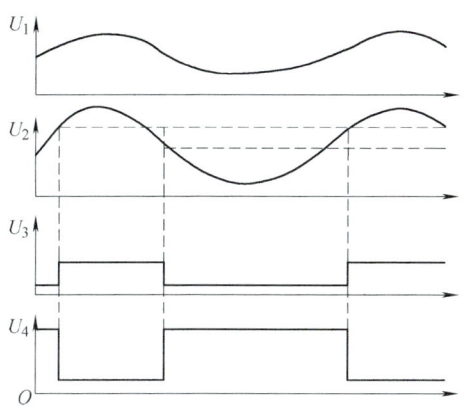

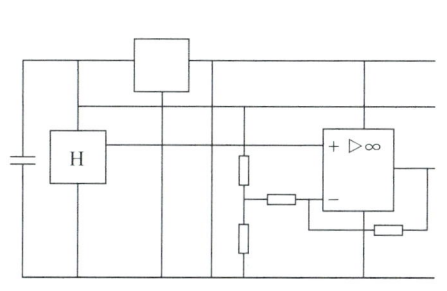

图 12-28 霍尔式车轮转速传感器电子电路中的各级波形　　图 12-29 霍尔式车轮转速传感器的电路原理

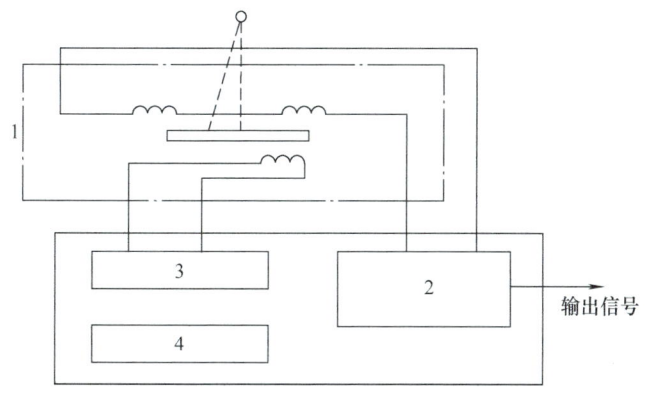

图 12-30 加速度传感器的工作原理

1—线性可调差接变压器　2—解调电路　3—振荡电路　4—基础电路

加速度传感器安装在汽车上，其中的加速度感受元件产生的惯性力与汽车的加速度（或减速度）的大小成正比，而方向相反。加速度感受元件产生的惯性力不同，其在线圈中所处的位置随之不同，加速度传感器输出的电压信号也就不同。

（四）电子控制单元

电子控制单元（ECU）是汽车防抱死制动系统中的控制中心。它一般由两个微处理器和相关电路组成，封装在金属壳体中，形成一个独立的整体单元。ECU 通常安装在汽车上尘土和潮气不易侵入、电磁干扰较小的部位。ECU 通过线束与传感器和执行机构相连，在某些车型上，为了使 ABS 结构紧凑，减少插头和线束，将 ECU 就安装在制动压力调节装置上。

当 ABS 起作用时，ECU 监测并控制制动系统的工作情况，即 ECU 具有对制动系统进行"监测"和"控制"两方面的功能，如图 12-31 所示。

（1）防抱死制动控制功能　对制动系统进行防抱死制动控制是 ECU 的主要功能。ECU 接收各个车轮转速传感器及其他传感器的输入信号，然后按照预先设置的控制逻辑进行处理和运算，从而形成相应的控制指令，对执行机构进行控制，通过制动压力调节装置调节制动压力，防止各车轮抱死。

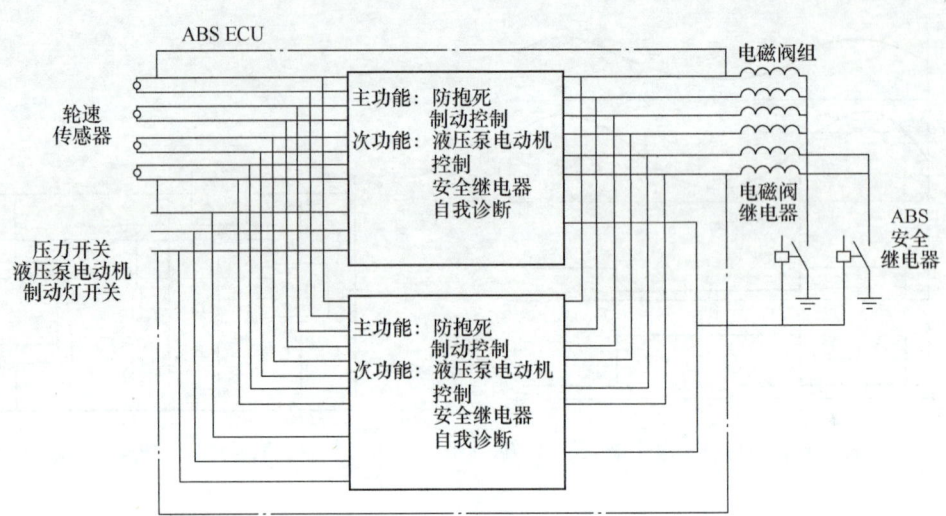

图 12-31　电子控制单元的功能

（2）系统监测功能　对制动系统进行监测是 ECU 的另一个功能，ECU 接收制动灯开关、压力开关以及其他各种信号来监测 ABS 工作是否正常。当 ECU 监测到系统工作不正常时，会自动停止系统工作并点亮 ABS 警告灯，以免因系统故障造成错误的控制结果。在部分液压制动系统的 ABS 中，ECU 还控制电动液压泵的工作。

在正常情况下，发动机起动后，ABS 警告灯数秒后就应自动熄灭，否则说明 ABS 有故障。

（五）ABS 执行机构

ABS 的执行机构主要由制动压力调节装置和 ABS 警告灯组成。

ABS 警告灯的功用是在 ABS 出现故障时，由 ECU 控制使其点亮，向驾驶人发出警告信号，并可根据 ECU 控制故障指示灯闪烁显示故障码。

制动压力调节装置的功用是根据 ECU 的指令来调节各个车轮制动器的制动压力。制动系统不同，所采用的制动压力调节装置的结构和工作原理也不同。比较常用的制动系统主要有液压式、机械式、气压式和空气液压复合式等，而在 ABS 中应用最广泛的是液压式制动系统。因此，在这里主要对液压式制动压力调节装置进行介绍。

液压式制动压力调节装置的主要元件是液压电动泵和液压控制电磁阀，用液压电动泵和液压控制电磁阀产生的压力控制汽车的制动力。在汽车每个车轮或每个制动系统内部都有电磁阀，通过电磁阀直接或间接地控制制动压力，通常把直接控制制动压力的形式称为循环式，把间接控制制动压力的形式称为可变容积式。

1. ABS 液压式制动压力控制装置的组成

ABS 液压式制动压力控制总成是在普通制动系统的液压装置上经设计后加装 ABS 制动压力调节单元而形成的。普通制动系统的液压装置一般包括真空助力器、制动主缸、储油箱、制动轮缸（分缸）和液压管路等。ABS 液压调节单元装在制动主缸与轮缸之间，如果与主缸装在一起，称为整体式，否则称为非整体式。

ABS 液压式制动压力控制装置，除了普通制动系统的液压部件外，在 ABS 液压调节单元中，主要还包括电动泵、蓄能器、电磁阀和一些控制开关等。实质上，防抱死制动控制系统就是依靠电磁阀控制轮缸上的油压，使其迅速变大或变小，从而实现了防抱死制动功能。

（1）电动泵和蓄能器　电动泵和蓄能器可使制动液产生很大的压力，而较大的制动液压力是 ABS 工作的基础。

电动泵实质上是一个高压泵，它可以在很短的时间内将制动液的压力加到 14000～18000kPa（在蓄能器中），给整个液压系统提供高压制动液体。电动泵能在汽车起动 1min 内完成上述工作。电动泵的工作是独立于 ECU 的，如果 ECU 出现故障或接线有问题，电动泵仍能正常工作。

ABS 所用的电动泵一般都是柱塞式液压泵，如图 12-32 所示。由电动机驱动液压泵的偏心轴承（或偏心轮）转动，偏心轴承驱动柱塞做上、下往复运动。当柱塞向下运动时，出油阀关闭，进油阀打开，储液器内的低压制动液进入柱塞上方的柱塞室；当柱塞向上运动时，进、出油阀都关闭，使柱塞室形成了一个密闭的空间，随着柱塞的上移，柱塞室的油压升高，进而推开出油阀，经高压油管将高压的制动液泵出。

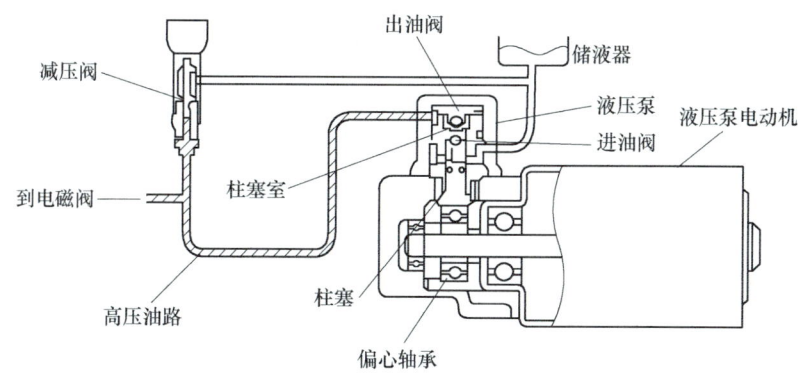

图 12-32　电动泵的结构

蓄能器串联装在电动泵和电磁阀之间，用于储存来自电动泵的高压制动液，以备在制动过程中增加制动压力。

蓄能器的结构如图 12-33 所示，在蓄能器内装有膜片将其分为、上下两个腔，在蓄能器的上腔内充满了高压氮气（压力约为 8000kPa），来自电动泵的高压制动液进入蓄能器的下腔内，随着高压制动液的不断进入，使膜片上移，进一步压缩在上腔内的高压氮气，使高压氮气的压力进一步提高，反过来又推动膜片下移，使下腔的制动液的压力又进一步提高，保持在 14000～18000kPa，当压力高于此值时，在蓄能器与储液器之间的压力控制阀打开，使部分高压制动液流回储液器（制动液油箱），从而使在下腔的制动液压力降下来，以防止整个系统压力过高。在蓄能器中制动液的压力是与氮气的压力相等的。

在普通制动系统工作时（ABS 没有工作），蓄能器可以提供较大制动液压力到后轮制动轮缸；当 ABS 开始工作时，蓄能器中高压的制动液可进入前后轮的制动轮缸。

（2）电磁阀　电磁阀是制动压力调节单元主要元件，由它来完成防抱死制动的控制。当给电磁阀线圈通电时，就会在线圈中产生磁场，磁场的强度与线圈的匝数和通电电流之积成正比。若线圈带有铁心，铁心就会变成磁力很强的磁铁，产生吸引力。电磁阀就是根据这个原理制成的，它由线圈、固定铁心和可动铁心等组成，当改变通过线圈的电流大小，就会使线圈产生的磁场发生变化，从而使铁心的磁力发生变化，这样就可以控制固定铁心和可动铁

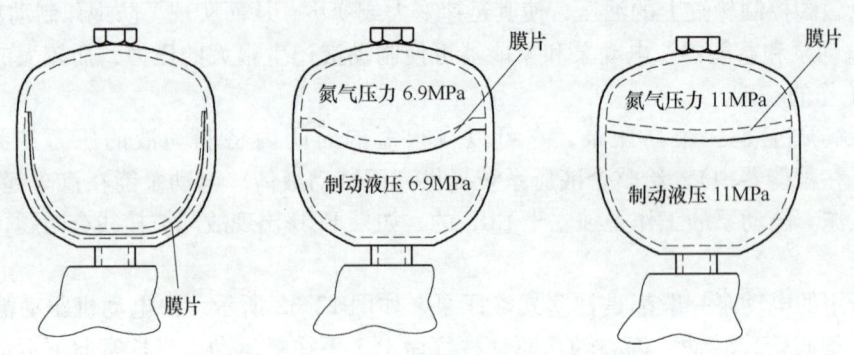

图 12-33 蓄能器的结构

心之间的吸引力,由于这个力与弹簧力相反从而改变了可动铁心的位置。

图 12-34 所示的电磁阀是在 ABS 中常采用的三位三通道电磁阀的基本结构和工作原理,使用柱塞来替代可动铁心,在柱塞上设有液体通道,柱塞的位置决定了液体通道的开闭。在电磁阀体上有三个通道,分别与制动主缸、制动轮缸和储液器相连接,由 ECU 控制流过电磁线圈的电流,能使柱塞有以下三种不同的位置(即三位):

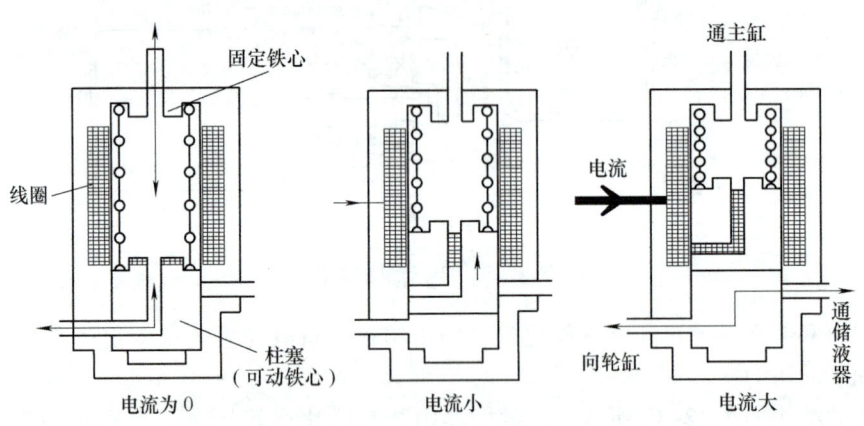

图 12-34 三位三通道电磁阀的基本结构和工作原理

在普通制动模式(ABS 不起作用)或在防抱死制动模式(ABS 起作用)的"增压"阶段,流过电磁线圈的电流为零,柱塞将制动主缸与制动轮缸相连通,并将通向储液器的通道关闭,此时电磁阀处于"增压"位置。

在 ABS 防抱死制动模式的"保持压力"阶段,根据 ECU 的指令,向电磁线圈提供了一个较小的电流,使柱塞将通向制动主缸、制动轮缸和储液器的三个通道全部关闭,此时电磁阀处于"保持"位置。

在 ABS 防抱死制动模式的"减压"阶段,根据 ECU 的指令,向电磁线圈通入最大电流,使柱塞将制动轮缸和储液器连通,并将通向制动主缸的通道关闭,此时电磁阀处于"减压"位置。

另外,还有一种应用比较广的电磁阀,这种电磁阀只分为打开(ON)和关闭(OFF)两个位置,根据 ECU 的指令,把柱塞控制在这两个位置,改变制动液的通路。在阀体中还有三对电磁阀，其中两对分别控制两个前轮的制动，一对控制两个后轮的制动。每对电磁阀中，一个是常开输入阀，一个是常闭输出阀。在普通制动模式下，制动液通过常开的输入电磁阀到制动轮缸。如果系统进入 ABS 防抱死制动状态，ECU 发出指令，使输入、输出电磁阀适时打开和关闭，让制动轮缸的压力快速变化（增压或减压），防止车轮在制动时被完全抱死。ECU 的控制速度很高，它可在防抱死制动过程中以每秒 12 次的频率打开和关闭相应的输入、输出电磁阀。如果防抱死制动系统出现故障，输入电磁阀始终常开，输出电磁阀始终常闭，从而使普通制动系统能正常工作，而 ABS 不能正常工作，直到故障被排除为止。

（3）压力控制阀、压力警告开关和液位指示开关　压力控制阀独立于 ECU 工作，一般安装在蓄能器下面，始终监视着蓄能器下腔的制动液压力，当蓄能器制动液压力增高到一定数值（>18000kPa）时，压力控制阀自动打开，使部分制动液流回储液器，从而防止系统压力过高而导致损坏。另一方面，当蓄能器制动液压力下降到一定数值（<14000kPa）时，压力控制阀闭合，同时使电动泵继电器下面的电路构成回路，使电流通过此电路让电动泵运转，向蓄能器提供制动液。如果压力控制阀发生故障，尽管蓄能器仍能提供较高压力的制动液，但最终会导致 ABS 压力下降，因此必须对压力控制阀进行检查，待故障排除后再让汽车运行。

压力警告开关有两个作用，当蓄能器制动液压力下降到 <14000kPa 时，先点亮红色制动系统故障警告灯，然后紧接着点亮黄色 ABS 故障警告灯，同时使 ECU 停止防抱死制动工作。

液位指示开关安装在储液器中，它有两个触点，当制动液面下降到一定程度时，上面的触点闭合，下面的触点打开，上面触点的闭合点亮红色的制动系统故障警告灯，提醒驾驶人要对汽车的制动液进行检查。下面的触点打开切断了通向 ECU 的电路，发出使 ECU 停止防抱死制动控制的信号。ECU 停止工作的同时点亮黄色 ABS 故障警告灯。

（4）继电器和 ECU 保护二极管　在 ABS 中，一般有两个继电器，一个是电源继电器，一个是电动泵继电器。

电源继电器主要是通过点火开关给 ECU 供电。只要发动机起动，ECU 就会起动系统的自检程序，检查 ABS 是否良好。如果电源继电器损坏，ECU 就会知道并发出指令，让 ABS 停止工作，而普通制动系统仍继续工作，直到电源继电器修复为止。

电动泵继电器主要是给电动泵接通电源。当汽车起动开关接通后，电流通过压力控制阀使电动泵继电器导通，控制电动泵触点闭合，蓄电池直接给电动泵供电使其运转。如果电动泵继电器损坏或发生故障，电动泵就不能运转，将导致整个系统压力下降而无法工作，此时汽车要停止运行，直到将电动泵修复为止。

ECU 保护二极管主要是保护 ECU 不被损坏，防止电流由蓄电池的正极通过电源继电器直接流向 ECU，而使 ECU 损坏。

（5）故障警告灯　ABS 有两个故障警告灯，一个是红色的制动故障警告灯，一个是黄色的 ABS 故障警告灯。

在以下情况中，两个警告会点亮，但不是故障。当起动开关打开时，红色制动警告灯与黄色 ABS 故障警告灯几乎同时点亮，制动灯亮的时间较短，ABS 灯亮的时间稍长；汽车发动机起动后，蓄能器要建立系统压力，此时两警告灯会再亮一次，时间可达几十秒。红色制动警告灯在汽车停车驻车制动时也应点亮。如果在上述情况下灯不亮，说明警告灯本身及警告灯线路有故障，需进行检修排除。

红色制动故障警告灯常亮，说明制动液不足或蓄能器中的制动液压力较低，此时，普通制动系统与ABS均不能正常工作，要检修故障原因并及时排除。黄色ABS故障警告灯常亮，说明ECU发现ABS有问题，要及时检修。

2. 液压式制动压力调节装置结构形式

根据制动压力调节装置与制动主缸和制动助力器的结构关系，可以分为分离式、组合式和整体式三种结构形式。

1）分离式结构的制动压力调节装置自成一体，通过制动管路与制动主缸和制动助力器相连。其中有些制动压力调节装置具有独立的供能装置，而有些制动压力调节装置则与制动助力器共用供能装置。分离式结构的制动压力调节装置在汽车上的布置比较灵活，无需对汽车的布置做较大改动，尤其适合将ABS作为选择装备时采用，而且采用分离式制动压力调节装置的ABS的成本也较低。但采用分离式制动压力调节装置会使制动管路比较复杂，管路接头也相应增加。

2）组合式结构的制动压力调节装置也是自成一体的，但通过螺栓等与制动主缸或制动助力器联接在一起，并且仍需要通过制动管路将制动压力调节装置与制动主缸相连。

3）整体式结构是将制动压力调节装置与制动主缸或制动助力器构成一个整体。采用整体式结构可以使制动系统非常紧凑，管路接头较少，但成本较高。所以这种结构常用于将ABS作为标准装备的高级轿车。

3. 液压式制动压力调节装置的工作原理

在液压制动的汽车上，制动压力调节装置常串联装在制动主缸与制动轮缸之间，通过电磁阀直接或间接控制轮缸的制动压力。根据工作原理的不同，液压制动系统采用的制动压力调节装置又可分为可变容积式和循环式。下面主要介绍可变容积式压力调节装置的工作原理。

可变容积式压力调节装置是在汽车原有的制动管路上增加一套液压装置，用它来控制制动管路容积的增减，从而达到控制制动的压力变化。

可变容积式压力调节装置主要由电磁阀、液压控制活塞、电动泵和蓄能器等组成。其主要特征是有一个液压控制活塞。这种方式随结构的不同，既有踏板反应的，也有无踏板反应的。下面介绍这种压力调节装置的工作原理。

（1）普通制动模式（ABS不工作） 普通制动模式下的调压过程如图12-35所示。在

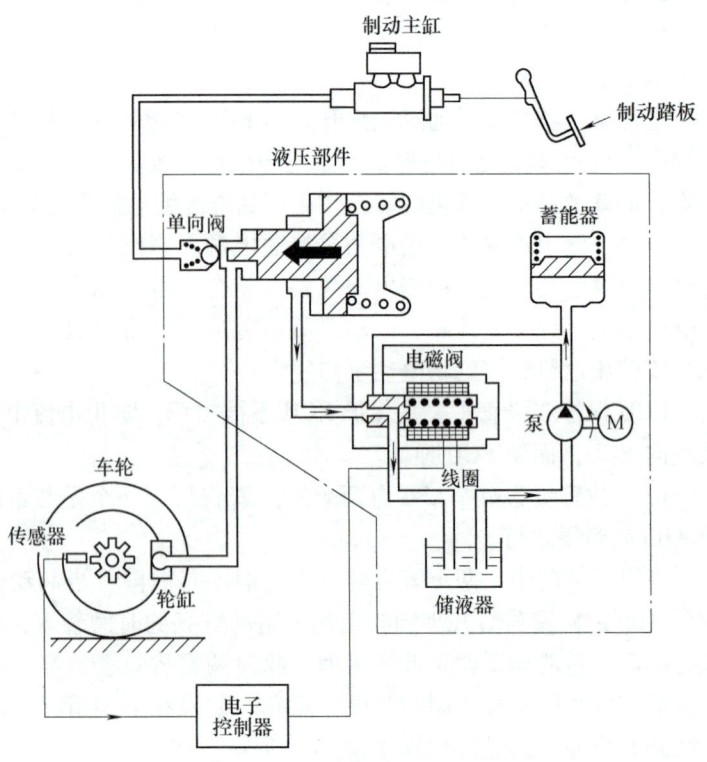

图12-35 普通制动模式时的制动压力调节

制动压力调节装置未进行防抱死制动压力调节时，电磁线圈中没有电流通过，电磁阀中的柱塞位于最左端，将液压控制活塞大端的工作腔与储液器接通，由于液压控制活塞的大端没有受到液压的作用，液压控制活塞在其回位弹簧的预紧力作用下，处于左端极限位置，控制活塞的顶端有一推杆，将单向阀顶开，使制动主缸与制动轮缸的管路相互沟通，制动主缸的制动液直接进入制动轮缸，制动轮缸的制动压力随制动主缸的输出压力而变化。

（2）减压制动模式　防抱死制动"减压"制动模式下的调压过程如图12-36所示。在防抱死制动压力调节过程中，当需要减小制动轮缸的制动压力时，ECU发出指令，给电磁线圈通入最大电流，使电磁线圈中产生的磁力也最大，电磁阀中的柱塞在最大磁力作用下，克服弹簧的弹力移至最右端，将蓄能器与控制活塞的工作腔接通，同时将通向储液器的管路关闭。电动泵开始工作，来自蓄能器或电动泵的高压制动液流入控制活塞大端的工作腔，克服弹簧的弹力，推动控制活塞右移，单向阀在回位弹簧的作用下落座，将制动主缸与制动轮缸隔离，制动轮缸中的制动液就会流入控制活塞小端的工作腔，制动轮缸的制动压力随之减小。轮缸制动压力减小的程度取决于控制活塞向右移动的距离，控制活塞向右移动的距离越大，在制动轮缸侧的容积就越大，制动轮缸制动压力减小的就越多。

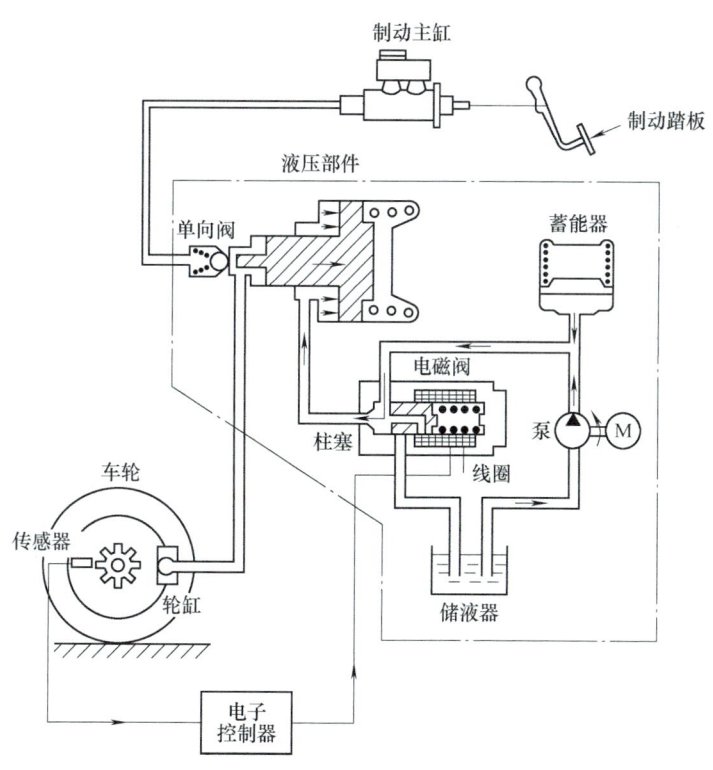

图12-36　减压制动模式下的制动压力调节

（3）保压制动模式　防抱死制动"保压"制动模式下的调压过程如图12-37所示。在防抱死制动压力调节过程中，当需要保持制动轮缸的压力时，ECU发出指令，给电磁线圈通入一个较小的电流。由于电流较小，在电磁线圈中产生的磁力也较小，使电磁阀中的柱塞不能完全克服弹簧的弹力,而处于中间位置,进而将通向蓄能器、控制活塞工作腔和储液器的管路全部关闭,来自蓄能器或电动泵的制动液不能再进入控制活塞大端的工作腔,控制活塞大端工作腔的压力不再发生变化,控制活塞在大端工作腔的油压和弹簧力作用下,保持在一定的位置,此时由于单向阀仍处于落座状态,制动轮缸的制动压力保持不变。

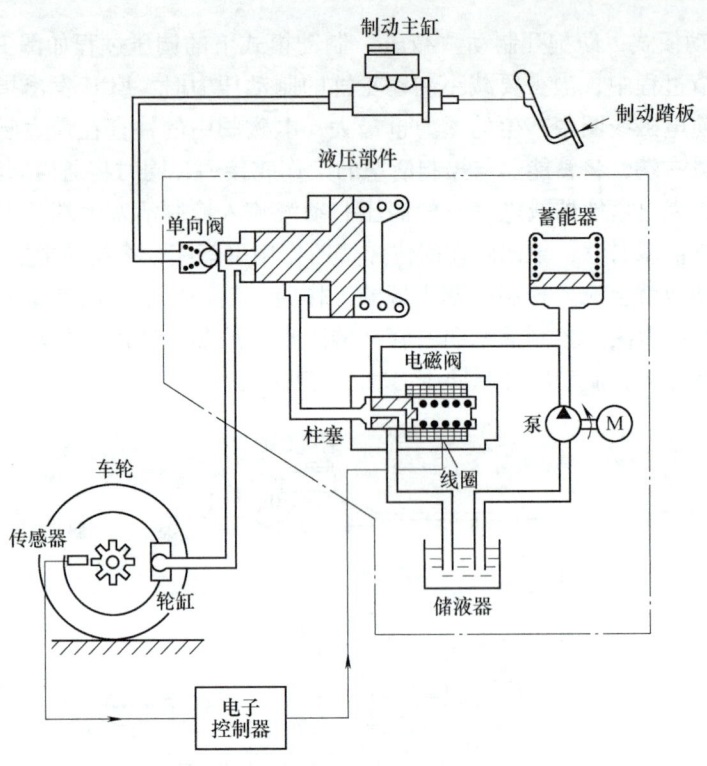

图 12-37　保压制动模式下的制动压力调节

（4）增压制动模式　防抱死制动"增压"制动模式下的调压过程如图 12-38 所示。在防抱死制动压力调节过程中,当需要增加制动轮缸的压力时,ECU 发出指令,切断通向电磁线圈的电流,电磁阀中的柱塞在弹簧力的作用下回到左端初始位置,将液压控制活塞大端的工作腔与储液器管路接通,控制活塞大端工作腔内的制动液流回储液器,作用在活塞大端工作腔的高压被解除,控制活塞在弹簧力的作用下,也回到左端的初始位置,顶开单向阀,使来自制动主缸的制动液直接进入制动轮缸,以增大制动轮缸的制动压力。

可变容积式压力调节装置的特点是通过改变电磁阀中柱塞的位置,对液压控制活塞的移动进行控制,从而改变制动轮缸侧的管路容积,利用这种变化间接地控制轮缸制动压力的增减。其制动压力的增减速度取决于控制活塞的移动速度。

当制动轮缸需要"保持"制动压力时,根据 ECU 的指令,给电磁线圈通入较小的电流,电磁阀中的柱塞移至图 12-38 所示的中间位置,所有的通道都被关闭,同时切断液压泵电动机的电源,使液压泵停止工作,使制动轮缸内的制动压力保持原有状态。

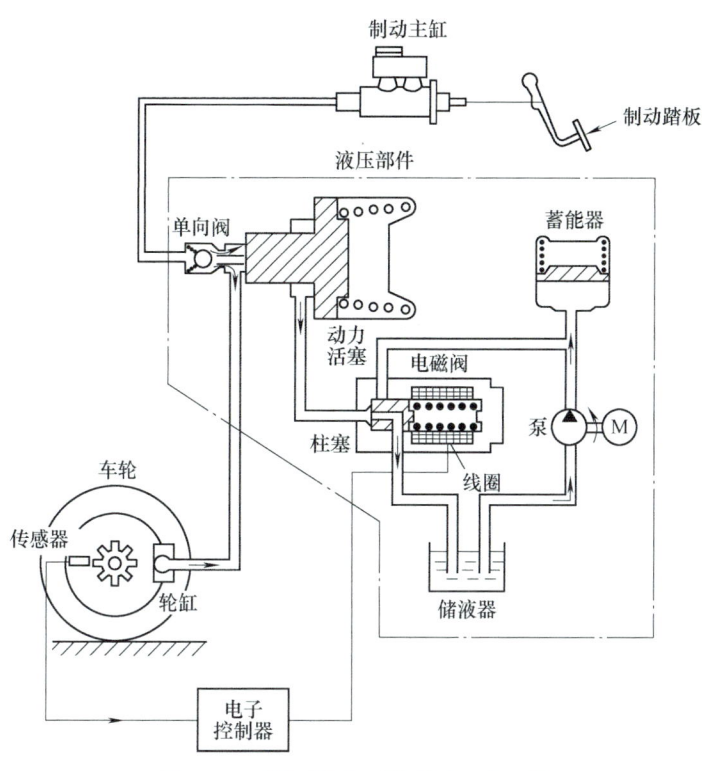

图 12-38　增压模式下的制动压力调节

二、驱动防滑控制（ASR）系统

（一）概述

随着对汽车性能要求的提高，不仅要求在制动过程中防止车轮抱死，而且还要防止在驱动过程中（起步、加速），特别是在非对称路面转弯时驱动轮滑转，以提高汽车在驱动过程中的方向稳定性、转向控制能力和加速性能。

汽车行驶时的车轮滑动，实际指两种情况：一种是汽车在制动时车轮抱死而产生的车轮滑移；另一种是车身不动车轮转动或者是汽车的速度低于转动车轮的轮缘速度时产生的滑转。ABS 可以控制前一种情况，但是对于后一种情况，则是通过汽车驱动防滑控制（Acceleration Slip Regulation，ASR）系统实现对汽车制动控制的。

驱动车轮产生滑转后，会造成车轮与地面附着力的下降，而纵向附着力的下降将使驱动车轮产生的牵引力减小，由此导致汽车起步、加速以及在平滑路面的行驶性能下降。ASR 系统就是当车轮出现滑转时，通过对滑转侧的车轮施加制动力或者控制发动机的输出转矩以抑制车轮的滑转，从而避免汽车牵引力与行驶稳定性的下降。因此，这种汽车驱动防滑控制系统又被称为汽车牵引力控制系统。

ASR 系统是在汽车 ABS 的基础上发展起来的，实质上，它是 ABS 基本思想在驱动领域的延伸和扩展。ASR 技术能够根据汽车行驶状态，运用数学算法和控制逻辑使汽车驱动轮在恶劣路面或复杂条件下充分利用地面的附着性能，以获得最大的驱动力。由于 ASR 系统能够提高汽车的牵引性、操纵性、稳定性和舒适性，减少轮胎磨损和事故风险，增加行驶安全性和驾驶轻便性，使得汽车在附着状况不好的路面上能顺利起步和行驶并安全制动。ASR 系统可独立设立，但大多数与 ABS 组合在一起，用 ABS/ASR 表示，统称为防滑控制系统。目前一些高档轿车一般都装有防滑控制系统。

(二) ASR 系统的基本组成及工作过程

1. ASR 系统的基本组成

ASR 系统的基本组成如图 12-39 所示，即它由传感器、电子控制单元（ECU）和驱动车轮制动器等部分组成。

电子控制单元（ECU）是 ASR 系统的控制单元，具有运算功能，根据前后轮速传感器传递的信号以及发动机和自动变速器的 ECU 中节气门开度信号来判断汽车的行驶条件，分析判断后，对副节气门执行器、ASR 制动执行器发出指令，执行器完成对发动机供油系统或点火时刻的控制，或对制动压力进行调整。

ASR 系统的传感器主要是轮速传感器和节气门位置传感器。一般轮速传感器与 ABS 共用，主要完成对车轮速度的检测，并将轮速信号传送给 ABS 和 ASR 的 ECU。主、副节气门开度传感器用

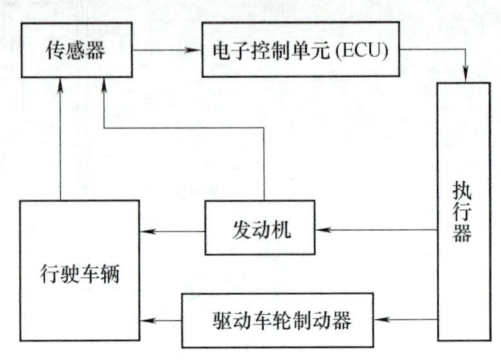

图 12-39 ASR 系统的基本组成

于检测节气门的开启角度，并将这些信号传送给发动机与自动变速器的 ECU。

ASR 系统的执行器主要是 ASR 执行器和副节气门执行器。前者根据从 ABS 和 ASR 电子控制单元传来的信号，为 ABS 执行器提供液压。后者则根据 ASR 的 ECU 传送来的信号，控制副节气门的开启角度。

2. ASR 系统的工作原理

图 12-40 所示为一个典型的 ASR 系统的工作原理。这是一种发动机节气门开度调节与驱动轮制动力矩控制综合应用的 ASR 系统。该系统是在 ABS 的基础上发展起来的，与 ABS 共用轮速传感器、液压驱动元件等，并扩展了 ECU 功能，增设了 ASR 制动执行器、节气门执行器、ASR 工作指示灯以及 ASR 诊断系统等。

对于单轴驱动汽车，起动后，当车轮速度高于 10km/h 时，ASR 系统便开始监测驱动轮的驱动特性，各轮速传感器将采集到的信号传给 ECU，经 ECU 处理后，得到各驱动轮的速度和加速度值。当车速小于门限速度（一般为 40～50km/h）时，再进一步识别驱动轮的滑转率。如果发现某一驱动轮发生过度滑转，ECU 就指令 ASR 制动系统制动滑转轮，并根据滑转轮的滑转情况改变制动力，直至滑转率达到要求为止。如果另一驱动轮也发生滑转，当其滑转率刚好超过限值后，ECU 便指令节气门执行器减小节气门开度，降低发动机输出转矩。若车速大于门限值，如果驱动轮发生滑转，ECU 便指令节气门执行器减小节气门开度，从而使汽车驱动轮始终处于最佳的滑转范围内。

如果 ASR 系统的某个部件发生故障，ASR 诊断系统将通过仪表盘上的指示灯加以显示，提醒驾驶人注意。

ASR 系统除具备以上基本功能以外，还有另外两种功能：一是 ASR 系统只有在车轮发生滑转时才工作，在其余所有时间内，ASR 系统只是处于准备工作状态，不干预常规驾驶。另一种功能是，如果 ASR 系统出现故障，则系统自动切断所有相关信号，发动机和制动系统恢复到没有装备

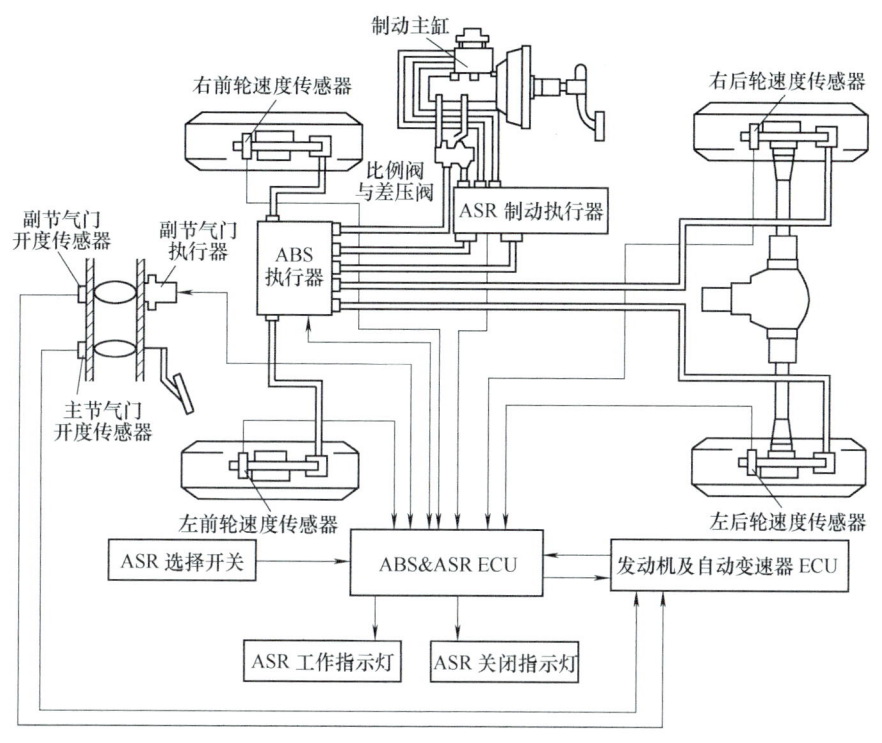

图 12-40 典型 ASR 的工作原理

ASR 系统的模式下工作,并在仪表盘上通过 ASR 指示灯提醒驾驶人 ASR 系统出现了故障。

3. ABS 与 ASR 的比较

ABS 和 ASR 这两项汽车防滑控制技术作为汽车主动安全性控制系统的核心内容,对保障汽车在极限驾驶工况下的安全性能起到了显著的作用。

ABS 在汽车制动时调节控制制动压力,以获得尽可能高的减速度,使制动器制动力接近但不超过轮胎与路面间的最大附着力,使车轮滑移率保持在 15%~25% 的范围内,从而提高制动减速度并缩短制动距离。它能有效地提高制动时汽车的方向操纵性和行驶稳定性。

ASR 在汽车驱动加速时发挥效用,以获得尽可能高的加速度,使驱动轮的驱动力不超过轮胎与路面间的附着力,以防止车轮滑转,从而改善汽车的操纵稳定性及加速性能,提高汽车的行驶平顺性。与 ABS 不同的是 ASR 在整个汽车行驶过程中均起作用。

ABS 及 ASR 均以改善汽车行驶稳定性为前提,以控制车轮运动状态为目标。ABS 是不使车轮转动角速度为零,防止车轮抱死滑移,一般在车速很低(<8km/h)时不起作用。ASR 不使车轮中心平移速度即车速为零,防止车轮滑转,一般在车速很高时(>80~120km/h)不起作用。ABS 与 ASR 均是以车轮的运动学参数或动力学参数为控制参数,因此两者可以密切配合。ABS 的发展已历经了漫长的时期,而 ASR 继 ABS 之后迅速发展的原因就在于此。当代先进的 ABS,均配有 ASR 功能,这就是常见的 ABS/ASR 系统。

三、车身电子稳定程序 ESP

(一)车身电子稳定程序的作用

当驾驶人操纵汽车超过极限值后,如高速转弯等情况,车身电子稳定程序(ESP)自动干预，使车辆恢复控制，让车辆在紧急换道或转弯时不甩尾，在对开路面加速时不跑偏，调整车辆的转向不足和转向过度，从而确保安全。ESP能够实时监控驾驶人的操控动作、路面反应、运动状态，并不断向发动机和制动系统发出指令。当驾驶人操作不当或路面异常时，ESP会用警告灯警示驾驶人并修正误操作及车身姿态。

车身电子稳定程序（ESP）的主要作用如下：

1）有ESP的车辆不是百分百地可以帮助驾驶人从极限状态下摆脱失控，所以日常驾驶还需谨慎。

2）沙石路面行驶最好关闭ESP，在冰雪湿滑路面正是ESP发挥作用的时候，不应该关闭。

3）关闭ESP能使车辆反应更快更敏捷，但在安全的前提下还是建议驾驶人开启ESP。

4）在开启ESP的情况下，ESP指示灯闪烁不为故障报警，而是正在工作状态。

5）一般车辆如果关闭ESP，并非ESP完全不起作用，只是敏感度级别设置到低值。

6）有ESP与只有ABS及ASR的汽车，它们之间的差别在于ABS及ASR只能被动地做出反应，而ESP则能够探测和分析车况并纠正驾驶的错误。

7）ABS等安全技术主要是对驾驶人的动作起干预作用，但不能调控发动机。ESP则可以通过主动调控发动机的转速，并调整每个轮子的驱动力和制动力，来修正汽车的过度转向和转向不足。

8）ESP系统实际是一种牵引力控制系统，与其他牵引力控制系统比较，ESP不但控制驱动轮，而且可控制从动轮。如后轮驱动汽车常出现的转向过多情况，此时后轮失控而甩尾，ESP便会刹慢外侧的前轮来稳定汽车；在转向过少时，为了校正循迹方向，ESP则会刹慢内后轮，从而校正行驶方向。

9）ESP系统包含ABS（防抱死制动系统）及ASR（防侧滑系统），是这两种系统功能上的延伸。因此，ESP称得上是当前汽车防滑装置的最高级形式。

（二）ESP的工作原理

电子稳定程序（Electronic Stability Program，ESP）通常是补充ABS及ASR的功能。它通过对从各传感器传来的车辆行驶状态信息进行分析，然后向ABS、ASR发出纠偏指令，来帮助车辆维持动态平衡。ESP可以使车辆在各种状况下保持最佳的稳定性，在转向过度或转向不足的情形下效果更加明显。

汽车ESP在汽车出现不稳定行驶趋势时，采用了两种不同的控制方法，使汽车消除不稳定行驶因素，恢复并保持汽车预定的行驶状态。这两种控制方法是，首先ESP系统通过精确地控制一个或者多个车轮的制动过程（脉冲制动），根据需要分配施加在每个车轮上的制动力，迫使汽车产生一个绕其质心转动的旋转力矩，同时代替驾驶人调整汽车行驶方向。其次在必要时（比如车速太快，发动机驱动转矩过大），ESP系统自动调整发动机的输出转矩，控制汽车的行驶速度。

通过采取上述两种技术措施，当汽车进行蛇形线路行驶的时候就可以有效避免汽车的翻转。ESP系统不仅仅是在干燥路面上提高了汽车的稳定性，还可以在路面附着性比较差的时候，诸如结冰、湿滑，以及碎石等情况下起作用。在上述不利状况下，车轮与路面之间的附着力降低，即使是最好的驾驶人也很难将高速行驶的汽车保持在预定的路线上，汽车容易发生侧滑和跑偏，失去方向稳定性，甚至在急转弯的时候发生翻车事故，这时就需要ESP系统。

要实现以上功能，就必须在 ABS 和 ASR 的基础上，增加感应驾驶人意图的传感器（转向盘传感器），感应车辆自身打转的传感器（横摆角速度传感器）和感应车辆侧滑的传感器（侧向加速度传感器），后两个传感器一般安装在车辆的中心位置。

我们以一个实际例子来说明 ESP 的工作原理。一部车辆因为要避开障碍物而切换到逆行车道。假设前方有车疾驰过来，驾驶人急打转向盘，试图回到正常车道。这时候，在急转弯所造成的强大离心力的作用下，车身很容易甩尾，失去控制，造成车祸，此时，系统的传感器感应到了汽车要失控，于是对左前轮实行制动，汽车就获得了一个额外的、尾部向逆时针方向转的力矩，把汽车"扭"回来，确保行驶安全。

研究表明，ESP 在行车安全方面功效卓越。日本在对大约 100 万起导致人员伤亡的交通事故分析后得出结论，把 ESP 作为标准配置，能把单车事故降低 1/2。ESP 能在车辆将要出现侧滑的倾向时，通过降低发动机的转矩和分别制动各个车轮，以保持车辆稳定地行驶。

（三）ESP 的组成部分

（1）传感器　转向传感器、车轮传感器、侧滑传感器、横向加速度传感器、转向盘传感器、加速踏板传感器、制动踏板传感器等。这些传感器负责采集车身状态的数据。

（2）电子控制单元　将传感器采集到的数据进行计算，算出车身状态然后跟存储器里面预先设定的数据进行比对。当计算机计算数据超出存储器预存的数值，即车身临近失控或者已经失控的时候则命令执行器工作，以保证车身行驶状态能够尽量满足驾驶人的意图。

（3）执行器　ESP 的执行器就是 4 个车轮的制动系统，ESP 帮驾驶人踩制动踏板。和没有 ESP 的车不同的是，装备有 ESP 的车其制动系统具有蓄能功能。蓄压就是 ECU 可以根据需要，在驾驶人没踩制动踏板的时候替驾驶人向某个车轮的制动油管加压，以便让这个车轮产生制动力。另外 ESP 还能控制发动机的动力输出。

（4）与驾驶人的沟通　仪表盘上的 ESP 灯。

ESP 在实车上的布置如图 12-41 所示。

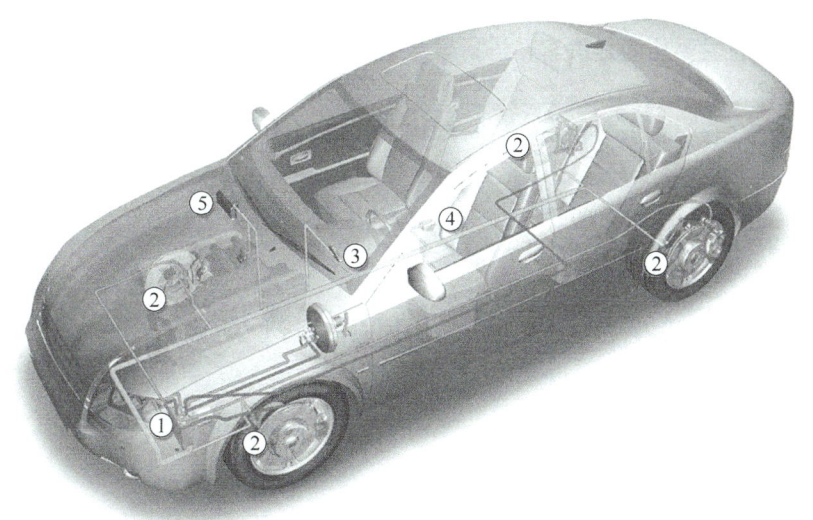

图 12-41　ESP 的组成
1—电子控制单元　2—轮速传感器　3—转向盘传感器　4—摇摆运动传感器　5—发动机 ECU

(四) ESP 的工作过程

1) 车轮左转。当车辆出现转向不足的时候（就是速度太快拐不过弯来了），ESP 各个传感器会把转向不足的消息告诉计算机，然后计算机就控制左后轮制动，产生一个拉力和一个扭力来对抗车头向右推的转向不足趋势。

2) 还是左转，后轮抓地不足或者后驱车加速踏板踩猛了出现转向过度的时候（就是甩尾）。ESP 会控制右前轮制动，同时减小发动机输出的功率，纠正错误的转向姿态。

3) 直线制动，由于地面附着力不均匀出现跑偏的时候，ESP 会控制附着力强的轮子减小制动力，让车按照驾驶人预想的行驶线路前进。同样当一边制动一边转向的时候，ESP 也会控制某些车轮增大制动力或者减小制动力，让车子按照驾驶人的意图行进。ESP 工作原理如制动图 12-42 所示。

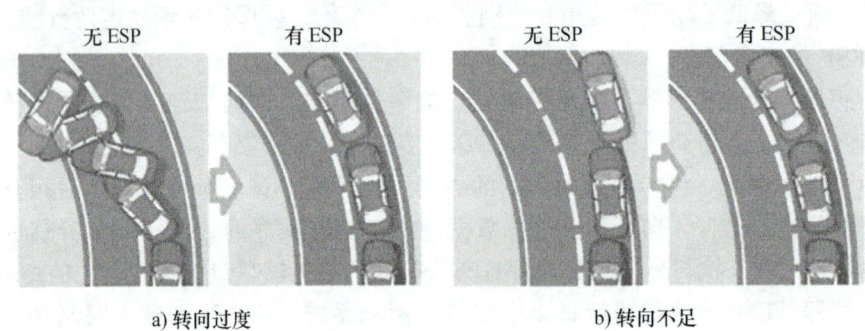

图 12-42　车身电子稳定程序 ESP 的工作原理

考证要点

一、填空题

1. 汽车 ABS 的主要功能是汽车在进行紧急制动和在易滑的路面上进行常规制动时，迅速而又精确地检测出各车轮的_____，通过电子控制器的分析、运算和控制，适时并恰当地调节制动器的液压或气压，减小车轮的滑移率，确保制动时_____、_____和行驶安全性。

2. ABS 根据其对制动压力的控制方式可分为_____和_____。

二、简答题

1. ABS 的基本组成与工作原理是什么？
2. 装载了 ESP 的汽车与普通汽车在驾驶时有何不同？
3. ASR 主要在哪些情况下工作？